최소한의 삼국지

최소한의 삼국지

최태성의 삼국지 고전 특강

최태성 지음
이성원 감수

프런트페이지
FRONTPAGE

머리말
고전에서 길어 올린
오늘 우리를 위한 지혜와 통찰

생각을 정확하게 전달하고 싶거나 말에 힘을 싣고 싶을 때 사람들은 역사와 고전을 인용합니다. 자신만의 생각이 아니라, 오랫동안 검증되었고 보편적으로 우수하다고 평가받은 생각임을 보여주려는 의도겠지요. 정치인과 기업인의 말은 물론이고 신문과 SNS까지, 이런 일들은 일상에서 비일비재하게 일어납니다. 이때 역사만큼이나 자주 인용되는 것이 '삼국지'입니다. 도원결의, 삼고초려, 출사표, 백미, 계륵뿐 아니라 '방구석 여포' 같은 신조어까지 생길 정도죠. 알고 보면 삼국지의 흔적이 우리 주변 곳곳에 숨어 있는 셈입니다.

약 2,000년 전 중국 역사를 배경으로 하는 삼국지가 현대에도 여전히 회자되는 것은 삼국지가 천하를 차지하려는 영웅들의 이야기인 동시에 결국은 '사람을 어떻게 대해야 하는가', '최선의 선택은 무엇인가'에 관한 이야기이기 때문이지 않을까 생각합니다. 혼탁한 정치 상황으로 나라의 질서가 무너지는 난세에 혼돈을 정리하고자 일어난 영웅들이 가슴에 품은 큰 뜻을 이루기 위해 사람을 믿고, 의심하고, 움직이는 이야기가 가득 담겼거든요. 약 100년 동안의 이야기를 1,000명이 넘는 사람들을 등장시키며 풀어나갔으니 얼마나 많은 성공과 실패를 다뤘겠어요. 그 속에서 우리는 뜻한 바를 이루는 법은 물론이고 자신을 다스리는 법, 위기의 순간을 돌파하는 법, 라이벌과의 경쟁에서 이기는 법, 조직을 위한 리더십을 발휘하는 법, 그리고 사람을 얻고 잃는 관계의 기술까지 배울 수 있습니다. 말하자면 삼국지는 모든 유형의 관계와 갈등, 선택의 드라마를 품고 있는 책입니다. 그러니 삼국지를 읽는다는 것은 단순히 고전을 읽고, 중국 역사를 엿보는 일이 아니라 인간의 본성과 삶의 전략을 배우는 일입니다.

그래서일까요? 삼국지는 인생에서 한 번쯤은 꼭 읽어야 하는 책으로 손꼽히곤 합니다. 오죽하면 "삼국지를 읽지 않은 사람과는 인생을 논하지 말고, 세 번 이상 읽은 사람은 상대하지 마라"라는 말이 있겠어요. 하지만 동시에 필독서라 해서 도전했다가 중도 포기하는 사람이 많은 고전이기도 합니다. 처음 삼국지를 만나면 누구나 이런 생각을 하곤 해요. '분량이 너무 방대하다', '전투가 끝없이 나온다', '등장인물은 왜 이렇게 많고, 이름은 왜 이리 비슷한가', '조조가 악역이고 유비가 주인공인가? 누가 나쁘고 누가 좋은 사람인가?'. 이뿐만이 아닙니다. 워낙 등장인물과 사건이 많다 보니 조금만 방심하면 '갑자기 얘네가 왜 싸우지?', '이 사람은 어디서 나타난 사람이지?' 하는 생각이 들어요. 책을 펼칠 때마다 인물관계도를 다시 찾아야 하고, 읽다 보면 누가 누구 편인지 헷갈려 어느새 책을 덮게 됩니다.

과거 인물들의 선택을 통해 오늘 우리에게 필요한 지혜를 얻으려는 저는 그래서 이 책 《최소한의 삼국지》를 썼습니다. 어렵고 방대하다는 선입견 때문에 그야말로 최고의 인생 지침서이자 세상을 살아가는 지혜의 보고인 삼국지를 놓치는 것이 아쉬웠거든요. 삼국지에서 필요한 것은 '모두 다'가 아니라 '핵심'입니다. 저는 이 책에서 거대한 전쟁의 스펙터클보다, 그 안에서 흔들리고 고민하던 사람들의 마음을 따라가고자 합니다. 인물의 마음을 이해하게 되면 어렵게 느껴졌던 장면도 '아, 그래서 그랬구나'로 바뀌고, 누가 누구인지 헷갈리던 인물들도 어느새 '내 사람'처럼 느껴질 것입니다. 그러면 방대한 이야기의 실타래가 한 줄로 꿰어지며 정리되는 시원한 쾌감을 느끼게 될 거예요. 그렇게 이야기의 맥을 풀어가며 과거 인물들의 결단과 후회 속에서 오늘을 살아가는 우리에게 필요한 통찰을 건져 올리고 싶었습니다. 삼국지는 결국 사람의 이야기이니까요. 천하를 둘러싼 전쟁의 서사이자, 오늘을 살아가는 우리 모두와 함께 호흡하는 이야기. 《최소한의 삼국지》는 그 이야기의 친절한 안내자가 되고자 합니다.

***

흔히 말하는 삼국지는 2세기 말부터 3세기 말까지, 후한이 무너지고 삼국으로 나뉘었다가 서진으로 중국 대륙이 다시 통일되는 이야기를 일컫습니다. 이때의 이야기를 역사적으로 기록한 것이 서진의 역사가 진수가 쓴 정사 《삼국지》이고, 이를 바탕으로 14세기 소설가 나관중이 쓴 역사소설이 《삼국지연의》입니다. 현대에 보다 널리 알려지고 많이 인용되는 것은 《삼국지연의》이기 때문에 이 책은 《삼국지연의》의 내용을 바탕으로 서술했습니다. 기본적으로 고대에 벌어진 전쟁 이야기를 다루기에 너무 잔인하거나 시대에 맞지 않는 이야기들은 걸러내고, 사건을 바라보는 제 나름의 시선을 담았습니다. 《최소한의 삼국지》라는 제목에 걸맞게 등장인물은 주요 핵심 인물들만 선별했고, 한자어는 최대한 풀어서 설명하고, 지금도 일상에서 자주 사용하는 단어와 명문장들은 그 의미도 함께 소개했습니다. 그렇게 해서 고전을 더욱 의미 있게 읽을 수 있도록 여러분을 안내하고자 했습니다.

복잡한 삼국지를 쉽게 설명하는 방법이 뭐가 있을까 고민하다가 삼국지에서 가장 중요한 대전 세 개를 기둥으로 삼고 이야기를 풀어나갔어요. 이 세 개의 대전을 일타강사 스타일로 설명하자면 '도적이 왔다'입니다. 갑자기 무슨 이야기인가 싶으시죠? 삼국지 100년의 흐름에서 분기점이 되는 세 전쟁의 이름입니다. '도적이'에서 '도'는 관도대전, '적'은 적벽대전, '이'는 이릉대전입니다. 삼국지를 읽을 때 '도적이 왔다'를 꼭 기억하셔야 흐름을 이해하실 수 있습니다.

세 개의 대전을 머릿속에 입력하셨다면 그 다음에 입력하셔야 할 것은 세 명의 인물입니다. 바로 유비, 조조, 손권이에요. 삼국지는 이 세 명이 천하를 통일하기 위해 대결을 벌이는 이야기입니다. 그리고 그 대결 구도의 키워드는 '절제'예요. 이 영웅 대서사시는 절제하는 자와 절제하지 못하는 자의 대결로 압축할 수 있거든요. 그 대결이 앞에서 말한 '도적이'의 관도대전, 적벽대전, 이릉대전이 되는 것이고요. 우리 책에서도 각 장을 이 전쟁들을 기준으로 나누었습니다.

전쟁이 한번 치러질 때마다 삼국지의 핵심 구도가 변화합니다. 세 개의 대전을 기둥으로 놓고 이야기를 풀면 힘의 이동과 인물들의 목표가 분명해져서 삼국지를 이해하는 데 도움이 되리라 기대합니다. 이 책이 독자 여러분에게 삼국지를 가장 짧고, 그러나 깊게 읽는 길이 되기를 바랍니다.

자, 준비는 끝난 것 같으니 그들의 이야기 속으로 저와 함께 걸어가 보시지요. 그 여정 속에서 우리는 우리 자신에게 냉철한 조조의 모습도, 포용력 넓은 유비의 모습도, 기다릴 줄 아는 손권의 모습도, 지혜로운 제갈량의 모습도 발견할 수 있을 것입니다. 삼국지는 내내 우리에게 물으니까요. "내가 만약 삼국지 속 인물이라면, 나는 누구처럼 선택할 것인가?" 이제 그 첫걸음을 시작할 때입니다.

가을바람 솔솔 부는 대나무숲에서,
큰별쌤 최태성 올림

차례

머리말 고전에서 길어 올린 오늘 우리를 위한 지혜와 통찰   4
들어가기 전에   14

1장   영웅들의 등장과 격돌하는 야망
: 도원결의부터 관도대전까지

무너지는 한나라와 삼 형제의 만남   19
후한 말 십상시의 전횡과 황건적의 난 / 의형제의 만남, 도원결의

삼국지의 또 다른 주인공, 조조의 등장   27
십상시의 난 / 황실을 장악한 동탁 / 동탁 암살에 나선 조조 / 여백사 가족 몰살 사건

낙양으로 몰려드는 군웅들   42
반동탁연합군의 결성 / 술이 식기 전에 돌아온 관우 / 삼 형제와 여포의 대결, 호뢰관 전투 / 천하에 없어서는 안 되는 사람

동탁의 죽음과 갈라지는 천하   53
아름다운 여인 초선의 연환계 / 동탁의 최후 / 주인 잃은 천하, 군웅할거의 시대

세력을 확장하는 조조와 걸음마를 뗀 유비   66
조조의 분노에 맞선 유비 / 여포가 파고든 조조의 빈틈 / 서주를 다스리게 된 유비 / 유비와 여포의 기묘한 동거 / 황제를 손에 넣은 조조

여포의 배신과 유비의 탈출   81
서주를 훔친 여포 / 조조에게 의탁하는 유비

위기를 기회로 반전시킨 조조   89
최측근을 잃은 완성 전투 / 부하를 제물로 바친 간웅 조조 / 다시 맞붙은 조조와 여포 / 여포의 최후

새장을 벗어나 바다로 돌아간 용　　　　　　　　　　102
천둥소리에 놀란 천하의 영웅 / 유비의 서주 재입성 / 발각된 혈서와 비밀 결사대 / 관우를 향한 조조의 진심 / 아무도 막을 수 없는 유비에게 가는 길 / 다시 모인 삼 형제

중원의 주인을 결정한 관도대전　　　　　　　　　　127
대군을 이끌고 온 원소의 관도 공격 / 허유의 투항과 비밀 정보 / 격전 끝에 거둔 역전승 / 조조, 하북을 평정하다

2장　셋으로 나뉘는 천하
　　　： 삼고초려부터 적벽대전까지

손권이 계승한 강동과 유비를 품은 형주　　　　　　145
강동의 새로운 주인, 손권 / 형주로 달아나는 유비의 눈물 / 평화로운 날들 vs 헛되이 보낸 세월 / 날아오르는 적로마, 도약하는 유비

천하를 가져다 줄 누워 있는 용, 제갈량　　　　　　160
책사가 필요한 이유 / 삼고초려 끝에 얻은 최고의 인재 / 제갈량의 트레이드마크, 학우선 / 천하삼분지계

북부를 평정한 조조, 남쪽으로 향하다　　　　　　　177
형주를 노리는 강동의 호랑이 손권 / 제갈량의 데뷔전, 박망파 전투 / 손쉽게 형주를 접수한 조조 / 단기필마로 적진을 돌파한 조자룡 / 장판교를 홀로 막은 장비

조조에 맞서 연합하는 유비와 손권　　　　　　　　197
강동을 휘어잡은 제갈량 / 주유와 제갈량의 만남 / 손권, 조조와의 전쟁을 선포하다

물밑에서 채워지는 책략의 사슬들　　　　　　　　　208
뛰는 주유 위에 나는 제갈량 / 제갈량의 10만 화살 / 황개의 고육계 / 조조군을 얽어맨 봉추 방통

불타는 장강, 적벽대전　　　　　　　　　　　　　　226
제갈량이 불러온 동남풍 / 화용도에서 만난 관우와 조조

3장 절제하지 못하는 자의 최후
: 형주공방전부터 이릉대전까지

기회의 땅, 형주의 새로운 주인   239
형주공방전 / 묘책이 담긴 비단 주머니 / 제갈량의 라이벌, 주유의 죽음 / 봉추 방통의 합류

익주 점령으로 실현된 천하삼분   260
유비의 다음 목적지, 익주 / 낙봉파에서 맞은 방통의 죽음 / 마초와 익주를 얻다

조조와 유비의 대격돌, 한중 전투   274
왕위에 오른 조조 / 황충의 활약, 정군산 전투 / 계륵 같은 한중 / 한중왕이 된 유비

손권의 배신과 관우의 죽음   287
호랑이의 딸과 개의 자식 / 번성 전투 / 손권의 형주 공격, 관우의 최후

천하를 다툰 영웅들의 퇴장   298
위왕으로 죽은 조조 / 황제가 된 유비 / 관우의 복수를 준비하던 장비의 죽음

연합의 붕괴, 이릉대전   311
복수로 시작된 전쟁 / 뼈아픈 패배 / 유비의 죽음

4장 완수된 천하통일의 대업
  : 제갈량의 북벌부터 삼국통일까지

북벌에 나서는 제갈량의 출사표   327
제갈량의 남방 원정 / 출사표

거듭되는 패배로 실패한 1차 북벌   334
강유를 얻다 / 눈물을 흘리며 마속을 베다

오장원에서 저문 와룡의 꿈   342
마지막 북벌 / 제갈량의 죽음 / 삼국의 통일

들어가기 전에

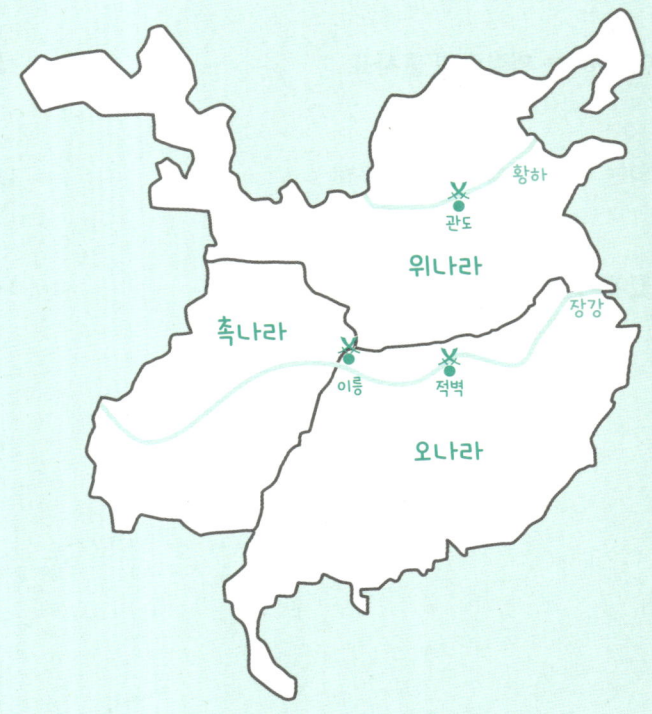

2세기 후한 말, 전국이 혼란에 빠지자 천하의 새 주인이 되고자 영웅들이 나선다. 황실의 후손 유비는 의형제 관우, 장비와 함께 한나라 부흥을 꿈꾸고, 냉정한 권력자 조조는 황제를 움켜쥐고 천하를 장악해 나간다. 강동의 호랑이 손권은 기반을 다지며 기회를 노리는데…. 천재 책사 제갈량의 계획대로 천하는 셋으로 나뉘고 조조의 위, 유비의 촉, 손권의 오가 힘을 겨룬다. 절제하는 자와 절제하지 않는 자의 대결에서 승자는 누가 될 것인가.

* 참고로 이 시기 우리나라도 고구려, 백제, 신라의 삼국 시대다.

삼국지 주요 인물 관계도

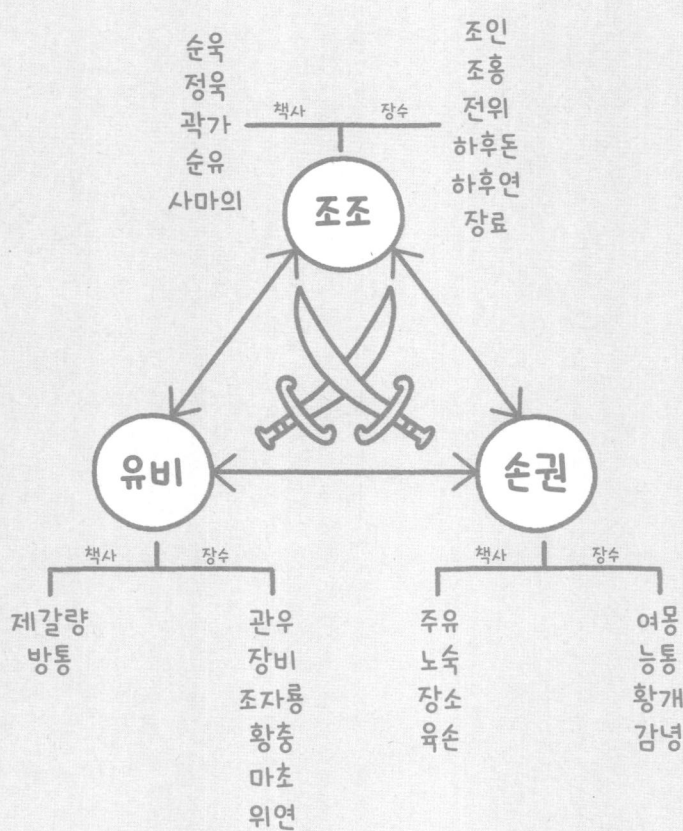

1장
영웅들의 등장과 격돌하는 야망

: 도원결의부터 관도대전까지

무녀지는 한나라와
삼 형제의 만남

◆ **후한 말 십상시의 전횡과 황건적의 난**

　삼국지의 시대 배경은 중국 후한 말기입니다. 이때가 언제인지 알아보기 위해 중국 역사를 간략하게 살펴볼게요. 기원전 221년 불로초, 분서갱유 등으로 널리 알려진 진시황의 진나라가 중국을 최초로 통일했습니다. 하지만 통일 국가는 오래가지 못했습니다. 강압적으로 백성들을 다스린 탓에 정복한 각 지역에서 반란이 일어나고 새로운 나라들이 생겨났거든요. 그중 항우가 세운 나라가 초나라, 유방이 세운 나라가 한나라였습니다. 이 둘의 이야기를 다룬 소설이 《초한지》예요. 두 사람의 대결은 유방의 승리로 끝납니다. 그래서 한나라가 중국을 재통일하게 되었지요. 이 한나라는 정변으로 잠시 멸망했다가, 유방의 후손이 다시 한을 세우면서 전한과 후한으로 구분됩니다.

《삼국지연의》는 184년 후한 말에서 시작해 한나라가 망하고 위, 촉, 오 삼국이 성립한 삼국 시대를 거쳐 280년 서진이 통일하기까지의 이야기를 다룹니다. 기간으로 따지면 약 100년의 역사를 다룬 거예요. 중국의 긴 역사에 비하면 상대적으로 짧은 기간이라 할 수도 있지만 나라가 망하고 새로운 세력들이 등장하고 다시 천하가 통일되는 격변기의 이야기라 그런지 그 깊이는 얕지 않습니다.

그럼 이제 삼국지의 시작으로 돌아가 후한 말기의 상황을 살펴보겠습니다. 당시 후한의 황제는 영제였는데, 어린 나이에 즉위해 놀기 바빴을 뿐 나랏일에는 관심이 없었습니다. 대신 정사를 좌우지한 건 십상시十常侍라고 불린 열 명의 환관이었어요. 십상시의 우두머리인 장양을 영제가 아버지라 부를 정도였으니, 황제와 얼마나 가까웠는지 알 수 있지요? 이들은 황제의 최측근으로서 황제의 권세를 등에 업고 나라의 중요한 일을 제멋대로 처리했습니다. 오늘날 정치 기사에서도 권력자의 곁에서 국가 운영에 부당하게 개입하는 측근 무리를 '십상시'라 표현하잖아요? 그만큼 십상시는 국정농단 세력의 원조라 할 수 있습니다. 이런 세력들이 활동하면 나라가 제대로 돌아갈 수가 없어요. 고대에도 그렇고 현대 민주주의 국가에서도 마찬가지죠.

십상시는 온갖 부정부패를 저질렀는데 그중에서도 가장 심각한 건 돈으로 관직을 사고파는 매관매직이었습니다. 예를 들어

9급 공무원은 얼마, 군수직은 얼마, 장관직은 얼마, 이런 식으로 관직에 가격을 매기고 돈을 주는 사람에게 팔았던 겁니다. 그런데 관직만 팔 뿐 임기는 전혀 보장해 주지 않았어요. 그러니 관직을 산 사람은 최대한 빨리 본전을 회수하기 위해 죄 없는 농민들을 쥐어짜 냈습니다. 이런 명목, 저런 명목 다 끌어와서 말도 안 되는 세금을 부과한 거예요. 탐관오리들의 횡포에 백성의 고통이 극심할 수밖에 없었지요.

상황이 이러하니 곳곳에서 반란이 일어났습니다. 그중에서도 황건적이 위세를 떨쳤어요. 노란 두건을 써서 황건적이라 불린 이들을 이끈 사람은 장각이었습니다. 장각은 태평도라는 종교의 교주였는데요, 도사 행세를 하면서 백성들에게 부적을 써주고 가난한 자를 구제하고 병을 고칠 수 있다고 설파했어요. 기댈 곳 없던 백성들이 그에게 의지하며 태평도는 빠르게 번창했습니다. 따르는 사람이 많아지자, 장각은 '못 살겠다, 갈아엎어 보자!' 하며 반란을 일으켰어요. 이 반란이 바로 '황건적의 난'입니다.

먹고살 길이 없어진 농민들이 가담하면서 황건적의 숫자는 40~50만 명까지 불어났습니다. 전국 곳곳에서 봉기가 일어난 탓에 수도 낙양도 위태로웠어요. 하지만 황건적의 위협은 비단 조정만을 향하지 않았습니다. 인원이 너무 많아지자 식량 마련에 어려움을 겪기 시작한 황건적들이 죄 없는 일반 백성을 대상으로 도적질까지 시작한 거예요. 무능한 황실은 황건적을 제대

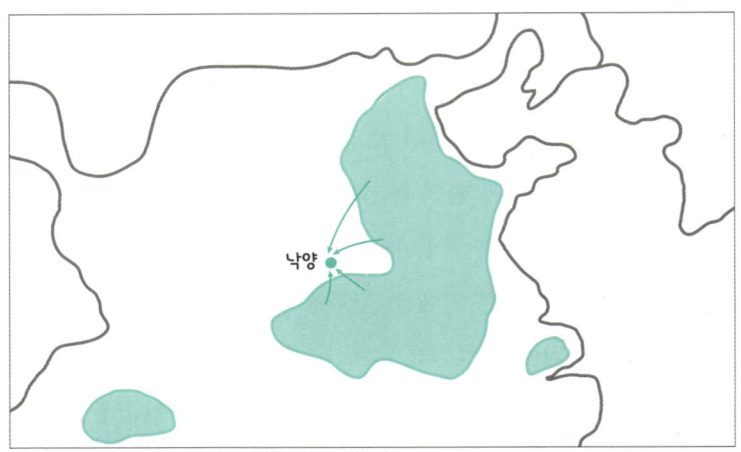

수도 낙양까지 위협하는 황건적

로 막아낼 힘이 없었습니다. 궁궐 안도 엉망인데 무슨 일을 할 수 있었겠어요. 수도는 물론이고, 지방을 통제할 힘과 권위도 잃어가고 있었지요. 결국 황건적이 코앞까지 쳐들어온 한 지역의 태수가 의병 소집 공고문을 붙이기에 이르렀습니다. 정규 군대로는 역부족이니 민간인들에게 함께 싸우자고 한 거예요. 뜻을 품은 영웅들이 세상에 등장할 기회가 열린 겁니다.

◆ 의형제의 만남, 도원결의

삼국지의 주인공 하면 대부분 '유비'를 떠올릴 것입니다. 그리고 그의 형제인 관우, 장비도 같이 떠올리겠지요. 하지만 이들은 원래 형제가 아니었습니다. 서로 모르는 채 다른 지역에 살던 남남이었어요. 그럼 이들은 어떻게 만나게 되었을까요? 바로 황건적을 물리칠 의병을 소집하는 공고문 덕분이었습니다.

의병 소집 공고문이 붙었을 때 유비의 나이는 이미 스물여덟 살이었습니다. 당시로서는 적지 않은 나이였는데 내세울 것이 없었어요. 이것만 봐도 유비가 별로 주목받는 인물이 아니었다는 걸 알 수 있죠? 실제로 유비의 집안은 한나라 황실의 후손이긴 하나 몰락한 가문이었고, 어렸을 적에 아버지를 잃어서 돗자리 짜는 일로 생계를 꾸리며 홀어머니를 모셔야 했습니다. 조금 비범한 구석은 외모에 있었는데요, 귀가 무척 커서 어깨까지 늘어질 정도였다고 합니다. 유비에게 화가 난 인물들이 "귀 큰 놈"이라며 성을 냈다는 이야기도 있어요. 귀뿐만 아니라 팔도 남달리 길어서 무릎까지 내려왔다고 하고요. 일찌감치 이름을 떨치진 못했지만 유비는 천성이 온화하고 가슴에 큰 뜻을 품고 있는 사람이었습니다. 십상시와 황건적으로 인해 혼란에 빠진 한나라를 구하고 고통에 빠진 백성들을 돕는 것이 꿈이었지요.

그런 그가 거리에 붙은 의병 소집글을 읽었으니 얼마나 가슴이 떨렸겠어요. 하지만 유비는 크게 한숨을 내쉴 뿐이었습니다. 마음은 당장 싸우러 가고 싶었지만, 현실적으로 할 수 있는 게 없었거든요. 이때 유비 앞에 귀인이 나타나요. 그 귀인이 바로 장비입니다.

장비는 돼지를 잡아 파는 일을 했는데 유비와 달리 땅도 좀

가지고 있고 재산이 꽤 있었던 것 같아요. 또 한눈에도 힘이 장사라는 걸 알아볼 수 있을 정도로 풍채가 좋았습니다. 장비에 대한 묘사를 보면 아주 재밌어요. 머리는 표범 같고, 턱은 제비 같고, 수염은 호랑이 같다고 하거든요. 거기다가 목소리가 천둥 같았대요. 성격이 괄괄한 사람임을 눈치챌 수 있는 대목이지요. 유비를 처음 만났을 때도 다짜고짜 한마디 해요. 사내대장부가 왜 한숨을 푹푹 쉬고 있느냐는 거예요. 하지만 유비가 품은 뜻을 알게 되자 굉장히 호의적으로 대합니다. 자신은 천하 호걸과 사귀기 좋아하는 사람이라면서, 자기가 돈이 좀 있으니 그 돈으로 장정들을 모아서 일을 도모해 보자는 것이었지요.

뜻을 모은 두 사람은 기쁜 마음으로 근처 주막을 찾아갔습니다. "귀한 인연을 만났으니 술 한잔합시다!" 했겠지요. 그리고 그곳에서 관우를 만나게 됩니다. 키가 2미터쯤 되고, 대추같이 붉은 얼굴에 누에처럼 굵은 눈썹, 긴 수염을 가진 사내가 술집 문을 딱 밀고 들어왔는데, 그 사람이 바로 관우였던 거예요. 관우도 황건적을 물리칠 의병을 모집한다는 소식을 듣고 이곳을 찾아온 것이었죠. 관우는 삼국지 최고의 무장으로 꼽히기도 하는데, 사실 당시에는 수배범이었습니다. 고향에서 백성들을 괴롭히는 지역 유지를 죽이고 도망쳐 이리저리 떠도는 처지였어요. 그러다가 유비와 장비를 만나 의기투합하게 된 겁니다.

세 사람은 함께 술잔을 기울이며 큰일을 논했습니다. 그런데 생각보다 마음이 잘 맞았나 봐요. 어느새 장비의 집 뒤에 있는 복숭아 동산에서 의형제를 맺기로 약속하거든요. 만난 지 이틀 만에 제사를 올리고 형제의 의義를 맺은 거예요. 세 사람은 힘을 합쳐서 위로는 나라에 보답하고, 아래로는 백성을 편안하게 하자고 맹세했습니다. 그리고 덧붙이죠. "비록 우리가 한날한시에 태어나지는 못했으나 한날한시에 죽고자 하니 만약 의리를 배반하고 은혜를 잊거든 이 마음을 살펴 함께 죽여주소서!" 이것이 그 유명한 복숭아밭에서 의형제를 맺은, 도원결의桃園結義입니다.

세 사람은 이로써 의형제가 되었습니다. 한나라 황실의 후손으로 명분이 있는 유비가 첫째를 맡고, 무력을 뒷받침하는 관우가 둘째를, 경제력이 있는 장비가 셋째를 맡았지요.

피 한 방울 섞이지 않은 사람들이 신의를 바탕으로 같이 살고 같이 죽기를 맹세하다니 꽤 멋있지요? 각자도생이라는 말이 화두로 떠오른 시대에 도원결의는 낭만적으로 들리기까지 합니다. 하지만 현대에도 큰 목표나 대의를 이루기 위해 기업들이 뜻을 함께할 때 도원결의를 맺었다는 말을 쓰잖아요. 어쩌면 시대가 바뀌었어도 여전히 각자가 스스로를 책임지며 살아가는 것보다 다른 사람을 믿고 나 역시 신의를 지키며 사는 것이 더 효과적인 방법이어서 그럴지도 모릅니다. 혼자일 때보다 함께일 때 멀리 갈 수 있다는 것은 옛날이나 지금이나 비슷한 것 같거든요. 의형제까지는 아니더라도 서로 믿을 수 있는 관계가 있다면 삶의 큰

자산이 되겠죠.

유비의 꿈도 도원결의로 한층 뚜렷해졌을 겁니다. 의병을 일으킬 돈도, 힘도 없었는데 장비와 관우를 만남으로써 두 가지 모두를 얻게 된 거예요. 이렇게 삼국지의 주역 삼인방은 형제가 되었습니다.

유비	관우	장비
가난한 돗자리 장수	의로운 도망자	부유한 백정
한나라 황실의 후손	삼국지 최고의 무장	괄괄한 성격
큰 귀, 긴 팔	붉은 얼굴, 아름다운 수염	큰 목소리, 힘 센 장사

삼국지의 또 다른 주인공,
조조의 등장

◆ **십상시의 난**

　복숭아꽃 흩날리는 곳에서 멋지게 도원결의를 맺었으니 앞으로 삼 형제가 승승장구하는 이야기가 나올 것 같지만, 삼국지는 그렇게 흘러가지 않습니다. 물론 삼 형제는 황건적을 물리치는 데에 공을 세우기도 하고 작은 관직을 받기도 했어요. 하지만 그뿐이었습니다. 사실 삼국지 초반에 유비가 존재감을 드러내는 사건은 드물어요. 난세를 평정하기 위해 일어난 여러 영웅 사이에서 자리를 잡지 못하죠. 어떻게 보면 초반부는 유비의 수난기라고도 볼 수 있습니다.

　그럼 초반의 주인공은 누구일까요? 바로 조조입니다. 특히 삼국지 앞부분은 조조의 이야기라고 해도 과언이 아니에요. 유비 삼 형제의 활약보다 조조가 어떤 과정을 거쳐서 실세가 되는가가 중심 내용이거든요.

유비가 의병을 일으켜 황건적을 소탕하고 있을 때, 조조는 어디서 무엇을 하고 있었을까요? 조조는 수도 낙양, 그중에서도 조정에 있었어요. 앞서 살펴봤듯이 조정은 혼탁한 상황이었습니다. 유비 삼 형제 외에도 뜻이 있는 여러 인물이 나서서 황건적을 진압했음에도 조정의 상황은 나아지지 않았어요. 십상시의 부정부패는 더욱 심해졌고, 영제는 계속 십상시를 감싸며 진실을 고하는 신하들을 죽이거나 옥에 가두었습니다.

그러던 189년, 영제의 병이 깊어졌습니다. 그의 후사를 두고 대장군 하진과 십상시가 대립했죠. 하진은 원래 천민이었는데 영제의 후궁이었던 여동생이 아들을 낳고 황후 자리에 오르면서 함께 출세해 권력을 잡은 사람이에요. 대장군은 장군 중에서 가장 높은 직위였습니다. 안 그래도 힘이 막강한데 대장군의 조카가 황위에 오른다면 그 위세가 얼마나 대단하겠어요. 권력을 쥐고 있는 환관들에게 대장군 하진은 매우 위협적인 경쟁자였지요.

얼마 지나지 않아 영제가 세상을 떠나자 십상시는 이를 숨긴 채 하진을 없애고 영제의 후궁이 낳은 다른 아들을 황제로 세우려 했습니다. 하지만 공교롭게도 하진이 그 사실을 알게 됐어요. 단단히 화가 나서 십상시 놈들을 다 때려죽이겠다고 날뛰었지요.

이때 하진의 부하들 중에서 조조와 원소가 의견을 냈습니다. 이들의 의견은 서로 달랐어요. 조조는 하진에게 신중히 생각해야 한다는 조언을 건넸어요. 조조의 할아버지는 환관이었습니다. 아버지가 환관의 양자로 들어가면서 조조 역시 환관의 손자로 자랐지요. 조조의 할아버지는 보통 환관이 아니었습니다. 십상시의 원조 격으로 일찍이 권세가 대단했어요. 그런 집안에서 자란 만큼 조조는 누구보다 환관이 만만치 않다는 걸 잘 알았을 겁니다. 그래서 조심하라고 했던 거예요.

반면 최고 명문가에서 자라 두려울 게 없던 원소는 자기가 당장 궁궐로 쳐들어가겠다고 해요. "명령만 내려주십시오!" 한 거지요. 하진은 원소의 말에 기뻐하며 군사를 내줬습니다. 원소는 군사를 이끌고 궁궐로 들어가 후궁의 아들을 황제에 올리는 데에 앞장섰던 환관을 죽이고, 하진의 조카를 황제로 즉위시키는 데 성공했습니다.

환관과 외척 간의 싸움은 하진의 승리로 끝나는 것처럼 보였습니다. 그런데 조조의 말대로 십상시도 만만치 않았어요. 워낙 오랜 시간 동안 자신들의 위치를 공고히 해왔기 때문에 그 영향력을 뿌리 뽑기가 너무 힘들었던 거예요. 게다가 십상시는 엄청난 뇌물 공세로 이제 태후가 된 하진의 여동생마저도 자기들 편으로 만들어버립니다. 하태후도 오빠를 제치고 직접 권력을 휘두르고 싶어 했어요. 십상시와 하태후의 이해관계가 맞아떨어진 거예요. 다른 사람도 아니고 하태후가 십상시를 감싸고도니 하진은 십상시 척결을 주저하게 되었지요.

이런 상황에 원소는 답답해 죽을 지경이었어요. 십상시를 모조리 제거하고 환관 세력을 몰아낼 절호의 기회인데 상관인 하진이 미적거리니까 속이 터졌겠지요. 그래서 다른 방식으로 하진을 설득하기 시작합니다. "정 그러면 지방의 장군들에게 수도에 도적이 출몰했다고 편지를 보낸 다음, 그들이 오면 함께 십상시를 치는 게 어떻습니까?" 그러니까 도적 소탕을 명분으로 외부 세력을 끌어들이자는 거예요. 반대하는 의견도 있었습니다. 요청을 받고 온 지방 장군들이 다른 마음을 먹고 조정을 차지하려 들면 큰일이니 안 된다는 거죠. 조조도 환관의 우두머리만 처단하면 되는데 다른 사람들을 부를 필요가 없다며 반대했습니다. 하지만 하진은 또다시 원소의 손을 들어줬어요. 그런데 이게 최악의 수가 되고 말았습니다.

지방의 군사들이 궁궐로 몰려온다는 소식을 들은 십상시는 가만히 있다가는 큰 화를 입게 될 거라 생각했습니다. 살 길을 찾던 십상시는 자신들이 먼저 손을 쓰기로 하죠. 십상시는 대장군 하진을 궁궐로 불러들였고, 자만하던 하진은 부하들의 만류를 뿌리치고 혼자 궁궐로 들어갔다가 십상시의 계획에 의해 무참히 살해되고 맙니다. 십상시는 영제의 두 아들도 빼돌렸어요. '십상시의 난'이 일어난 거지요. 원소를 비롯한 하진의 부하들은 격분해서 궁궐을 습격합니다. 결국 궁궐은 불타고 수천 명이 죽었습니다. 말 그대로 쑥대밭이었어요. 설상가상으로 궁에서 탈출한 환관들은 우왕좌왕하다가 황제를 잃어버렸습니다.

아무리 허수아비여도 황제는 황제였어요. 황제를 데리고 있는 사람이 명분도 권력도 얻기 마련이었지요. 길을 잃고 산속을 헤매던 황제와 그의 이복형제. 이들을 발견한 사람이 참 얄궂습니다. 하필, 하진의 편지를 받고 수도 낙양에 막 입성한 야심가 동탁이었거든요.

◆ 황실을 장악한 동탁

영웅이 있으면 악당도 있는 법입니다. 삼국지 초반의 최고 빌런이 바로 동탁이에요. 십상시가 국정을 농단하는 동안 조정의 지배력이 약해져 동탁 같은 야심가들이 반쯤은 조정의 통제에서 벗어나 있었어요. 동탁은 변방의 실력자였습니다. 조정에서도 위협을 느낄 정도였어요. 그래서 군대를 다른 장수에게 넘기라고 명령하기도 하고, 관직을 미끼 삼아 불러들이기도 했습니다. 그때마다 동탁은 이런저런 핑계로 빠져나갔지요. 수도인 낙양과 멀리 떨어진 곳에서 계속 세력을 키우며 자신의 야망을 펼칠 기회를 엿보고 있던 거예요. 그러다가 수도로 오라는 하진의 요청을 받고는 한자리할 때가 왔다 싶어 군대를 끌고 달려간 겁니다.

동탁은 우연히 발견한 황제를 앞세워 궁에 무혈 입성합니다. 더 이상 궁 안에는 하진과 십상시 같은 실권자들이 없었어요. 외척도, 환관도 서로 죽고 죽이는 싸움을 벌이다가 대부분 죽어버렸거든요. 동탁은 권력의 빈자리를 얼른 차지했지요. 그는 적자인 황제를 폐위하고 서자인 황제의 이복동생을 새로 옹립할 계획까지 세웠습니다. 중국에서 황제는 천자입니다. 말 그대로 하늘의 아들이에요. 그런데 멋대로 황제를 폐위시키겠다니, 입에 담기는커녕 상상조차 하기 힘든 일이었지요.

다들 어찌할 줄 모르고 눈치만 살피던 그때, 정원이라는 사람이 큰소리로 외쳤습니다. "네 어찌 폐립을 논하려 드느냐! 감히 역적질을 하려는 것이냐!" 정원도 동탁처럼 하진의 요청을 받고 지방에서 군사를 끌고 온 인물이었습니다. 하지만 동탁과 달리 여전히 황실에 충성하는 인물이었어요. 그러니 동탁의 황제 교체 시도를 막아섰지요. 팽팽하게 대립하던 두 사람은 결국 군사들을 동원해 한판 붙었습니다. 서슬 퍼런 기세와 달리 동탁은 맥없이 지고 말아요. 정원에게는 무시무시한 장수가 있었거든요. 혼자서 적장 십수 명의 목을 베니 도저히 이길 수가 없는 거지요. 안하무인이었던 동탁의 기를 꺾어버린 이 장수의 이름은 여포였습니다.

온라인에서 많이 사용하는 신조어 중에 '**방구석 여포**'라는 말이 있는데, 여기서 말하는 여포가 바로 그 여포입니다. 여포는 개인의 전투력으로는 삼국지 세계관에서 최강자라 할 수 있습니다. 무력도 무력이지만 성격도 아주 사나워서 대적할 만한 사람이 별로 없었어요. '방구석 여포'는 이러한 여포의 특징에서 기인해 밖에서는 소심한데 자기 방, 온라인에서만 위풍당당한 사람을 말한대요. 재미있는 표현입니다.

　이 여포가 원래는 정원의 부하였는데, 정원이 그 능력을 높이 사서 양아들로 삼고 항상 곁에 두었어요. 그러니까 누구도 정원을 건드릴 수가 없었지요. 동탁은 여포가 무척 탐났어요. 그래서 여포를 매수하기로 마음먹고 온갖 보물과 함께 애지중지하던 말을 선물로 보냅니다. 그 말이 바로 '적토마'예요. 하루에 천 리를 달리고 물도 산도 평지를 밟듯 한다는 최고의 명마였지요. 삼국지에서 여포를 '용맹하지만 꾀가 없고 쉽게 의리를 저버리는 사람'으로 묘사하는데요, 이런 설명이 붙은 이유가 있었습니다. 적토마를 받고 매수된 여포가 양아버지인 정원의 목을 베어 죽이고 동탁에게로 갔거든요. 그러고는 냉큼 동탁의 양아들이 됐습니다. 정말 의리 없죠?

　여포까지 얻은 동탁은 두려울 게 없었습니다. 스스로 가장 높은 관직에 오른 뒤 바라던 대로 황제를 바꿔버렸어요. 새 황제 헌제를 옹립하면서 동탁은 일약 실세로 떠오릅니다. 모든 권력은 동탁의 손아귀에 있었지요. 권력을 잡은 동탁의 만행은 말로 다할 수 없을 정도였어요. 황제 앞에서 자신의 이름을 고하지도 않았고, 조정에 들어갈 때도 허리를 굽히지 않았지요. 궁녀들을 겁탈하고 용상에서 잠을 자며 군대를 끌고 다니면서 백성을 학살하고 민가를 약탈하기까지 했습니다. 십상시를 없애겠다고 끌어들인 동탁 때문에, 상황은 나아지기는커녕 더 악화되고 말았지요. 대장군 하진의 동생 하태후도 죽을 때 "어리석은 하진이 역적을 불러들여 이런 화를 겪게 만들었구나!" 하고 원망했다고 합니다. 나라를 병들게 하던 빌런은 사라지지 않고 십상시에서 동탁으로 옮겨갔을 뿐이었습니다.

◆ 동탁 암살에 나선 조조

나라를 바로 세우기 위해 십상시를 제거하려 했던 이들의 다음 타깃은 자연스레 동탁이 되었습니다. 허수아비 황제를 세우고 권력을 마음대로 누리고 있던 동탁을 악의 축으로 여겨 어떻게든 없애려 했죠. 하지만 정원의 군사들까지 흡수한 데다 여포가 버티고 있으니 감히 엄두를 내지 못했습니다. 이때 나선 사람이 바로 조조입니다.

조조는 동탁을 직접 죽일 계획을 세웠습니다. 그래서 동탁의 환심을 사려 엄청나게 노력했어요. 속내는 철저하게 숨긴 채 동탁을 깍듯이 모시고 충성 맹세를 하면서 신임을 얻었지요. 큰 목표를 세웠으니 함부로 움직이지 않았습니다. 인내심을 가지고 오랜 시간 정성을 들여 치밀하게 준비했죠.

이윽고 동탁의 신뢰를 얻어 그의 경계심이 풀어진 듯하자 준비해 둔 '칠보도'라는 보검을 가지고 동탁을 만나러 갑니다. 이 칠보도는 왕윤이라는 사람의 칼이었는데, 무엇이든 자를 수 있다는 명검이었어요. 조조의 계획을 듣고 왕윤이 선뜻 칼을 내준 것이죠. 조조는 이 검을 차고 동탁의 거처로 갔습니다. 아니나 다를까 동탁 곁에는 여포가 있었습니다. 조조가 기회를 엿보는 것도 모르고 동탁은 조조에게 오늘은 왜 이렇게 늦게 왔냐고 물어요. 조조는 말이 신통치가 않아서 그랬다고 대답합니다. 그러자 동탁이 "좋은 말이 들어온 게 있으니 자네에게 하나 주겠네" 하며 여포에게 말을 가져오라고 시켜요.

이것만 봐도 동탁이 조조를 얼마나 신뢰했는지 알 수 있죠. 당대 최고의 권력자가 호위 무사도 보내고 무기를 지닌 조조와 단 둘이 있었던 거예요. 심지어 동탁은 조조에게 등을 보이며 드러눕기까지 합니다. 드디어 기다리고 기다리던 동탁 암살의 기회가 찾아왔습니다. 조조는 허리에 찬 칠보도를 빼어 들었습니다. 숨을 죽이고 한발 한발 동탁에게 다가섰지요. 이제 손만 휘두르면 찌를 수 있는 거리까지 왔어요. 심장이 쿵쿵 뛰는 것을 느끼면서 칼을 들어 올린 순간, 동탁이 눈을 번쩍 떴습니다. 그러고는 얼른 돌아누우며 외쳤어요. "지금 무엇을 하는 게냐?"

대체 어떻게 된 일일까요? 문제는 거울이었어요. 동탁이 자신의 등 뒤까지 볼 수 있도록 벽에 거울을 걸어놨거든요. 인기척에 게슴츠레 눈을 떴는데, 칼을 든 사람이 어른거리니까 얼른 몸을 일으킨 거지요.

아마 보통 사람 같으면 너무 놀라서 얼어버렸을 거예요. 암살 시도를 들킨 거잖아요. 그런데 조조는 높이 치켜들었던 손을 앞으로 쭉 내밀고 무릎을 꿇으면서 이렇게 말합니다. "귀한 보검이 있어 특별히 어르신께 바치려고 합니다!"

대단한 임기응변이죠? 하여튼 조조도 보통 사람은 아닙니다. 저는 이 장면이 삼국지 초반부에서 가장 드라마틱한 장면이 아닐까 싶어요. 물론 동탁은 어안이 벙벙했어요. 거울 속에 비친 사람은 칼을 쳐들고 있었던 것 같은데, 돌아누워 보니까 신뢰하는 부하인 조조가 무릎을 꿇은 채 칼을 바치고 있는 거예요. 얼떨결에 칼을 받아 들어 살펴보니, 칠보도가 명품은 명품이었나 봐요. 동탁의 마음에 쏙 들었거든요. 그래서 칼을 받아들이고 별 의심 없이 여포가 끌고 온 말을 조조와 함께 살펴보았습니다.

말을 본 조조는 정말 마음에 든다며 연신 감사 인사를 합니다. 그러고는 말을 한번 타봐도 되겠냐고 묻죠. 동탁이 흔쾌히 허락하자 조조는 얼른 말에 올라타고 그 길로 사라집니다. 암살 시도가 실패했으니 진의가 발각되기 전에 도망친 거예요. 냅다 줄행랑을 친 거죠. 계획을 준비하는 동안 조조는 긴장 속에서 치밀하게 행실을 가다듬었을 겁니다. 그렇게 정성을 쏟은 계획이 실패했으니 끝을 봐야겠다는 생각에 한 번 더 시도했을 법도 한데 조조는 일단 위기에서 도망치는 선택을 합니다. 병법서에 괜히 삼십육계 줄행랑이 있는 게 아니거든요. 저는 이 장면을 읽으면서 최선을 다하되 실패했을 때는 과감히 포기하고 다음 기회를 노리는 것도 하나의 방법이라는 생각을 했습니다. 다시 도전할 기회는 도망친 곳에서 찾을 수 있으니까요.

말을 한번 타보겠다는 조조가 시간이 지나도 돌아오지 않자 동탁과 여포는 그제야 조조가 다른 뜻을 품었다는 것을 깨닫게 됩니다. 분노한 동탁은 노발대발하며 전국에 수배령을 내리고, 조조는 쫓기는 신세가 되었죠. 그렇지만 나쁜 점만 있었던 것은 아닙니다. 이 일로 동탁을 죽이려고 한 의인으로 세상에 알려졌거든요. 삼국지의 주인공이 될 준비를 마친 셈이었습니다.

✦ 여백사 가족 몰살 사건

수배령이 떨어진 조조는 고향을 향해 힘차게 말을 달립니다. 하지만 수상쩍은 행색에 곧 붙잡히고 말았어요. 그 지역의 현령이었던 진궁은 낮에는 큰소리로 조조를 꾸짖고 감옥에 가두었다가 밤에 은밀히 조조를 찾아갔습니다. 그리고 대화를 나누며 조조가 얼마나 동탁을 제거하고 싶어 하는지 확인하죠. 진궁은 조조를 둘도 없는 충신이라 추켜세우고는, 자신도 조조와 함께하겠다는 뜻을 밝힙니다. 조조를 풀어주고 현령이라는 지위를 미련 없이 버린 채 곧장 조조를 따라 길을 떠났어요.

두 사람은 조조의 고향으로 가는 길에 조조의 아버지와 의형제 사이인 여백사를 찾아갑니다. 아버지의 의형제니까 조조에게는 아버지나 다름없는 분이었어요. 그래서 이 사람만큼은 자신을 보호해 줄 거라고 믿었던 거예요. 과연 여백사는 조조와 진궁을 두 팔 벌려 환영했습니다. 동탁을 죽이려고 했다니 대단한 일을 했다면서 자기 집에 얼마든지 머물다 가라고 하지요. 그러니까 얼마나 고마워요. 수배자를 집에 들이는 것 자체가 굉장히 위험한 일이거든요.

여백사는 두 사람을 위해 식사까지 준비합니다. 그러곤 집에 좋은 술이 없으니 옆 마을에 가서 구해오겠다고 해요. 여백사는 집을 나섰고, 도망 다니느라 지쳐 있던 조조와 진궁은 방에 앉아 꾸벅꾸벅 졸았습니다. 시간이 얼마나 지났을까요? 밖에서 슥슥 하는 소리가 들렸습니다. 두 사람은 긴장한 얼굴로 귀를 쫑긋 세웠지요. 분명 칼 가는 소리였거든요. 뒤이어 나지막한 대화가 들려왔습니다.

"어떻게 죽여야 하지?"

"묶어놓고 죽이는 게 어때?"

조조는 정신이 번쩍 들었어요. '나를 잡으려는 함정이구나. 여백사는 술을 구하러 간 게 아니라 관가에 고발하러 간 거야!' 그리고 조조는 결심합니다. 여백사의 가족을 죽이기로 마음먹은 거예요.

"우리가 먼저 죽이지 않으면 저들에게 당하고 말 것이오." 조조의 말에 진궁도 고개를 끄덕였습니다. 두 사람은 방을 박차고 나가 가차 없이 칼을 휘둘렀어요. 여백사의 가족 여덟 명이 그

자리에서 모두 숨을 거두고 말았습니다.

그런데 그때, 부엌 안쪽에서 꿀꿀대는 소리가 들렸어요. 그곳에는 돼지 한 마리가 묶여 있었습니다. 여백사의 가족들이 죽이려고 했던 것은 조조가 아니라 조조에게 대접할 돼지였던 것입니다. 애초에 함정 같은 건 없었습니다. 그저 조조의 불안과 의심이 불러온 일이었어요. 불안하면 신경이 예민해지면서 작은 것에도 집착하게 되고, 심지어는 망상에 빠지기도 하잖아요. 도망자 조조의 심리 상태를 짐작할 수 있지요.

조조와 진궁은 할 말을 잃은 채 서로의 얼굴을 바라보았습니다. 후회한들 되돌릴 수 없는 일이었어요. 잠시 고민하던 조조는 또다시 삼십육계 줄행랑을 택했지요. 하지만 얼마 가지도 못하고 저 멀리서 술병을 들고 오는 여백사를 마주치게 됩니다. 여백사는 아무것도 모른 채 조조 일행을 붙잡아요. 왜 벌써 가느냐고, 귀한 술을 사 왔으니 맛이라도 보고 떠나라고 합니다.

"수배자의 몸이라 오래 머무를 수가 없습니다."

핑계를 대고 여백사와 헤어진 조조는 곧 우뚝 멈춰 섰습니다. 진궁에게 잠시만 기다리라고 말한 뒤, 왔던 길을 되돌아갔지요. 그러곤 주저 없이 여백사에게 칼을 휘둘렀습니다. 조조의 칼날에 여백사 역시 자신의 가족들처럼 억울한 죽음을 맞이했습니다.

진궁은 경악을 금치 못했어요. 나무라는 진궁에게 조조는 말합니다. 여백사가 집에 도착하면 가족들이 몰살당했다는 사실을 알게 될 테고, 분노에 차서 자기를 신고하거나 쫓아올 테니 화를 입지 않으려면 이 방법밖에는 없다는 거예요.

그래도 이건 아니라고 말하는 진궁에게 조조가 대답합니다. **"내가 천하를 버릴지라도, 천하가 나를 버리게 하지는 않겠소."** 조조의 성격을 단적으로 보여주는 유명한 말이죠.

이 말은 삼국지의 명대사로 자주 인용되고는 하지만 저는 명대사로 꼽기가 좀 껄끄럽더라고요. 냉혹하다 못해 잔인하고 무자비한 행위를 그럴듯한 말로 포장한 것 아닌가 하는 생각이 들거든요. 조조는 분명 도덕적으로도 법률적으로도 용서할 수 없는 짓을 저지른 거예요. 이 말은 위선과 자기합리화의 결과가 아닐까 싶어요. 목적을 위해서는 수단과 방법을 가리지 않는 조조의 태도를 아주 잘 드러내지요. 아마 진궁도 저와 비슷한 생각을 했던 것 같습니다. 더 이상 조조를 따를 수 없다고 판단하고 몰래 달아났거든요. 그리고 조조를 제지하기 위해 이후에도 계속 조조의 반대편에 섰습니다.

조조에 대해서는 엇갈리는 평이 많습니다. 당대에도 그랬던 모양이에요. 사람을 잘 보기로 유명했던 인물이 조조를 보고 이렇게 말했다고 합니다. "치세의 능신, 난세의 간웅!" 평화로운 세상에서는 능력 있는 신하가 되고, 어지러운 세상에서는 간사한 영웅이 될 거라는 뜻이지요. 동탁 암살 시도와 여백사 사건을 보면 틀린 평가는 아니었던 듯합니다.

어쨌거나 조조는 그렇게 위기를 벗어나 고향에 다다랐습니다. 그곳에서 아버지 조숭을 만나죠. 아버지에게 조조는 자신의 뜻을 밝힙니다. 이전에 실패했던 그 일, 바로 동탁을 없애기 위해 의병을 일으키겠다는 것이었습니다.

조조
한나라의 관리
치세의 능신, 난세의 간웅
환관의 손자

낙양으로 몰려드는 군웅들

◆ **반동탁연합군의 결성**

혼자서는 동탁을 제거할 수 없다는 것을 깨달은 조조는 전국에 격문을 뿌렸습니다. 황제가 도움을 청했으니 다 같이 힘을 합쳐 동탁을 몰아내고 나라를 구하자는 내용이었지요. 하지만 사실 황제는 그런 말을 한 적이 없어요. 조조가 거짓말을 한 겁니다. 정말 목적을 위해서는 수단과 방법을 가리지 않는 스타일이죠? 나중에 살펴보겠지만 유비는 명분을 중시하는 스타일이에요. 아무리 이득이 된다 한들 명분에 맞지 않으면 움직이질 않죠. 조조는 결과만 좋으면 뭐든 할 수 있고요. 둘이 참 대비가 됩니다.

동탁을 타도하자는 피 끓는 호소문에 수많은 젊은이가 구름처럼 몰려들었다고 합니다. 조조의 친척뻘인 하후돈과 하후연처럼 이후 명성을 떨치게 될 장수들도 이때 조조와 뜻을 함께했습니다. 이뿐만이 아니었습니다. 지방을 다스리던 각지의 제후들도 군사를 일으켜 조조에게 합류하고자 했죠. 대장군 하진 밑에 함께 있었던 발해 태수 원소, 원소의 이복형제이자 남양 태수인 원술, 서주 자사 도겸, 장사 태수 손견, 북평 태수 공손찬 등 모두 열일곱 명의 제후들이 적게는 1만, 많게는 3만에 이르는 군사를 이끌고 수도 낙양으로 향했습니다.

재산을 털어 의병을 모은 조조는 낙양 부근에 진을 치고 이들을 기다리고 있었습니다. 마침내 열일곱 명의 지방 군벌과 조조가 만나 열여덟 지역의 제후 연합군, '18로 제후十八路諸侯'가 결성됩니다. 이른바 반동탁연합군이었지요.

이 일을 계기로 조조는 당시 큰 유명세를 얻게 되었습니다. 반동탁연합군 결성에 가장 결정적인 역할을 한 인물이 조조였으니까요. 강한 권력을 가진 사람을 비판하고 공격하면 모두에게 기억되는 법입니다. 정치권에서도 많이 보이는 모습이지요? 적어도 인지도에 있어서는 그와 비슷한 반열에 오르게 돼요. 이것이 조조의 전략이었지요.

문제는 유명세와 달리 조조의 지위가 다른 제후들에 비해 약하다는 것이었습니다. 다른 제후들처럼 지역에서 큰 세력을 가진 것도 아니었고, 군사력도 세지 않았어요. 제후들을 한자리에 모으는 데까지는 성공했지만 계속 앞장서기는 어려운 상황이었습니다. 그래서 조조는 집안 좋고 평판도 좋은 원소를 내세웁니다. 연합군의 맹주로 원소를 추천한 것이죠. 가문으로 보나 평판으로 보나 반대할 사람이 없었기에 원소는 모두의 추대를 받아 우두머리의 자리에 오릅니다.

제후들이 군사를 이끌고 모였다는 말에 동탁도 대책 회의에 들어갑니다. 여러 장수가 모인 가운데 여포가 입을 열었습니다. "염려 마십시오! 제가 그놈들 목을 모조리 베어오겠습니다!" 동탁은 무척 흡족했어요. 대단한 무용을 자랑하는 여포가 너무도 든든했겠죠. **인중여포 마중적토**人中呂布 馬中赤兔라는 말이 있는데요, 이는 **사람 중에는 여포, 말 중에는 적토**마라는 뜻입니다. 여포의 위상이 얼마나 대단했으면 이런 말이 다 있겠어요. 천하무적 여포가 있는 동탁군은 걱정할 것이 없었겠죠.

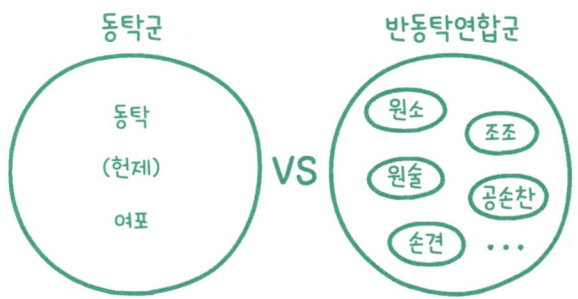

그런데 이때 누군가 앞으로 나섰습니다. 그러면서 큰소리로 외쳤죠. "소 잡는 칼로 어찌 닭을 잡으려 하십니까?" 장수 화웅이

었습니다. 저들 정도는 나로도 충분하니 여포까지 나설 필요가 없다는 거예요. 여포를 높이면서 자기도 공을 세울 수 있다는 자신감을 보여준 거죠. 그러고는 여포 대신 싸우러 나갑니다.

♦ 술이 식기 전에 돌아온 관우

화웅의 기세는 대단했습니다. 연합군에서 나온 장수들의 목을 턱턱 날려버렸죠. 여포도 아닌 화웅에게, 소 잡는 칼도 아니고 닭 잡는 칼에 연이어 패배한 거예요. 동탁군의 기세는 한껏 올라가고 반대로 연합군의 사기는 뚝 떨어졌지요.

"화웅에게 맞설 사람이 이렇게 없단 말인가!" 원소가 탄식했지만, 다들 머뭇거리기만 했습니다. 화웅이 너무 잘 싸우니까 이길 자신이 없었던 거예요. 이때 누군가가 화웅의 목을 가져오겠다며 앞으로 나섰습니다. 얼굴이 붉고 긴 수염을 가진 사내, 관우였습니다.

유비 삼 형제가 오랜만에 등장했죠? 이들은 낙양으로 향하던 북평 태수 공손찬을 만나 그와 함께 연합군에 합류하게 되었습니다. 유비가 어린 시절 공손찬과 함께 공부한 인연이 있었거든요. 하지만 공손찬이 한 지방을 다스리는 태수라는 높은 관직에 있는 것과 달리 유비는 이때까지 변변한 관직을 지내지 못했고, 관우, 장비도 마찬가지였습니다. 행색과 명성이 보잘것없는, 아무 세력도 없는 조무래기나 다름없었죠.

사정이 이러하니 이 심각한 상황에 조무래기 삼 형제 중 하나가 나섰다며 오히려 분위기가 살벌해졌습니다. 다들 내로라하는 제후들이 모인 거잖아요. 각지의 제후들이, 자신의 장수를 내보냈는데도 지고 있는데 근본도 없는 놈이 나섰다고 생각한 거죠. 그중에서도 원술은 관우에게 대놓고 화를 냈습니다. 낄 데 끼라는 거예요.

원술이 이렇게 거침없이 화를 내고 윽박지른 데에는 그의 집안 배경도 한몫했을 겁니다. 원술은 원소의 이복동생이었거든요. 이들 원씨 집안은 대대로 대신을 배출한 후한 최고의 명문가였어요. 그런데 원술이 원소보다 더 기세등등한 이유가 있었으니, 바로 어머니의 출신 때문이었습니다. 원술의 어머니는 정실 부인이었고, 원소의 어머니는 천민 출신의 첩이었거든요. 원소가 그 콤플렉스를 이겨내기 위해 애를 쓴 반면 원술은 완벽한 정통 출신을 과시했어요. 원소가 맹주로 추대될 때도 나를 따르지 않고 우리 집 노비를 추대하냐며 난리를 부렸대요. 그 정도로 오만방자한 성격이었습니다.

"우리도 어려운데 어디 무명의 장수인 너 따위가 나서겠단 말인가!" 하면서 원술은 호통을 쳤습니다. 그때 옆에서 보고 있던 조조가 관우에게 힘을 실어주었습니다. "아무도 화웅을 상대하지 못해 쩔쩔매는데, 자진해 맞서 보겠다는 사람이 등장했으니 기회를 줍시다." 관우도 화웅의 목을 가져오지 못한다면 자신의 목을 내놓겠다고 했어요. 출격을 준비하는 관우에게 조조는 따뜻한 술 한 잔을 따라주었습니다. 조조는 아마 관우가 죽으러 나간다고 판단한 것 같아요. 그래서 마지막 술이라도 한 잔 주고 싶었던 모양입니다. 하지만 관우는 이렇게 대답합니다. "술이 식기 전에 돌아오겠습니다." 어마어마한 자신감이지요? 관우는 술잔을 뒤로하고 드디어 자신의 무기, 청룡언월도를 움켜쥐고 달려 나갔습니다.

이제까지 아무도 넘지 못한 큰 산 화웅과 관우의 맞대결. 제후들은 관우가 죽었다는 소식이 들려오리라고 생각했습니다. 그런데 잠시 후 밖에서 함성이 들려오는 게 아니겠어요? 제후들이 상황을 파악하기도 전에 관우가 돌아왔습니다. 한쪽 손에 화웅의 머리를 든 채로 말이죠! 단칼에 베어버린 화웅의 머리를 툭 던져놓은 관우는 그제야 조조가 따라둔 술을 마셨습니다. 관우가 장담한 대로 술잔은 아직 식지 않은 상태였지요. 소설 삼국지에서 관우가 영웅으로 등장하는 첫 번째 장면이었습니다. 조조도 관우에게 완전히 마음을 빼앗기고 말았지요.

◆ 삼 형제와 여포의 대결, 호뢰관 전투

하지만 관우의 활약에도 연합군은 기뻐할 틈이 없었습니다. 산 넘어 산이라고, 동탁이 직접 여포를 비롯한 여러 장수와 군사를 이끌고 낙양 근처의 요충지 '호뢰관'으로 나왔거든요. 이번에는 정말 소 잡는 칼 여포의 공격을 막아내야 할 처지였어요. 화웅을 상대했을 때처럼 여러 장수가 차례대로 나가 여포와 싸웠지만, 몸에 상처 하나 낼 수 없었지요. 적토마를 타고 강력한 창 방천화극을 휘두르며 전장을 누비는 여포는 그야말로 공포의 대상이었습니다.

또다시 겁을 먹은 연합군의 장수들. 하지만 이번에도 누군가가 나섰습니다. 호랑이 수염을 한 장비였습니다. 장비는 소리를 고래고래 소리를 지르며 여포에게 덤벼들었습니다. "성을 세 개나 가진 상놈 여포야, 내 창을 받아라!" 친아버지, 정원, 동탁까지 아버지가 셋이니 성이 세 개라며 도발한 거예요.

장비의 말에 여포도 열이 받았습니다. 장비의 장팔사모와 여포의 방천화극이 수십 번이나 부딪치며 불꽃이 튀고 요란한 소리를 내었지요. 그러나 대결은 좀처럼 끝나지 않았습니다. 막상막하였어요. 그런데 갈수록 장비가 밀리는 감이 있었나 봅니다. 안 되겠다 싶었는지 관우가 뛰쳐나갔거든요. 2 대 1로 싸우게 된 것이지요. 그래도 여포는 힘든 기색이 없었습니다. 관우까지 합세해 꽤 오랜 시간 싸웠지만 도무지 승부가 나지 않았어요. 그러자 이번에는 유비까지 합세했습니다. 결국 3 대 1의 싸움이 벌어진 겁니다.

제아무리 여포라 해도 장수 셋을 한꺼번에 상대하기는 쉽지 않았겠지요. 한참을 싸우던 여포가 결국 퇴각하기 시작했습니다.

삼국지 주요 무기

청룡언월도
· 주인: 관우
· 특징: 초승달 모양의 큰 칼이 달림

장팔사모
· 주인: 장비
· 특징: 뱀처럼 구불거리는 긴 창

방천화극
· 주인: 여포
· 특징: 긴 창날 옆에 달 모양의 창날이 달림

삼국지에서는 여포가 도망갔다는 표현을 쓰고 삼 형제의 활약을 칭송하는 시도 전하지만, 저는 그렇게까지 높여줄 일은 아닌 것 같아요. 3 대 1의 싸움은 공정하지 않잖아요. 오히려 이 싸움을 보면서 여포가 정말 훌륭한 장수라고 생각했어요. 3 대 1로 싸워서 무승부면 대단하지 않나요? 반동탁연합군이 모였어도 동탁이 해볼 만했던 이유는 바로 이 여포 덕분이었습니다. 어쨌든 이 일로 조무래기 취급을 받던 유비 삼 형제는 단숨에 주목받게 됩니다. 유비, 관우, 장비라는 이름이 세상에 등장한 거예요.

♦ 천하에 없어서는 안 되는 사람

여포가 패한 뒤 동탁의 군사들은 사기가 크게 떨어졌습니다. 낙양 코앞까지 온 연합군의 공세에 더 이상 버티기가 쉽지 않겠다고 판단한 동탁은 낙양을 버리고 수도를 서쪽의 장안으로 옮기기로 합니다. 그런데 곱게 가진 않아요. 낙양의 부자들에게 없는 죄를 뒤집어씌워 죽이고 재산을 빼앗은 뒤 머리를 거리에 내걸었고, 역대 황제들의 무덤을 파헤쳐 보석을 챙기는 등 온갖 악랄한 짓은 다 했지요. 모든 성문에 불을 지른 탓에 낙양은 불바다가 되었습니다. 어린 황제는 물론이고, 낙양의 백성들도 강제로 동탁을 따라가야 했습니다. 잔악무도하게 끌고 가는 바람에 길에서 죽은 백성이 수도 없이 많았다고 합니다.

동탁군이 떠난다는 소식을 듣고 뒤늦게 낙양으로 쳐들어간 연합군은 폐허가 된 수도를 보고 아연실색했지요. 하지만 조조는 지금이 때라고 생각했습니다. 혼자서 칼을 차고 동탁을 죽이러 갔던 사람이잖아요. 동탁이 도망치고 있으니 뒤를 노려야겠다고 생각했겠죠. 그래서 제후들을 재촉합니다. 동탁을 완전히 쳐낼 기회가 왔으니 뒤쫓자는 거였어요. 뜻밖에도 제후들의 반응은 영 시원치 않았습니다. 군사들도 지쳤고, 성급히 움직이지 말자는 거예요.

동탁 타도를 위해 모였지만, 사실 다들 한가락씩 하는 사람들이잖아요. 속내도 다르고 이해관계도 복잡해서 일사불란하게 움직일 수가 없었어요. 이미 연합에는 금이 가기 시작했고, 분열의 싹도 트고 있었어요.

하늘이 주신 기회인데 주저만 하고 있으면 어떡하냐고 화를 내던 조조는 결국 자기 군사만 데리고 공격을 감행하기로 했습니다. 조조 역시 개인적인 욕심이 있었던 거죠. 얼른 동탁을 잡고 영웅이 되고 싶은 욕심 말입니다. 이전에는 동탁 암살의 기회를 아깝게 놓쳤지만, 이번만큼은 목표한 바를 이룰 수 있을 것 같았습니다. 그래서 황급히 동탁을 쫓았지요.

그런데, 급하면 항상 탈이 나는 법입니다. 앞만 보고 돌진하면 거기에 정신이 팔려 주변을 돌아보지 못해요. 시야가 좁아지다 보니 자신을 제대로 방어하기도 어렵습니다. 조조가 딱 그런 상황이었어요. 동탁은 간교한 인물이었습니다. 연합군의 군사들이 자신을 잡으러 뒤쫓아 올 것을 알고 덫을 놓아두었습니다. 군사들을 숨겨둔 거예요.

눈에 불을 켜고 동탁만 쫓아가던 조조는 동탁의 뒤를 지키던 여포와 만났을 때는 기세 좋게 붙었습니다. 그런데 양옆에서 숨어 있던 군사들이 튀어나오자 아차 합니다. 꼼짝없이 포위망에 걸려들었단 걸 깨달은 거예요. 인정하기 싫었지만 이미 엎지른 물이었습니다. 밤이 깊어질 때까지 도망쳤지만 또 한 번 숨어 있던 동탁군을 만났고 그 과정에서 어깨에 화살까지 맞았습니다. 정신없이 도망치던 조조는 결국 말에서 떨어져 죽음만을 눈앞에 둔 상황에 처했습니다.

이제는 내 목이 떨어지겠구나 싶은 그 순간, 마치 기적처럼 장수 하나가 나타나 적들을 물리치고 조조를 구해냈습니다. 조조의 장수이자 사촌 동생인 조홍이 나타난 거예요. 조홍은 자신의 말을 조조에게 내주며 얼른 달아나라고 합니다. 조조는 조홍의 다급하고 간절한 청을 거부했어요. 자포자기하는 심정이었거든요. 그냥 죽을 결심을 했던 겁니다.

그런 조조에게 조홍이 말합니다. "**천하에 이 조홍은 없어도 되지만, 조조가 없어서는 안 됩니다.**" 너무 감동적인 말이죠. 나도 나를 믿지 못하는 순간에 가까운 사람이 나를 믿어주며 기꺼이 희생하겠다 하니 얼마나 고맙고 정신이 번쩍 들었겠어요. 다시 힘을 낸 조조는 조홍이 태워준 말을 타고 도망쳤습니다.

조조는 생사의 기로에 설 때마다 목숨을 바쳐 자신을 구하려는 사람들의 도움으로 위기에서 벗어납니다. 영웅은 혼자 만들어지는 게 아니라 주변 사람들의 도움과 희생으로 만들어진다는 걸 조조를 보면 알 수 있어요. 다행히 두 사람은 이후 조조의 장수들과 합류하면서 목숨을 건집니다. 조조는 이때를 기억하며 조홍을 형제 이상의, 삶의 은인으로 평생 대우를 해주었고요. 목숨은 건졌지만 동탁을 제거하려던 조조의 계획은 또다시 물거품이 되고 말았습니다. 두 번째 실패였습니다.

동탁의 죽음과
갈라지는 천하

♦ **아름다운 여인 초선의 연환계**

　조조가 추격에 실패하고, 연합군 내부에서 제후들 간의 세력 다툼이 한창인 동안 동탁은 새로운 수도 장안에 자리를 잡았습니다. 그리고 그곳에서 상상을 넘어선 사치와 향락을 누렸습니다. 성격도 점점 더 포악해져서 사람 목숨을 개미 목숨처럼 여겼어요. 조정의 대신들은 하루도 마음 편할 날이 없었습니다. 언제 갑자기 죽을지 몰랐거든요. 동탁은 역모를 꾸몄다는 누명을 씌워서 한 일족을 모조리 죽이기도 하고, 옛 상관을 거리에서 매질해서 살해하기도 했어요. 다음이 누가 될지 알 수가 없었죠. 이러니 얼마나 불안했겠어요.

　동탁과 함께 장안으로 온 조정 대신 중에는 조조에게 칠보도를 내주었던 왕윤도 있었습니다. 왕윤은 동탁의 눈치를 살피며 비위를 맞췄지만, 마음속으로는 항상 동탁을 없앨 궁리를 했어요. 하지만 도무지 방법이 없어 한숨만 푹푹 쉬었지요. 그런데 왕윤의 수양딸이 아버지를 걱정하며 더 큰 한숨을 내쉬는 게 아니겠습니까. 이 여인의 이름은 초선이었습니다.

중국 4대 미녀라고 들어보셨나요? 서시, 왕소군, 양귀비 그리고 초선을 말하는 거예요. 앞의 세 명은 실존 인물인데 초선만 소설 속의 인물입니다. 모티브가 된 소재는 있지만, 이름과 출신, 스토리는 모두 창작의 결과죠. 소설 속 인물인 초선이 4대 미녀에 포함된 건 삼국지에서 묘사된 모습이나 활약이 그만큼 임팩트가 크기 때문입니다.

아름다운 수양딸을 바라보던 왕윤의 머릿속에 한 가지 생각이 스쳤습니다. 초선을 이용한 연환계連環計였지요. 연환계는 고리를 엮듯이 여러 계책을 엮어 사용하는 걸 말합니다. 왕윤의 계획은 이러했습니다. 먼저 초선의 미모로 동탁과 여포의 마음을 사로잡는 미인계를 쓰고, 이후 초선을 통해 두 사람 사이를 갈라놓는 이간계를 써 결국 여포가 동탁을 죽이게 만들 작정이었습니다. 동탁의 목숨을 빼앗을 수 있는 방법이었지만, 초선 역시 목숨을 걸어야 했습니다. 그런데 왕윤의 계책을 들은 초선은 생각보다 담담했어요. 오히려 흔쾌히 말합니다. "맡겨만 주십시오. 만 번을 죽더라도 후회하지 않겠습니다." 나라를 구하기 위해 온몸을 던질 각오를 한 거예요. 왕윤은 자신을 희생하기로 결심한 초선에게 큰절을 올립니다. 미안함과 고마움 그리고 존경의 마음을 담은 인사였을 겁니다.

두 사람은 먼저 여포를 공략했습니다. 아니나 다를까 초선을 본 여포는 단번에 마음을 빼앗겼어요. 왕윤은 여포를 천하에 진정한 영웅이라 띄워주며, 여포가 원한다면 초선을 보내주겠노라 약속했지요. 초선 역시 적극적으로 자신의 역할을 수행합니다. 목숨을 내놓았는데 무엇이 두려웠겠어요. 머릿속은 성공해야 한다는 생각으로 가득했을 거예요. 초선은 작정한 듯 살짝 눈길을 주고 미소를 지으면서 여포를 홀렸지요. 사나이 가슴에 불을 지른 거예요. 여포는 무척이나 고마워하며 왕윤에게 충성을 약속했어요. 초선에게서 눈을 떼지 못하던 여포는 초선과 함께할 날만을 손꼽아 기다리며 집으로 돌아갔습니다.

이제 동탁을 낚을 차례였습니다. 왕윤은 동탁을 집으로 초대해 귀한 술과 음식을 대접했어요. 그런 다음, 함께 후원으로 갔습니다. 거기에 초선의 무대를 준비해 놓았거든요. 달빛이 비치는 무대 위로 선녀 같은 자태를 지닌 초선이 등장하더니 감미로운 음악에 맞춰 춤을 추기 시작했어요. 원래도 실력이 출중했지만 이때는 정말 혼신의 노력을 다했을 거예요. 무조건 동탁의 마음을 잡아야 했으니까요. 역시나 지켜보던 동탁의 입이 떡 벌어졌습니다. 초선의 노래까지 들은 동탁은 초선에게 흠뻑 빠져들었죠. 동탁이 넘어온 것을 눈치챈 왕윤은 기회를 놓치지 않고 그날로 초선을 동탁에게 보냈습니다.

이 소식을 듣고 가장 황당해할 사람은 여포였습니다. 자신에게 올 줄 알았는데, 갑자기 양아버지 동탁에게 초선이 간 거잖아요? 여포는 다짜고짜 왕윤을 찾아가 분통을 터뜨립니다. 그러자 왕윤이 말하죠. "초선을 장군께 주겠다는 말을 어디서 듣고 오셨는지 초선을 보겠다고 하시기에, 시아버지에게 인사도 올릴 겸 초선이를 불러내었습니다. 그런데 온 김에 초선이를 데려가 장군과 짝지어 주겠다고 하지 않겠습니까? 제가 무슨 힘이 있겠습니까, 그래서 어젯밤에 급히 보낸 것입니다." 여포는 이 말을 철석같이 믿습니다.

그러나 기대와 달리 동탁으로부터 아무 연락이 없었어요. 여포는 참지 못하고 동탁을 찾아갔다가 동탁의 침실에서 초선을 발견합니다. 초선은 여포가 온 것을 눈치채고 눈물을 찍어내는 연기를 합니다. 이를 본 여포는 가슴이 찢어지는 듯했습니다. 하지만 주군이자 양아버지인 동탁에게 자초지종을 묻지도 못해요. 그렇게 가슴앓이를 하며 시간을 보내던 여포. 여포는 드디어 기회를 잡았습니다. 동탁이 집을 비운 사이에 몰래 초선을 찾아간 거예요. 초선은 여포를 보고 당황한 기색도 없이 기다렸다는 듯 눈물을 흘렸어요. 여포에게 가고 싶었는데 어쩔 수 없이 동탁에게 끌려왔다는 거예요. 그러면서 여포에게 작별 인사를 하려고 지금껏 버텨왔다며 이제 여포를 봤으니 다 되었다고 합니다. 그러곤 연못으로 몸을 던지려고 했죠. 적진의 한복판에 들어가서 내로라하는 장수들을 상대하는 일인데 정말 대범하지 않나요? 아무나 할 수 있는 일은 아닌 것 같아요. 자신에게 나라의 운명이 걸려 있다는 책임감이 없었다면 쉽게 할 수 없는 일이었죠.

목숨을 걸고 연기하니 여포는 속을 수밖에요. 초선의 행동에 놀란 여포는 초선을 끌어안으며 그 마음을 다 안다고 말하며 초선을 달랬습니다. 초선은 눈물을 흘리며 이번 생에는 함께할 수 없으니 다음 생에 함께하자고 해요. 그러자 여포는 이번 생에 초선을 아내로 맞이하지 못한다면 자신은 영웅이 아니라고 말하죠. 동탁에게서 초선을 빼앗아 올 마음을 비춘 것입니다. 초선은 이를 놓치지 않았습니다. "동탁 곁에 있는 하루는 1년과 같습니다. 하루라도 빨리 저를 구해주셔요."

사랑하는 여인의 눈물에 여포의 마음이 사정없이 흔들립니다. 가질 수 없으면 더 욕망하게 되는 게 사람 심리잖아요. 하지만 상황이 그리 녹록지도 않았죠. 지금은 잠시 틈을 봐서 온 거니 다음에 다시 의논하자고 해요. 초선 입장에서는 애가 탔겠죠? 확답하지 않는 여포의 옷을 놔주지 않았습니다. 그때, 낌새가 수상함을 눈치챈 동탁이 황급히 집으로 돌아왔습니다. 그리고 자신의 후원에서 다정히 껴안고 있는 여포와 초선을 발견했죠. 초선 입장에서는 다행이었고 동탁 입장에서는 눈이 뒤집힐 일이었습니다. "감히 내 여자를 넘보는 게냐?" 하면서 여포를 죽이려

들었어요. 바닥에 놓여 있던 여포의 방천화극도 집어 던집니다. 여포는 날아오는 방천화극을 쳐 내고 얼른 자리를 피해버렸어요. 모든 것이 초선의 계획대로 되고 있었어요. 한없이 가까웠던 두 사람의 관계에 조금씩 금이 가기 시작한 겁니다.

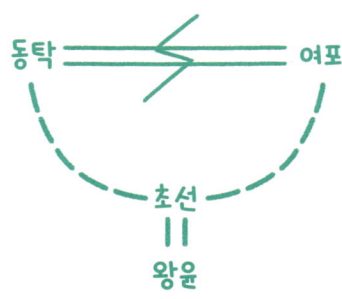

◆ 동탁의 최후

상황이 이러하자 동탁의 책사 중 한 사람이 나섰습니다. 장수가 전장에서 직접 무기를 들고 병사들을 이끌며 싸운다면, 책사는 지혜와 계책, 전략 등을 세워서 판을 바꾸는 사람입니다. 쉽게 말해 머리로 싸우는 사람인 것이지요. 그런 그가 세 사람 사이의 일들을 살펴보니 이대로 가다가는 큰일 날 것 같은 거예요. 그래서 동탁을 설득합니다. "여인 하나 때문에 여포 같은 장수를 잃어서야 되겠습니까? 여포에게 초선을 넘기십시오." 고민하던 동탁은 책사의 직언에 고개를 끄덕였습니다. 사방에 적이 널려 있으니 동탁에게는 분명 여포가 필요했어요. 여포가 없으면 목숨을 보전하기 어려운 것이 사실이었거든요.

그날 밤, 동탁은 초선을 불러 여포에게 가는 것이 어떻겠냐고 합니다. 동탁의 말을 들은 초선은 구슬피 울기 시작했어요. "동탁 님만을 섬기며 평생 살 것을 맹세한 저를 버리려 하시옵니까? 어찌 이러실 수가 있습니까?" 하면서 동탁의 품에 파고듭니다. 동탁은 초선을 품에 안고 어쩔 줄 몰라 해요. "아이고, 내가 잘못했다." 달래고 달래면서 거듭 사과하지요. 아마 이때 초선은 쐐기를 박아야겠다고 생각한 것 같아요. 칼을 들고 죽으려는 시늉까지 하거든요. 여포에게 가느니 차라리 목숨을 버리겠다는 거예요. 그 모습을 본 동탁은 초선을 여포에게 보내지 않기로 결심합니다. 초선은 여기에 만족하지 않았습니다. "그 흉악한 자가 또 찾아올까 봐 너무 무섭습니다" 하며 울먹였죠. 동탁은 오냐오냐하고는 아예 다른 성으로 가서 지내자고 해요. 동탁과 여포의 마음을 사로잡으며 두 사람의 사이를 확실하게 갈라놓은 것입니다.

책사는 그것도 모르고 동탁을 재촉했습니다. "초선은 언제 보내시는 겁니까?" 그러자 동탁이 벌컥 화를 내요. "네 이놈! 마누라를 아들에게 주라는 말이냐?" 그러면서 오히려 책사를 내쫓아 버립니다. 그리고 초선과 함께 떠날 준비를 하지요. 모든 것이 초선의 뜻대로 되고 있었습니다.

동탁과 초선이 거처를 옮기는 날, 여포는 숨어서 그 광경을 지켜보고 있었어요. 가마에 올라탄 초선도 먼발치에서 자신을 바라보는 여포를 발견했습니다. 그리고 여포와 눈이 마주치자 애처로운 표정을 지었습니다. 닭똥 같은 눈물을 뚝뚝 흘리면서 눈으로 얘기해요. 왜 거기서 보고만 있느냐고. 어서 와서 나를 좀 구해달라고. 하지만 여포는 아무것도 하지 못한 채 초선을 떠나보내야 했습니다. 절망에 휩싸인 여포에게 남은 것은 동탁을 향한 분노뿐이었지요.

왕윤도 여포를 살살 부추겼습니다. 천하의 영웅이 어찌 이런 모욕을 당하느냐고 말이죠. 결국 여포에게서 동탁을 죽이겠다는 말이 나오고야 말았습니다. 그런데 여포에게도 걱정되는 점이 있었어요. 그래도 양아버지인데 자신이 해치면 사람들이 뭐라고 말할지가 신경 쓰였던 것이지요. 그러자 왕윤이 빙그레 웃으며 말했습니다. "장군의 성은 여씨이고, 동탁의 성은 동씨인 데다가 이미 동탁이 장군께 방천화극도 던졌는데 무어라 하겠습니까." 여포는 왕윤의 말에 마음을 굳혔습니다.

왕윤과 여포는 동탁에게 황제가 황위를 넘겨주려 하니 장안으로 들어오라는 내용의 거짓 조서를 보냈습니다. 동탁은 아무것도 모른 채 기분 좋게 황궁으로 옵니다. 하지만 동탁을 기다리고 있던 것은 황제 자리가 아니라 방천화극을 든 여포였어요. 여포는 단숨에 동탁을 내리쳐 죽입니다. 동탁의 시체는 백성들이 지나다니는 거리 한가운데에 버려졌습니다. 그동안 마음껏 먹고 마신 탓에 배가 남산처럼 커다랬지요. 누군가가 배꼽에 심지를 꽂고 불을 붙였는데, 배에 기름이 얼마나 끼었는지 그 불이 며칠 동안 꺼지지 않았다고 합니다.

철옹성처럼 들어앉아 국정을 농단하던 동탁은 결국 이렇게 무너지고 말았습니다. 수많은 영웅호걸이 동탁을 죽이겠다고 나섰지만, 동탁을 죽음에 이르게 한 사람은 조조도 연합군의 제후도 아닌 초선이었어요. 삼국지에서 이만큼 이름을 남긴 여인은 없습니다. 초선의 행보는 굉장히 적극적이지요. 동시대의 어떤 남성 못지않게 담대하게 나라를 구하기 위해서 온몸을 던졌습니다. 초선이 삼국지에서 빼놓을 수 없는 존재감을 자랑하는 이유도 여기에 있지 않을까요?

◆ 주인 잃은 천하, 군웅할거의 시대

빌런의 계보를 이어가던 동탁이 죽었으니 평화가 올 법도 한데 전혀 그렇지 않았습니다. 우선 동탁을 처단하기 위해 모였던 열여덟의 제후들은 이미 뿔뿔이 흩어진 상태였어요. 나라를 구하고 싶은 마음도 있었지만, 남보다 먼저 공을 세워서 명성을 떨치고자 하는 욕심도 그득했거든요. 기세 좋게 출발한 반동탁연합은 이렇게 흐지부지 끝나고 말았습니다. 제후들은 다시 전국 각지로 흩어졌지만, 견제와 경쟁은 더욱 심해졌지요. 황제에게 아무런 힘이 없으니 저마다 땅덩어리를 하나씩 차지하고서 싸움을 벌였습니다. 자신의 근거지에서는 왕이나 다름없었어요.

　삼국지가 여러 영웅의 각축전으로 전개되는 것은 이런 배경에서 기인합니다. 한반도에 빗대어 이야기해 볼게요. 한반도에 A라는 국가가 있다고 합시다. A나라에는 왕이 있기는 하지만 힘을 잃어버린 지 오래여서 왕의 정치력도 군사력도 너무 약했어요. A나라는 간신히 유지되는 상황이었지요. 유명무실한 왕의 통제가 지역까지 미칠 리 없으니 각각의 지역, 예를 들어 서울, 부산, 인천, 대구, 광주 등에 있는 힘 있는 사람이 지역의 권력을 차지하고 군주처럼 다스리기 시작했습니다. 스스로 시장 자리에 오른 다음 나중에 왕의 인정을 받는 경우도 있었어요.

　중앙정부의 힘이 워낙 약해서 동탁처럼 중앙의 통제에서 반쯤 벗어나 자신의 군대를 거느리고 힘을 키우기도 쉬웠어요. 그러다 적당한 명분이나 기회가 생기면 서로 싸워서 땅을 빼앗고 영역을 넓혀갔습니다. 왕은 있으나 마나 하니 힘을 키워서 실권을 잡겠다는 욕심이었지요. 이렇듯 여러 인물이 나라 곳곳에 자리를 잡고 힘을 겨루는 모습을 '군웅할거群雄割據'라 합니다. '군웅'은 '많은 영웅'을, '할거'는 '나라를 나눠 차지하다'라는 뜻이에요. 동탁이 죽고 난 다음 조조, 원술, 원소 등 각 지역의 영웅들이 본격적으로 야심을 품고 경쟁을 벌인 이 혼란한 시기를 '군웅할거의 시대'라고 표현하죠. 안 그래도 약해질 대로 약해진 한나라가 여러 지역의 세력들로 갈라지고 만 것입니다.

수도 장안의 상황도 안 좋기는 마찬가지였습니다. 동탁의 죽음으로 큰 근심을 덜었지만, 그를 따르던 동탁의 무리가 문제였죠. 수장인 동탁만 함정에 빠져 갑자기 제거된 상황이잖아요. 남은 세력 중 이각과 곽사라는 두 장수가 동탁의 복수를 핑계로 군사를 끌고 왔습니다. 순식간에 장안을 짓밟고는 궁궐까지 밀고 들어왔어요. 막아낼 수 있는 사람이 아무도 없었지요. 동탁의 수하들이 모조리 그쪽으로 붙어서 동탁을 처단한 여포도 황급히 도망가야 했습니다.

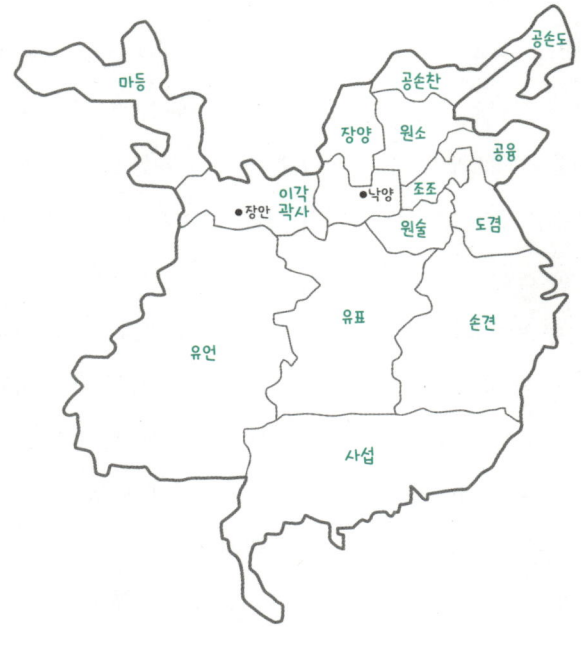

군웅할거로 분열된 한나라

이각과 곽사는 동탁의 죽음에 책임을 물어 왕윤을 죽이고, 동탁이 그랬던 것처럼 권력을 차지하고 황제와 조정을 마음대로 주물렀어요. 호랑이 없는 굴에 여우가 왕 노릇 한다더니, 딱 그 꼴이었지요. 조정이 제대로 돌아가지 않으면 밖에서는 무슨 일이 일어날까요? 민생이 어려워지니 백성들의 반란이 일어납니다. 전국 방방곡곡에 숨어 있던 황건적의 잔당들이 약속이라도 한 듯 또다시 활개를 치기 시작했습니다.

황건적 때문에 골머리가 아픈 이각과 곽사에게 누군가 사태를 수습할 적임자로 조조를 추천했습니다. 당시 조조는 동군을 다스리는 태수로 연주라는 지역에서 힘을 키우고 있었습니다. 황건적뿐 아니라 혼란을 틈타 행패를 부리던 온갖 도적 떼를 물리치면서 승승장구하고 있었어요. 이각과 곽사는 과연 조조가 적임자라고 생각했습니다. 그래서 황제의 이름으로 조서를 보냅니다.

조서를 받은 조조는 뛸 듯이 기뻐했어요. 군사를 일으킬 명분이 생긴 거잖아요. 그 시절에 무엇보다 중요한 건 바로 명분이었습니다. 명분 없이 함부로 움직였다간 경쟁자들에게 비난이나 공격을 당할 빌미를 줄 수 있었거든요. 그런데 황제의 명령이라니, 그것보다 더 정당하고 좋은 구실이 어디에 있겠습니까.

조조는 황건적의 잔당을 물리치면서 세력을 불려나갔습니다. 장수와 책사를 가리지 않고 인재도 활발하게 영입합니다. 무력만큼 중요한 것이 지략이거든요. 그 사실을 잘 알았던 거지요.

조조는 항상 인재를 모으는 데 진심이었어요. 기준은 딱 하나, 능력이에요. 출신이나 신분 같은 것은 신경 쓰지 않아요. 과거도 묻지 않습니다. 심지어 적이라고 해도 뛰어나다 싶으면 데려오려고 했어요. 이 시기에 순욱, 정욱, 곽가 등 지략이 뛰어나기로 유명한 책사들과 전위 등 출중한 무력을 지닌 장수들이 조조 밑으로 모이게 됐지요.

연주 지역에서 기반을 다진 조조는 아버지를 모시고자 했습니다. 조조의 아버지 조숭과 가족들은 낙양에 난리가 났을 때 산둥반도 쪽으로 피신한 뒤, 계속 그곳에서 살고 있었어요. 근거지를 확보한 조조가 "아버님, 제가 자리를 잡았으니 얼른 오십시오. 이제부터 극진히 모시겠습니다" 한 거지요. 조숭은 아랫사람들에게 당장 짐을 싸라고 합니다. 가족은 물론이고 하인들까지 모두 데리고 연주로 출발했어요. 아들이 성공해서 자기를 부르니 얼마나 뿌듯했겠어요.

모든 일이 순조롭게 흘러가는 듯했습니다. 그런데 얼마 지나지 않아 조조에게 비보가 날아들었습니다. 연주로 오고 있던 아버지와 가족들이 변을 당했다는 소식이었습니다.

세력을 확장하는 조조와 걸음마를 뗀 유비

◆ **조조의 분노에 맞선 유비**

연주로 향하던 조숭 일행의 행적을 따라가 보도록 하죠. 조숭이 있던 곳에서 조조가 있는 연주로 가려면 서주라는 지역을 거쳐 가야 했습니다. 서주를 다스리던 인물은 도겸이었는데, 본래 성품이 어질기도 했고 조조에게 영웅적인 면모가 있다고 생각하는 사람이었어요. 쉽게 말해 조조에게 호감이 있었던 것이죠. 그래서 조숭 일행이 서주를 지날 때 이들을 불러 극진하게 대접을 했습니다. 떠날 때는 수백 명의 호위병까지 붙여줬어요. 도적 떼가 언제 어디서 나타날지 모르니까 연주까지 잘 모시라는 의도였습니다.

그런데 문제는 이 호위병들에게서 터져 나왔습니다. 이 중에는 황건적의 잔당이었다가 도겸의 군사로 흡수된 사람들이 있었는데 귀한 물건으로 가득한 수레들을 보고 욕심이 생긴 겁니다. '이런 개고생을 하느니 저걸 훔쳐서 달아나는 게 낫겠다!'라는 마음을 품은 거예요. 결국 이들은 끔찍한 살육을 저지르고 맙니다. 조숭과 그 가족들은 물론이고 하인들마저 살아남지 못했어요. 소식을 들은 조조는 슬픔과 분노에 휩싸였습니다. 이게 다 도겸 때문이라면서 아예 군사를 일으켜 서주로 쳐들어갔어요. 실제로 조조군이 지나는 곳마다 사체들이 산을 이루었대요. 남녀노소를 가리지 않았고, 사람과 가축을 구분하지도 않았지요. 거의 일방적인 학살이었습니다.

도겸은 그야말로 난감했습니다. 조조와 잘 지내보려고 한 일이 정반대의 결과를 초래한 거예요. 도겸이 직접 용서도 구하고, 다른 사람들이 나서서 도겸이 한 일이 아니라고 해명도 했지만 조조는 아랑곳하지 않았습니다. 비명횡사한 가족의 복수도 복수지만, 서주를 차지할 명분이자 기회라 여겼던 것 같아요. 결국 조조와 싸울 힘이 없었던 도겸은 여기저기에 도움을 요청했고, 이 소식은 유비에게까지 닿았습니다.

반동탁연합군의 제후들이 낙양을 떠나 각자의 지역으로 돌아가 세를 키운 것과 달리, 유비의 세력은 여전히 보잘것없었습니다. 하지만 조조의 군대를 상대하려면 군사가 있어야 하겠죠? 결국 유비는 동문인 공손찬을 찾아가 군사를 빌려달라고 합니다. 공손찬은 조조와 척을 진 일도 없는데 왜 남의 싸움에 끼어들려고 하나며 만류하죠. 하지만 유비는 이미 약속했으니 가야 한다고 답해요. 함께 군사를 일으켜 조조로부터 도겸을 구하자는 어느 사람의 말에 유비가 "사람은 신용 없이는 살 수 없다는 말이 있소. 군사를 얻지 못하더라도 반드시 서주로 갈 테니 걱정 마시오"라고 답했었거든요. 유비의 성격을 알 수 있는 말이죠. 그의 성격을 아는 공손찬도 흔쾌히 군사를 내주었습니다.

군사를 이끌고 서주에 온 유비는 먼저 서주성을 포위한 조조에게 편지를 썼습니다. 도겸을 돕고는 싶은데, 조조와 직접 싸우면 질 게 뻔하거든요? 그러니까 몸으로 붙기 전에 말로 한번 해결해 보려고 한 거예요. 편지의 내용은 도겸에 대한 오해를 풀어 달라는 것이었어요. '이각과 곽사 같은 이들 때문에 조정이 엉망이니 이러지 말고 힘을 합쳐서 나라를 구합시다'라는 제안도 하지요.

편지를 읽은 조조는 노발대발합니다. 유비가 누군데 감히 나에게 충고하는 글을 보내냐는 거였어요. 당장이라도 공격을 시작할 것 같았지만, 조조는 유비에게 답장을 보냈습니다. 뜻밖에도 '이번에는 물러날 테니 은혜를 잊지 마시오'라는 내용의 우호적인 답장이었죠. 그리고 정말로 성 밖에 진을 치고 있던 조조의 군사들이 모두 사라져 버렸습니다. 눈앞의 먹잇감을 놓칠 리 없는 조조가 서주를 두고 떠난 것입니다. 대체 어떻게 된 일일까요? 조조는 왜 갑자기 마음을 돌렸을까요?

조조를 움직인 사람은 다름 아닌 여포였습니다. 조조가 서주를 공격하느라 연주를 비운 사이에 여포가 연주에 쳐들어 온 거예요. 조조는 자신의 근거지를 지키기 위해 어쩔 수 없이 말머리를 돌려야만 했습니다. 그렇게 조조와 유비 대신 조조와 여포의 싸움이 시작됐습니다.

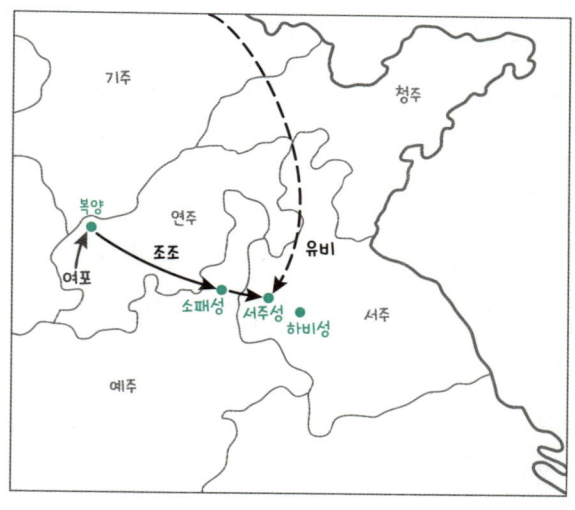

서주 일대에서의 충돌

◆ 여포가 파고든 조조의 빈틈

여포는 이각과 곽사가 권력을 탈취할 때 장안에서 도망친 뒤로 한참을 방랑했습니다. 우선 동탁을 처단하고 싶어 했던 제후들을 찾아갔어요. 그들이 원하던 바를 자신이 이루어주었으니 같은 편이라 생각한 거죠. 원술에게도 가보고 원소에게도 가봤지만, 한군데에 오래 있지 못하고 금방 떠나기 일쑤였어요. 여포를 완전히 믿는 사람은 없었거든요. 첫 번째 양아버지였던 정원을 죽이고, 두 번째 양아버지였던 동탁도 죽인 사람이잖아요. 여포는 배신의 아이콘이나 다름없는 인물이었습니다. 또 워낙 거만하고 막무가내인 터라 어디에서든 원만하게 지내지 못하기도 했고요.

여기저기 떠돌던 여포는 반동탁연합에 참여했던 장막에게로 갑니다. 그리고 거기서 진궁을 만나요. 진궁 기억하시나요? 여백사 사건 때 조조를 떠나버린 바로 그 사람입니다. 여포에게 부족한 것은 지략이었는데, 진궁이 책사 역할을 하면서 힘뿐이던 여포에게 머리가 생긴 셈이 됐습니다. 이번 연주 공격도 진궁의 계획이었지요.

여포가 오랜 시간 떠돌아다니긴 했지만 무력만큼은 녹슬지가 않았나 봅니다. 조조가 서주에서 돌아올 때쯤엔 벌써 세 고을만 빼놓고 연주의 모든 지역을 빼앗는 데 성공했거든요. 조조가 서주를 포기하고 여포를 저지하러 돌아온 이유입니다. 두 사람은 연주 북부에 있는 중심지 복양에서 맞붙었습니다.

조조는 이제 자신이 왔으니 연주를 금방 되찾을 거라고 생각했습니다. 여포는 무력만 강할 뿐 꾀가 없다며 승리를 자신했거든요. 그러나 꾀주머니 진궁이 곁에 있는 여포를 이기기는 쉽지가 않았습니다. 무려 세 번을 내리 졌어요. 처음에는 양측의 장수들이 맞붙다가 승패가 나지 않자 여포가 성질을 참지 못하고 뛰쳐나왔습니다. 여포의 기세에 눌린 조조군은 퇴각을 택할 수밖에 없었지요.

두 번째 패배는 훨씬 치명적이었어요. 첫 번째 패배 이후 조조군은 반전을 꾀하기 위해 여포의 진영을 기습했습니다. 하지만 이를 예견한 진궁이 이미 계략을 짜놓은 탓에 크게 역습을 당하고 맙니다. 정신없이 도망치는데 여포의 군사들이 사방팔방에서 몰려나왔죠. 포위망이 좁혀오는 가운데 설상가상으로 화살이 비처럼 쏟아지기 시작하자 목숨의 위협을 느낀 조조는 크게 소리쳤습니다. "누가 나를 좀 살려다오!"

그때, 조조의 호위대장 전위가 달려왔습니다. 전위는 조조의 말고삐를 잡고 나란히 달리며 옆에 있는 군사에게 말했어요. "적들이 열 걸음 안에 오면 나에게 알려라!" 얼마 뒤, 군사가 "열 걸음 안에 있습니다!" 하니까 이번에는 "다섯 걸음 안에 오면 알려라!" 했지요. 흙먼지가 일고 말발굽 소리가 어지러이 울리던 중, 또다시 군사의 다급한 외침이 들려왔어요.

"다섯 걸음 안에 있습니다!"

그 말을 들은 전위는 뒤돌아서 적들을 향해 창을 던졌습니다. 허공을 가르며 날아간 창은 무려 열 명의 군사를 관통해 버립니다. 그 광경을 본 적군들은 더 이상 두 사람을 쫓지 못했어요. 추격할 엄두가 나지 않았던 거지요.

복양을 회복하지도 못하고, 여포에게도 크게 패배한 조조는 심란했습니다. 대책을 찾지 못해 괴로워하는 조조에게 그 무렵 복양성 안에서 편지가 날아들었습니다. "여포가 너무 난폭해서 조조 님에게 항복하려 합니다. 성문을 열어드릴 테니 들어오십시오." 복양성 안에 있는 어느 부호의 편지였죠. 책사들은 아무래도 이상하다며 조조를 말렸습니다. 하지만 승리에 눈이 먼 조조는 그날 밤 성문이 열리자마자 냅다 안으로 들어갔어요. 이것 역시 진궁의 속임수였습니다.

조조는 군사를 이끌고 직접 복양성 안으로 들어갔습니다. 예상과 달리 성안에는 개미 한 마리 보이지 않았지요. 그제서야 함정임을 깨달은 조조는 급히 말머리를 돌렸습니다. 그러나 때는 이미 늦었어요. 사방에서 불화살이 쏟아졌습니다. 여기저기 화살이 꽂히고 불이 번지는 가운데, 몰려오는 군사들과 도망치는 군사들이 뒤엉켰어요. 그리고 곧 여포가 나타나 조조를 찾기 시작했습니다.

"조조는 어디 있느냐? 네 이놈 조조야, 어서 나와라!"

여포는 고래고래 소리를 지르면서 조조가 있는 곳까지 왔습니다. 이때 두 사람이 얼굴을 마주하게 돼요. 조조는 얼른 얼굴을 가리고 투구를 눌러 썼어요. 조조의 심장이 얼마나 빠르게 뛰었을까요? 방천화극이 목에 꽂힐지도 모르는 상황이잖아요. 하필이면 지나치던 여포가 창으로 조조의 투구를 툭 치며 조조를 못 봤냐고 묻기까지 합니다. 조조는 뻔뻔하게도 가장 멀리 있는 성문을 가리키면서 거짓말을 해요. "저기 누런 말을 타고 도망가는 사람이 조조입니다!" 여포는 자기 눈앞에 있는 사람이 조조인 줄은 꿈에도 모른 채 그 손가락이 가리키는 곳을 향해 달려갔지요. 조조는 그렇게 여포를 따돌리고 불바다가 된 성을 간신히 빠져나왔습니다. 머리카락도 타고, 수염도 탔어요. 얼마나 상황이 긴박했는지 조조가 죽었다는 말이 돌 정도였습니다.

세 번째 전투도 조조의 대패였습니다. 그런데 이게 전화위복이 됐어요. 조조의 머릿속에 불이 반짝 들어왔거든요. 조조는 그냥 죽은 사람이 되기로 합니다. 심한 화상을 입어 결국 목숨을 잃었다는 헛소문을 퍼뜨리기로 한 거예요. 조조의 군사들은 모두 상복을 입고 진짜로 조조가 죽은 것처럼 곡을 했습니다. 이를 본 여포의 염탐꾼도 깜빡 속아 넘어가고 말았죠. 곧바로 여포에게 이 사실을 보고했고, 여포는 신이 나서 조조군을 치러 들어갑니다. 조조가 없는 조조군이라니 얼마나 가소롭게 느껴졌겠어요. 그러나 늘 성급하게 움직이면 위기를 맞는 법입니다. 조조의 영채로 기세 좋게 진격하던 군사들은 숨어 있던 조조군의 공격에 허둥대며 도망가기 바빴습니다. 조조가 그랬던 것처럼 여포 역시 겨우 목숨을 건져 도망가야 했습니다. 군사들은 물론 장수도 여럿 잃었지요.

3 대 1의 전적을 남긴 여포와 조조의 싸움은 우선 여기서 일단락이 되었습니다. 조조는 더 밀어붙이고 싶었지만, 그해 수많은 메뚜기 떼가 날아들어 곡식을 다 갉아 먹은 탓에 흉년이 들었거든요. 군량미 수급에 어려움을 겪은 조조와 여포는 하는 수 없이 각자의 진영으로 돌아가 다음 승부를 기다려야 했습니다.

◆ 서주를 다스리게 된 유비

조조와 여포가 이렇게 목숨을 건 싸움을 하는 동안 유비는 무엇을 하고 있었을까요? 유비는 조조가 연주로 돌아간 뒤에도 서주에 머물고 있었습니다. 도겸은 원래 몸이 약했는데 조조가 떠난 후에는 아예 앓아누워 버렸습니다. 거의 오늘내일하는 중이었어요. 그러자 유비를 불러 마지막 청을 전합니다. 자기가 다스리고 있는 서주를 맡아달라는 것이었어요.

일전에도 도겸은 유비에게 서주를 맡아달라 청한 적이 있었습니다. 한두 번 청한 것도 아니었어요. 유비가 처음 서주에 도착했을 때부터 도겸은 유비에게 서주를 맡기고 싶어 했습니다. 선뜻 도우러 와줬으니 얼마나 고맙고 믿음직스러웠겠어요. 얘기를 나눠보고는 인품도 참 훌륭하다 생각을 한 거예요. 게다가 황실의 후손이라고 하고, 관우와 장비라는 훌륭한 장수들도 있으니 한나라를 지킬 영웅의 면모가 있다고 판단했죠. 자신의 두 아들도 변변치가 않으니 유비에게 서주를 맡기려 한 것입니다. 그러나 유비는 극구 사양했습니다. 쌓은 공도, 덕도 없는데, 명분 없이 서주를 차지하면 세상 사람들이 자신을 의리 없는 사람이라 말할 텐데, 자신은 그렇게 되고 싶지 않다는 것이었죠.

주변 사람들이 모두 받으라 애원하고, 도겸도 눈물을 흘리며 청하자 결국 관우와 장비까지 나섰습니다. 억지로 빼앗는 것도 아니고 양보하겠다는데 뭘 그렇게까지 거절하냐는 거예요. 하지만 유비는 고집을 꺾지 않았습니다. 오히려 동조하는 형제들에게 역정을 내요. 캐릭터 한번 확실하죠? 만약 조조였으면 옳다구나 하고 받았을 텐데, 두 사람의 가치관이 이렇게 달라요. 결국 도겸이 한발 물러나 서주 근처에 있는 소패성에 유비와 형제들을 머물게 했지요. 조조가 서주로 오려면 지나야 하는 길목이니 여기라도 지켜달라는 것이었어요.

도겸이 유비에게 마지막 청을 전할 때는 이제 죽음이 코앞이라는 생각이었어요. 그래서 소패성을 지키고 있던 유비를 불러 이렇게 말했지요. "저는 늙고 병들어 죽을 때가 다 되었습니다. 부디 유비 공이 이곳 서주를 발판 삼아 큰 뜻을 펼치셨으면 합니다."

도겸은 간곡하게 부탁했지만, 유비는 이번에도 극구 사양합니다. 도겸의 아들들이 멀쩡히 살아 있는데 내가 어떻게 서주를 맡을 수 있느냐는 거예요. 어찌나 고집을 부리던지 이 부분을 읽을 때는 정말 고구마를 먹은 듯이 답답해지더라고요. 왜냐하면 유비를 뺀 다른 사람들은 모두 유비가 서주를 맡아주길 바랐거든요. 그런데도 명분을 이유로 혼자서 계속 거절을 했어요. 도겸이 죽은 뒤에도 유비가 뜻을 거두지 않자 이번에는 백성들까지 몰려옵니다. 백성들은 아예 거리에 나와서 간청했어요. 줄지어 엎드려 우리를 지켜달라고, 제발 살펴달라고 눈물로 애원했지요. 조조가 언제 또 쳐들어올지 모르는 상황이잖아요. 유비는 서주 백성을 마구 학살했던 조조와 분명 달랐거든요. 유비도 이런 분위기를 계속해서 외면할 수는 없었습니다. 결국 서주를 맡아 다스리게 되었지요. 유비에게도 처음으로 자신의 근거지가 생긴 것입니다.

◆ 유비와 여포의 기묘한 동거

유비가 서주를 다스리게 되었다는 소식을 듣고 노발대발한 사람이 있었습니다. 바로 조조입니다. 조조 입장에서는 황당한 일이긴 했습니다. 도겸에게 제대로 복수도 하지 못한 데다, 자기는 군사를 이끌고 쳐들어가기까지 했던 곳을 유비는 화살 한 발 쏘지 않고 가만히 앉아서 얻은 꼴이잖아요. 얼마나 열이 받고 분통이 터졌겠어요. 이에 당장이라도 서주로 쳐들어가려 합니다.

하지만 조조의 책사 순욱이 말렸어요. 지금 서주를 치기 위해 많은 군사를 일으키면 연주 땅을 지킬 사람이 없어지고, 그러면 또 여포가 공격해 올 수도 있다는 거예요. 큰 것을 버리고 작은 것을 얻으려 하지 말라고 충언했습니다. 조조가 그 말을 듣고 보니 일리가 있었어요. 그래서 서주를 공격하는 대신 여포에게 빼앗긴 연주의 지역들과 중심지 복양부터 탈환하러 나섭니다. 미뤄두었던 여포와의 승부를 내기 위해 출정한 거예요.

복양에 있던 여포는 작심한 조조의 공격에 박살이 나고 말았습니다. 성을 잃은 것은 물론 군사의 3분의 2를 잃었지요. 어쩔 수 없이 여포는 다시 방랑의 길을 떠나게 됐습니다. 그리고 그 끝에 서주에 있는 유비를 찾아가게 되었어요.

원래 서주는 여포의 목적지가 아니었습니다. 갈 곳이 없다 보니 조조와 갈등이 있는 유비라면 받아주지 않을까 하는 마음으로 온 거예요. 아니나 다를까, 유비는 여포를 반갑게 맞아주었습니다. 한술 더 떠 "저는 임시로 서주를 맡고 있을 뿐입니다" 하면서 여포에게 서주를 맡아 다스려 달라고 부탁하기까지 해요. 자신은 도겸에게 자리를 부탁받았을 뿐 황제의 명을 받은 것은 아니라 자격이 없다는 거예요. 반면 여포는 동탁 밑에 있을 때 황제에게 장군직을 받은 이력이 있거든요. 그러니까 유비가 보기에는 자기보다는 여포에게 더 자격이 있다는 거지요. 관우와 장비는 "형님, 미친 거 아니오?" 하면서 난리를 쳤어요. 그동안 여기저기 떠돌면서 온갖 수모를 다 당했잖아요. 갖은 고생 끝에 겨우 자리를 잡게 됐는데, 그걸 그냥 내준다니 얼마나 어이가 없어요.

서주를 덥석 받으려 했던 여포는 분위기를 눈치채고 슬쩍 돌러났어요. 그러더니 그냥 떠나겠다고 합니다. 여기서도 오래 머물긴 글렀다 싶었던 거지요. 다들 여포를 탐탁지 않게 여겼지만, 특히 장비는 여포에게 아주 적대적이었어요. 동탁 대 반동탁으로 나뉘어 싸웠을 때, 3 대 1로 대결해서 겨우 이겼잖아요. 자존심이 얼마나 상했겠어요. 여포의 거만한 언행도 마음에 들지 않았습니다. 받아달라고 온 주제에 은근슬쩍 유비를 하대했거든요. 그런데 유비는 여포를 보내고 싶지 않았어요. 누가 뭐래도 강한 장수니까 옆에 두고 싶었던 겁니다. 조조도 언제 다시 쳐들어올지 알 수 없고요. 그래서 자신이 있었던 소패성에 머무르길 권했어요. "군사도 식량도 부족함 없이 드릴 테니 거기서 지내시지요" 하니 여포도 고맙게 받아들였습니다. 갈 곳도 없는 처지인데 먹여주고 재워준다니 거절할 이유가 없지요. 그렇게 두 사람은 한배를 탄 사이가 되었습니다.

◆ 황제를 손에 넣은 조조

한편 장안은 쑥대밭이 되었습니다. 동탁의 빈자리를 꿰차고 들어앉은 이각과 곽사의 사이가 틀어지며 싸움이 벌어졌거든요. 더 큰 문제는 이 난리통에 황제인 헌제가 궁 밖으로 도망을 친 것이었습니다.

헌제는 장안에 있고 싶지 않았어요. 동탁에게 억지로 끌려온 곳이니 좋은 기억이 하나도 없었겠지요. 그래서 이각과 곽사가 치고받는 사이에 신하들과 함께 탈출을 감행한 것입니다. 황제가 사라졌다는 사실을 알게 된 이각과 곽사는 다투기를 멈추고 황급히 군사를 보냈습니다. 이전과 같은 권세를 누리려면 반드시 황제가 있어야 했어요. 그렇지 않으면 황제가 없는 조정에서 설치는 역적이 될 뿐이니까요.

목적지를 원래의 수도 낙양으로 정한 헌제 일행은 조조에게 낙양으로 와서 황실을 보호하라는 내용의 조서를 보냈습니다. 조서를 받은 조조는 속으로 쾌재를 불렀습니다. 황제의 황실 보호 요청이라니, 이보다 확실한 명분이 또 있겠어요? 조조는 그 길로 군대를 일으켜 낙양으로 향했습니다. 이각과 곽사의 군대가 헌제를 쫓는다는 소문을 듣고는 정예군을 먼저 보내 황제를 비호하게 했지요. 곧바로 벌어진 싸움에서도 손쉽게 승리를 거머쥐었어요. 조조의 군사들이 잘 훈련된 데다가 막강한 장수 하후돈이 훌륭하게 이끌었거든요.

상황이 어느 정도 정리되자 조조가 등장했습니다. 불안에 떨던 헌제는 조조를 보자마자 안도의 한숨을 내쉬었어요. 이제 마음을 놓을 수 있겠다 싶었던 거예요. 조조는 어린 황제에게 엎드려 절하며 눈물을 흘렸습니다. "이제부터 제가 목숨을 걸고 황제 폐하와 이 나라의 황실을 지키겠습니다!" 하면서 헌제를 안심시켰어요. 하지만 마음에 품고 있던 탐욕은 조금씩 드러날 수밖에 없었습니다.

먼저 조조는 헌제에게 천도를 권했어요. 낙양은 동탁이 장안으로 떠나면서 파괴한 뒤로 너무 황폐해져 재건이 어려우니 새로운 곳으로 수도를 옮기자는 거예요. 그러면서 자신의 근거지에 있는 허도를 추천합니다. 헌제는 알았다고 해요. 헌제는 똑똑한 사람이었기 때문에 어느 정도 알고 있었을 겁니다. 십상시에서 동탁으로, 여포로, 이각과 곽사로 바뀌었을 뿐이고, 이번에는 조조가 그 자리를 차지할 거라는 사실을 말이지요. 그러니 조조가 그렇게 하자는데 어떻게 반대할 수 있겠어요. 말만 제안이지, 실은 명령이거든요. 조조의 세력을 두려워한 신하들도 적극 찬성했습니다. 조조 앞에서는 전부 예스맨이 됐어요.

허도는 새로운 수도가 되었고, 조조는 스스로 대장군 자리에 올랐습니다. 이제 조조는 실세 중의 실세가 되었습니다. 황제의 보호자라는 명목으로 나랏일도 모두 알아서 처리했지요. 모든 큰일은 조조를 거친 뒤에야 헌제에게 들어갔습니다. 조조의 손안에 조정과 대권이 놓인 셈이었습니다.

여포의 배신과
유비의 탈출

◆ **서주를 훔친 여포**

　권력을 잡은 조조는 묵혀두었던 숙제가 생각났습니다. 바로 서주를 차지한 유비와 그에게 의탁하고 있는 여포였어요. 이 둘이 힘을 합치면 서주를 손에 넣기가 힘들어지니 둘 사이를 갈라놓을 방법을 고민했습니다. 이때부터 조조의 이간질이 시작됐지요. 조조는 유비를 서주 목사로 임명하는 황제의 칙서를 보내면서, 여포를 공격하라는 명령을 담은 문서도 슬쩍 끼워 넣었습니다. 하지만 유비는 이것이 계책임을 간파해요. 그래서 도리어 이를 여포에게 보여주고, 자신은 의롭지 않은 일은 하지 않는 사람이니 염려 말라고 안심시킵니다. 이런 점에서 정말 한결같은 사람이에요.
　유비가 여포를 공격하지 않은 것을 알게 된 조조는 방법을 바줬습니다. 이번에는 원술과 유비 사이를 이간질하려 했어요. 반동탁연합군이 동탁군에 맞서 싸울 때 출전하려는 관우에게 윽박을 질렀던 제후를 기억하시나요? 명문 중의 명문 출신으로 안하무인이었던 그자가 바로 원술입니다. 조조는 원술의 성품을 알고 있었기에 유비가 원술을 칠 준비를 하고 있다고 흘리면 분노해 군사를 일으키리라 생각했습니다.

예상은 적중했습니다. 원술은 유비가 황제께 몰래 표문을 올리고 자신의 땅을 치러 온다는 거짓말을 듣고 화가 나서 날뛰기 시작했습니다. 다른 사람도 아니고 돗자리나 짜서 팔던 유비가 자신을 공격한다는 사실이 너무 괘씸했던 거예요. 원술이 전투 태세를 갖추자, 조조는 기다렸다는 듯 유비에게 황제의 조서를 보냅니다. "멋대로 군사를 일으킨 역적 원술을 처단하라!"라는 명령이었습니다.

유비는 이번에도 조조의 계략임을 눈치챘지만, 가타부타하지 않고 원술이 있는 회남으로 향했습니다. 황제의 명을 거역할 수 없었으니까요. 유비가 군사를 이끌고 떠나야 하니 누군가는 서주성을 지켜야 했습니다. 어떻게 얻은 근거지인데 빈집털이를 당할 수는 없잖아요. 관우가 나섰지만 유비는 이번 출정에 관우가 필요하다고 말합니다. 그러자 장비가 자기가 남겠다고 해요. 이에 유비가 말합니다. "내가 자네에게 맡길 수 없는 이유가 두 가지 있네. 하나는 술만 마시면 부하들을 때리는 것이고, 다른 하나는 경솔하고 남의 말을 들으려 하지 않는 것이네."

그러니까 문제는 장비가 술을 너무 좋아한다는 거였어요. 더 큰 문제는 고약한 술버릇이었습니다. 술만 취하면 자기 멋대로 굴며 부하들을 매질하고는 했거든요. 장비는 이번에는 다르다고, 술도 안 먹고, 부하들도 안 때리고 남의 말도 잘 듣겠다고 맹세합니다. 이번 한 번만은 자기를 믿어달라는 거죠. 비장한 장비의 태도에 유비는 장비를 믿어보기로 합니다. 마음은 좀처럼 놓이지 않았지만 장비에게 신신당부하고 주변 신하들에게도 분부를 내린 뒤 서주성을 장비에게 맡기고 길을 떠났습니다.

두 형님이 떠난 뒤, 처음에는 장비도 약속을 잘 지켰습니다. 그런데 한 달이 지나니까 술 생각이 간절했어요. 속담 중에 "제 버릇 개 못 준다"라는 말이 있잖아요. 나쁜 버릇은 그만큼 버리기 어렵다는 뜻이죠. 결국 장비는 형님과 한 약속을 저버리고 군사들을 한데 모으고서 오늘 딱 하루만 술을 마시자고 합니다. 그러면서 술을 들이붓기 시작했어요. 아니나 다를까, 술에 취하자마자 장비는 부하들에게 억지를 부렸습니다. 옆에서 말려도 안 들어요. 나는 내 일을 할 테니 너는 네 일이나 잘해! 이런 식이었죠. 유비가 걱정한 대로였어요.

문제는 그날 장비에게 걸린 사람이 조표였다는 것입니다. 조표는 여포의 장인이었습니다. "제 사위를 봐서라도 좀 봐주십시오." 조표가 이렇게 말하니까 장비는 "그게 누군데?" 하고 물어요. "제 사위는 여포입니다." 조표는 이 대답이 장비의 화를 돋울 거라고는 상상도 하지 못했습니다. 장비는 조표를 마구 때리기 시작했어요. 안 그래도 여포가 미워 죽겠는데 장인이라고 하니까 더 열받은 거예요.

장비에게 두들겨 맞은 조표는 씩씩대면서 편지를 썼습니다. "지금 장비가 술에 취해서 인사불성이네. 내가 성문을 열어놓을 테니 이 기회를 놓치지 말게." 장인의 편지를 받은 여포는 군사를 끌고 왔고, 조표는 성문을 열어 여포의 군사를 맞이합니다. 만취한 장비는 여포를 막을 수 없었어요. 갑작스러운 적들의 습격에 자기 몸 하나 추슬러 겨우 도망쳐 나왔습니다. 어렵게 얻은 서주성은 허무하게 여포의 손으로 넘어갔죠.

그런데 문제는 이뿐만이 아니었습니다. 서주성에는 유비의 아내 둘이 머물고 있었는데, 장비가 그 두 사람을 미처 챙기지 못한 거예요. 술에 취해 정신없이 나오다 보니 그리되었긴 한데, 참 면목이 없는 일이지요.

회남으로 달려가 유비와 관우를 만난 장비는 서주성을 빼앗기고 말았다고 고합니다. 자초지종을 들은 유비는 별 타박을 하지 않았어요. 대신 관우가 물었죠. "형수님들은 어디 계시냐?" 관우의 물음에 장비는 고개를 떨궜어요. "모시고 오지 못했습니다…." 관우는 그게 무슨 소리냐면서 마구 화를 냈어요. 장비는 입이 열 개라도 할 말이 없었지요. 쥐구멍에라도 숨고 싶은 심정이었을 거예요. 그러다 결국 칼을 빼 듭니다. 너무 큰 죄를 지었으니 자결하겠다는 것이었습니다.

이때 유비가 장비의 칼을 빼앗으면서 말합니다. "옛사람이 말하길 형제는 손발과 같고, 처자식은 의복과 같다고 하였다. 의복은 찢어지면 꿰매 입을 수 있으나 손발이 잘리면 아무것도 할 수 없다." 그 말을 들은 장비는 유비를 붙잡고 엉엉 웁니다. 삼 형제는 다시금 도원결의의 맹세를 다지며 서로 얼싸안았지요.

대단한 우정과 의리지만, 이 관계는 계속 유비의 덜미를 잡아요. 이번에도 겨우겨우 마련한 근거지를 하루아침에 뺏겨버렸잖아요. 사람이 사적인 감정에 지나치게 얽매이면 실패할 수밖에 없게 됩니다. 의리가 있다는 말이 정의롭다는 말과 같은 뜻은 아닙니다. 오히려 의리 때문에 정의가 제대로 기능하지 못할 수도 있어요. 이성적으로 생각해야 할 때에, 가슴은 아프지만 마땅히 해야 할 결정을 내려야 할 때에 유비가 어리석은 결정을 내린 것은 모두 도원결의 때문이었습니다. 그의 큰 뜻이 한날한시에 죽자는 맹세에 묶여버린 것입니다.

상황도 안 좋게 흘러갔습니다. 원술과의 싸움에서도 점점 밀려 유비는 얼마 남지 않은 군사들만 데리고 떠돌게 되었지요. 그때 원술과 사이가 틀어진 여포가 유비를 서주로 부릅니다. 다행히 서주에 남아 있던 유비의 가족들은 무사했어요. 여포가 잘 보호하고 있었거든요. 서주성도 장비가 취한 사이에 잠시 맡았을 뿐이라고 변명합니다. 하지만 유비는 선뜻 여포에게 서주를 넘겨줍니다. 그리고 자신은 여포를 머물게 했던 소패성으로 갔어요. 이렇게 두 사람은 상황이 완전히 역전된 채 다시 한번 한배에 타게 되었습니다.

◆ 조조에게 의탁하는 유비

장비는 여러 번 사고를 칩니다. 거의 사고뭉치예요. 시원시원한 면도 있지만, 막가파식으로 행동해서 가끔은 형님들도 통제를 못 합니다. 뒤바뀐 상황에서 잘 지내던 여포와 유비가 결정적으로 틀어진 것도 장비 때문이었어요.

물론 장비에게도 나름의 이유가 있었습니다. 유비는 항상 여포에게 예의를 갖추는데, 여포는 그게 당연한 것처럼 거들먹거렸어요. 소패성에 머물던 유비를 공격하러 원술군이 왔을 때 여포가 기지를 발휘해 군사들을 돌려보낸 일이 있었거든요. 그 일이 있은 후로 여포는 마치 자기가 대단한 은인이라도 되는 양 굴었지요. 하지만 장비의 눈에는 여포가 도둑이자 배신자로밖에 보이지 않았어요. 그럴 만도 해요. 장비가 방심한 사이에 서주성을 홀랑 빼앗았잖아요. 그 일을 떠올릴 때마다 장비는 울분이 치밀어 올랐습니다. '두고 보자. 언제 한번 크게 혼을 내줄 테다!' 단단히 벼르고 있던 장비에게 드디어 기회가 찾아왔어요. 군사들이 쓸 말을 구입한 여포군이 소패성 근처를 지나가게 된 겁니다.

장비는 부하들과 함께 도적 떼로 변장한 뒤, 여포군의 말을 빼앗았어요. 당시에는 군마 한 필의 값어치가 어마어마했습니다. 여포군의 말은 특히 훌륭했지요. 초원 출신으로 말을 잘 다루던 여포는 기마병을 키우기 위해 항상 좋은 말을 구했거든요. 그걸 절반이나 빼앗은 거예요. 여포는 군마를 도둑맞았다는 보고를 듣고 크게 화를 냈어요. 얼마 안 있어 사건의 진상이 밝혀졌습니다. 말을 훔친 범인이 장비라는 사실을 알게 되자 여포의 분노는 극에 달했지요.

여포는 당장 군사를 일으켜 소패성을 포위했습니다. 유비는 영문도 모른 채 여포의 군사에 대비했죠. 말을 내놓고, 장비도 내놓으라는 여포의 으름장을 듣고 나서야 상황을 알게 됐습니다. 유비가 나무랐지만, 장비는 잘못을 인정하지 않았습니다. "아니, 형님! 여포 놈은 서주 땅을 훔쳐 갔는데, 그까짓 말 몇 마리 훔친 게 무슨 잘못이오?" 하면서 오히려 큰소리를 칩니다. 여포 역시 유비의 말을 듣지 않았어요. 유비가 거듭 사과하며 용서를 구했지만, 물러설 생각이 전혀 없었습니다.

결국 유비는 소패성을 버리고 도망쳐야만 했습니다. 또다시 머물 곳을 찾아야 했지요. 이번에는 누구에게 받아달라고 해야 할지 고민하는 게 그 시절 유비의 가장 큰 걱정거리라고 해도 과언이 아니었어요. 고민 끝에 얻은 답은 조조였습니다. 여포와 제일 사이가 안 좋은 사람이었거든요.

조조는 도망쳐 온 유비를 후하게 대접했습니다. 서주 대학살 때 맺은 악연은 잊은 듯 형제처럼 맞이했습니다. 유비가 여포에게 당한 수모를 이야기하자 공감하며 함께 여포를 치자고 위로하기까지 했어요. 조조의 책사 순욱은 그게 영 마음에 걸렸어요. 유비가 당장은 대단하게 보이지 않아도 앞으로 크게 될 인물임을 예견하고는 곁에 두면 화근이 될 거라고 조언했습니다. 그런데 조조는 위험한 인물일수록 가까이에 두고 지켜봐야 한다고 생각했어요. 그래서 이렇게 말합니다. "내게 의탁해 온 영웅을 함부로 죽이면 앞으로 어느 인재가 나를 찾아올 수 있겠는가. 천하의 마음을 잃어서는 안 되네."

조조는 황제의 칙서를 내려서 유비를 예주목으로 임명하고 아낌없이 지원합니다. 군사도 주고, 식량도 주었어요. 조조의 환대에 유비는 감동했습니다. 이때부터 두 사람은 많이 가까워졌지요. 두 사람의 운명도 본격적으로 얽히기 시작했고요.

위기를 기회로
반전시킨 조조

◆ 최측근을 잃은 완성 전투

황제를 얻으며 실권을 장악하고, 이제는 유비까지 얻은 조조는 거칠 것이 없는 듯해 보입니다. 하지만 조조라고 해서 항상 모든 일이 잘 풀렸던 건 아니었습니다. 장수라는 인물이 허도 근처에서 일으킨 반란을 진압하기 위해 완성이라는 곳을 찾았을 때도 큰 위기를 맞았었지요.

처음에는 모든 것이 순조로웠어요. 완성에 도착해 대군의 위용을 뽐내자 장수가 싸우지도 않고 바로 항복했거든요. 조조는 항복을 선언한 적장 장수를 후하게 대접했고, 장수 역시 조조에게 매일같이 잔치를 열어주며 도리를 다했습니다. 별 탈 없이 평화롭게 마무리되는 듯했지만 문제가 터져버렸습니다.

조조의 여성 편력이 사달을 냈어요. 며칠째 잔치를 즐기던 조조가 기녀를 찾자, 조조의 조카가 장수의 숙모인 추씨가 그렇게 미인이더라고 이야기한 것입니다. 추씨를 데려와 놓고 보니 정말 미인이었습니다. 조조는 이 여인에게 푹 빠져버렸어요. 이미 항복도 받았겠다, 추씨와 노느라 정신이 없었지요. 뒤늦게 이 사실을 안 장수는 분통을 터뜨렸습니다. 순순히 항복도 해줬는데, 가족까지 취하며 모욕을 주다니 얼마나 화가 났겠어요. 앙심을 품은 장수는 조조를 죽이기로 결심했습니다.

깊은 밤, 장수의 군사가 조조군의 진영을 기습해 불을 질렀습니다. 조조와 추씨가 있던 막사에도 불이 붙었어요. 조조가 그 사실을 깨달은 순간, "와아아아!" 함성 소리가 나면서 장수의 군사들이 들이닥쳤습니다. 조조는 불바다 속을 겨우 빠져나와 정신없이 도망쳤어요. 조조의 호위대장인 전위가 죽을힘을 다해 적군을 막았습니다. 이때 전위는 장수의 군사들이 미리 손을 쓴 탓에 제대로 무기를 갖추지 못했고, 갑작스러운 공격에 갑옷도 미처 입지 못한 상태였다고 해요. 그럼에도 무서운 기세를 보여주며 적들과 대치하고 끝까지 싸웁니다. 사람들을 움켜쥐어 죽이고, 때려서 죽였지요. 그 모습이 무서워 적군들이 감히 다가오지 못할 정도였습니다. 장수군은 멀찍이 떨어져 화살만 쏘아댔어요. 쏟아지는 화살을 쳐 내며 조조의 뒤를 지키던 전위는 결국 쓰러졌습니다. 온몸에 화살이 꽂힌 채 장렬하게 전사했지요.

조조를 보호하며 따라오던 조카도 적군에게 목숨을 잃었어요. 조조는 혼자서 말을 달렸습니다. 여러 개의 화살이 밤하늘을 가르며 날아왔어요. 그중 한 발이 조조가 타고 있던 말의 얼굴에 꽂혔습니다. 말은 비명을 지르며 쓰러졌어요. 조조도 말에서 굴러떨어졌지요. 사방을 둘러봤지만, 도무지 살길이 보이지 않았습니다. 그때 조조의 맏아들 조앙이 달려와 자신의 말을 내주며 소리쳤어요. "얼른 가십시오, 아버님!" 그러고는 뒤에서 몰려오는 적군을 상대하기 위해 돌아섰습니다. 그것이 조앙의 마지막 모습이었습니다.

이 전투로 조조는 장남과 조카, 호위대장을 잃었습니다. 뼈아픈 손실이었지요. 전근대사회에서 장남이 갖는 의미와 위상은 엄청났어요. 장남은 곧 후계자입니다. 그렇게 귀한 아들이 죽은 거예요. 그런데 놀랍게도 조조는 아들과 조카의 죽음을 뒤로한 채, 전위의 영혼을 위로하기 위한 위령제를 올렸습니다. 그리고 전위의 이름을 부르짖으며 대성통곡했어요.

"맏아들과 조카를 잃은 일도 이렇게 슬프지 않았거늘, 전위를 잃은 것은 뼈에 사무치게 애통하구나!"

그 모습을 지켜본 조조의 장수들은 함께 울며 조조에 대한 충성을 다짐했지요.

조조는 왜 그렇게 했을까요? 어찌 아들을 잃은 마음이 슬프지 않았겠습니까. 자신의 잘못으로 맏아들과 조카를 잃었으니 그 슬픔을 이루 말할 수 없었겠지요. 하지만 조조는 군사들이 자신을 보고 있다는 것을 알았습니다. 전장의 장병들이 부하의 목숨을 가볍게 여기는 리더를 따를 리 없잖아요. 조조는 그 사실을 잘 알고 있었던 겁니다. 그래서 자신의 명을 받아 움직이는 운명 공동체의 일원을 가족보다 먼저 챙기는 모습을 보여준 거예요. 그것이 진심이든 아니든 리더로서 해야 할 일을 수행한 것이지요.

수십 년이 지나 죽음을 앞둔 조조는 파란만장했던 인생에서 가장 가슴 아팠던 일을 고백합니다. 바로 장남 조앙을 잃은 순간이라고 하지요. 평생 마음속에 묻어두었던 아들에 대한 사랑과 미안함을 죽기 직전에서야 내보인 겁니다.

◆ 부하를 제물로 바친 간웅 조조

한편 원술의 근거지인 회남에서는 희대의 사건이 벌어졌습니다. 전국옥새를 손에 넣은 원술이 스스로를 황제로 칭한 거예요. 동탁도 안 했던 일을 옥새를 가졌다는 이유로 벌인 거죠.

그런데 갑자기 옥새라니, 그것도 전국옥새라니 무슨 이야기인가 싶으시죠? 옥새는 군주의 도장을 말하는데, 전국옥새는 그중에서도 황제의 상징으로 여겨졌습니다. 중국을 최초로 통일한 진시황이 만든 것으로, 진나라가 멸망하고 한나라가 들어선 뒤에도 대대손손 이어진 귀중한 물건이었지요. 이 옥새는 한동안 자취를 감췄는데 반동탁연합군이 낙양을 되찾고 내부에서 권력 다툼이 났을 때 제후 중 한 사람이었던 손견이 우연히 발견해서 보관

하고 있었어요.

손견이 죽은 뒤에는 그의 장남 손책이 가지고 있었는데, 손책은 원술에게 강동 지역을 정복할 군사를 빌리며 담보로 이 전국옥새를 맡겼습니다. 오만하기 그지없던 원술은 제 손에 옥새가 들어오자 욕심과 자만을 절제하지 못하고 선을 넘고 말았어요. 버젓이 황제가 살아 있는데 스스로 황제라 칭하니 모든 이가 역적이라고 원술을 비난했습니다.

그러나 원술은 사람들이 그러거나 말거나 20만 대군을 이끌고 서주의 여포에게로 쳐들어갔습니다. 황제가 되었음을 알리고 일전에 사돈 맺기로 한 일을 독촉하려 여포에게 사신을 보냈는데, 여포가 역적 운운하며 원술의 사신을 잡아다 조조에게 보내 처형당하게 만들었거든요. 천하의 원술이 얼마나 자존심이 상했겠습니까? '출신이랄 것도 없는 네가 감히 황제인 나를 능멸해?' 하는 분노가 타올랐겠지요. 하지만 처음의 기세와 달리 원술은 여포에게 혼쭐이 나고 맙니다. 망신도 이런 망신이 없었지요.

"여포 그놈을 반드시 죽이고 말 테다!" 이를 득득 갈던 원술은 손책에게 도움을 청했습니다. 손책은 기가 찼어요. 전국옥새를 돌려주기는커녕 그걸로 황제가 됐다고 설치더니 이제는 도와달라고까지 하잖아요. 얼마나 어이가 없겠어요. 이참에 딱 잘라 거절하고, 의절까지 해서 관계를 정리합니다. 원술은 원술대로 자기가 한 짓은 생각도 못 하고 군사를 빌려 독립해 놓고는 이제 자신을 손절한다며 손책을 괘씸하게 여겼고요.

이 시점에서 조조가 군사를 일으킵니다. 기고만장해서 날뛰는 역적 원술을 처단하기 위해 유비, 여포, 손책에게도 함께 군사를 일으키자고 편지를 보냈죠. 힘을 합친 네 사람의 연합군이 공격을 시작하자 원술은 정신이 하나도 없었습니다. 조조와 맞서고 있는데 유비, 여포, 손책의 군대가 각 방향에서 쳐들어오니 말 그대로 사면초가에 처하게 된 겁니다. 원술은 제 한 몸을 구하기 위해 얼른 달아났고, 군사들에게 성문을 굳게 닫은 채 버티기에 돌입하라고 명했지요. 적의 식량이 떨어지기를 기다리기로 한 것입니다.

전쟁에서 군량은 승패를 좌우하는 요소입니다. 군사들을 움직이려면 우선 먹여야 하잖아요. 제대로 먹지 못하면 싸울 힘이 없기도 하거니와 병영에서 이탈하는 사람도 늘어나요. 원술의 계획대로 연합군은 식량난에 처합니다. 군의 사기는 갈수록 떨어졌지요. 조조의 군량 담당관이 말했습니다. "군사는 많고 식량은 적으니 어찌하면 좋겠습니까?" 조조는 시장기만 면할 수 있을 정도로 양을 줄이라고 해요. "그러면 다들 배가 고프다고 난리일 텐데요?" 군량관의 걱정에도 조조는 다 생각이 있으니 일단 따르라며 명령을 거두지 않았습니다.

얼마 안 가 군사들은 불만을 터뜨리기 시작했어요. 이거 먹고 어떻게 싸우냐, 우리더러 죽으라는 거냐 하면서 아우성이었지요. 조조를 향한 원성도 높아져만 갔습니다. 그러자 조조가 군량관을 조용히 불러내 뜻밖의 말을 했습니다. "네가 죽어줘야겠다"해요. 군량관은 억울해했지만, 조조는 너를 죽이지 않고서는 군사들의 마음을 휘어잡을 수 없다고 합니다. 그러곤 즉시 군량관의 목을 베어 장대 위에 매달고는 방문을 내붙였습니다.

"이자가 그간 우리의 군량을 빼돌렸으므로 군법으로 엄히 다스렸노라!"

조조의 연출로 분위기는 180도 반전되었습니다. 조조에 대한 군사들의 원망이 진정되었어요. 기세를 탄 조조는 부하들에게 사흘 안에 성을 쳐부수지 못하면 모두 베겠다고 선언하고는 선두에 나가 싸웠습니다. 일시에 사기가 올라간 조조군은 그 기세를 타고 원술군이 지키고 있던 성을 함락시켰습니다. 죄 없는 군량관을 제물로 바쳐 승리를 얻어낸 것입니다. 이것이 바로 냉혹한 간웅 조조의 방식이었습니다.

◆ 다시 맞붙은 조조와 여포

원술을 향한 공격을 마무리한 뒤 조조는 유비를 불러 여포와 화해하도록 중재하고 소패성으로 돌아가게 합니다. 여포와 겉으로 잘 지내면서 기회를 노리자고 하지요. 이후 유비와 함께 여포를 처단하기 위해 포석을 깔아두려 한 것입니다. 사실 조조가 진정으로 이기고 싶었던 사람은 반동탁연합군의 맹주로 추대됐던 원소였습니다. 그 사이 원소는 누구보다 강해졌어요. 주변의 세력들을 하나하나 흡수해 점점 더 큰 세력을 구축해 가고 있었지요. 안 그래도 높았던 원소의 콧대는 하늘을 찌를 듯했습니다. 친구였던 조조도 신하 대하듯 했어요. 조조는 당장 원소를 치고 싶었지만, 그럴 만한 힘이 없었습니다. 빠르게 세력을 키워왔음에도 여전히 원소에게는 역부족이었던 거예요.

탄식하는 조조 앞에서 조조의 또 다른 책사 곽가가 조조에게는 승리할 이유가 열 가지 있고 원소에게는 패할 이유가 열 가지 있으니 너무 걱정하지 말라며 달랩니다. 원소와의 싸움은 나중 일이라는 거예요. 때가 되면 반드시 이길 테니 그 전에 먼저 여포를 쳐야 한다고 말했습니다. 원소와 싸우더라도 일단 여포가 없어야 안심하고 허도를 비우고 전력을 다할 수 있었거든요. 그 말이 옳다고 여긴 조조는 유비와 함께 여포를 공격할 계획을 세웠습니다. 그리고 편지로 공격 계획에 관한 이야기를 나누었죠.

그런데 편지라는 것이 얼마나 보안이 취약합니까. 메일이나 메신저처럼 비밀번호가 걸려 있는 것도 아니고 편지를 전하는 사람을 사로잡으면 그만 아니겠어요? 유비가 조조에게 은밀하게 보낸 편지도 이런 식으로 여포의 손에 들어가게 되었습니다. 두 사람이 자기 몰래 자신을 칠 계획을 논하고 있었다는 것을 알게 된 여포는 교활한 놈, 귀 큰 놈, 운운하면서 조조와 유비를 욕합니다. 그러고는 성미가 급한 인물답게 곧장 연주 일대와 유비가 돌아와 있던 소패성을 공격하라는 명을 내렸습니다.

갑작스러운 여포의 공격으로 소패성은 쑥대밭이 되었습니다. 허도에서 조조가 지원군을 보냈지만 지원군들도 여포군의 공격에 속수무책으로 당했어요. 이런 상황에서 유비는 여포군을 상대할 재간이 없었습니다. 군사고 뭐고 가진 게 너무 없었거든요. 결국 소패성은 여포에게 함락되었고 유비는 가족들은 물론이고 관우, 장비와도 헤어진 채 홀로 성을 빠져나와야 했습니다. 또 형제와 가족을 잃고 떠돌이 신세가 된 거예요. 유비는 하릴없이 조조가 있는 허도로 향했습니다. 그나마 백성들이 유비를 알아보고 먹을 것을 주고 잘 곳을 내준 덕분에 여정을 계속할 수 있었지요. 허도로 향하다가 군사를 이끌고 오던 조조를 만나게 되었는데, 그때 유비의 모습은 차마 눈 뜨고 볼 수 없는 몰골이었습니다.

조조는 직감했습니다. 여포와의 싸움이 쉽게 끝나지 않을 것임을 말입니다. 조조는 여포와 정면 대결을 펼치기 위해 유비를 데리고 직접 서주로 향했습니다. 이제는 여포와의 승부에 마침표를 찍어야 할 시간이었습니다.

♦ **여포의 최후**

여포 진영은 전초전에서 조조군을 물리치고 걱정할 것이 없을 듯했지만, 문제는 내부에서 발생했습니다. 진영 안에서 배신자가 활발하게 활동했거든요. 조조가 미리 심어둔 사람이었지요. 그의 이간질에 넘어가 여포의 군사와 진궁의 군사, 그러니까 아군끼리 싸우는 사태까지 발생했습니다. 여포 입장에서는 손해가 이만저만이 아니었어요. 그 와중에 군사를 정비한 관우와 장비까지 달려와 공격을 퍼부으니 몸을 피할 수밖에 없었습니다. 결국 서주의 중심지인 서주성을 내주고 하비성이라는 곳으로 달아나야 했어요.

하비성을 포위한 조조는 여포에게 항복을 권했습니다. "동탁을 죽인 공을 봐서라도 살려주겠소. 벼슬도 줄 테니 잘 생각해 보시오" 하면서 꼬드겨요. 평생을 전장에서 보낸 여포는 그 말에 잠시 혹합니다. 좀 지쳤었나 봐요. 하지만 진궁은 조조가 어떤 인물인지 너무나 잘 알고 있었어요. 그래서 "절대 조조의 말에 넘어가선 안 됩니다!" 하고 조언했지요. 여포는 항복을 택하지는 않았지만, 싸우려고 하지도 않았습니다. 진궁이 그럴듯한 계책을 내놓아도 그냥 시큰둥해요. "여기서 버티다 보면 저들도 군량이 떨어져서 돌아가지 않겠는가?" 이런 안일한 이야기만 합니다. 아내와 애첩 초선까지 성을 떠나지 말라고 애원하자, 출정할 생각도 없이 그대로 성안에 눌러앉아 버렸어요. 아무런 대책도 없이 술을 퍼마시며 하루하루를 보내지요.

그렇게 여포가 하비성에 숨어들고 조조군이 하비성 근처에 주둔한 채 두어 달의 시간이 흘렀습니다. 전투가 지지부진해지는 것이 답답했던 조조는 하비성 근처에 있는 제방을 무너뜨리는 수를 썼어요. 그 결과 하비성의 상당 부분이 물에 잠겼지요. 군사들은 당황했지만 여전히 여포는 태연했습니다. 아직 괜찮다는 둥 적토마를 타면 빠져나갈 수 있다는 둥 헛소리만 해댔어요.

그러던 어느 날, 무심코 거울을 본 여포는 화들짝 놀랐습니다. 위풍당당한 장수의 모습은 온데간데없고 웬 아저씨 한 명이 서 있는 거예요. 매일 앉아서 술만 마시니까 단단했던 몸이 물러지고 얼굴도 상한 것입니다. 충격을 받은 여포는 술을 끊기로 결심해요. "술을 끊을 테니 군사들도 모두 마시지 말라!" 하면서 부하들에게도 금주령을 내렸어요. 그런데 이 금주령 때문에 사달이 나고 맙니다. 한 장수가 공을 세웠는데 동료들의 축하에 답하기 위해 금주령을 하루만 풀어달라고 부탁한 거예요. "이제 내 말이 우스운가?" 노발대발한 여포는 이 장수의 목을 치겠다고 으름장을 놓습니다. 여러 사람이 달려와 그를 살려달라고 애걸하자 여포는 그제야 참수형을 거둡니다. 대신 죽기 직전까지 곤장을 때리게 했어요.

상황이 이러하니 군사들의 마음이 어땠겠어요? 여포 휘하에 있던 장수들이 점점 딴마음을 먹는 것은 당연한 일이었습니다. 여포 밑에서는 인간 대접을 받기 글렀다는 생각이 들었을 테니까요. 여포 자신과 가족들만 중요하고 우리 같은 부하들은 전혀 신경 쓰지 않는다는 걸 깨달았으니 마음이 돌아서는 건 시간문제였죠. 안에서부터 무너지는 성은 지킬 수가 없는 법입니다.

결국 그들이 하비성의 성문을 열었습니다. 적토마를 훔쳐 조조에게 보내고, 자고 있던 여포를 꽁꽁 묶어 바치기까지 했어요. 조조는 부하들에 의해 사로잡힌 여포를 손에 넣었습니다. 길고 지난했던 싸움의 결말은 이토록 허무했습니다. 저는 이 허무한 결말이 결국 여포 스스로 불러온 재앙이라고 봅니다. 사람을 아낄 줄 몰랐거든요. 아랫사람을 챙기기는커녕 본인만 생각했고, 칭찬은 없이 질책만 하기 일쑤였어요. 거기다가 툭하면 부하들의 아내를 빼앗았습니다. 누가 이런 사람을 진심으로 따를 수 있겠어요. 여포를 벼랑 끝으로 몬 것은 다른 누구도 아닌 여포 자신이었던 겁니다.

조조 앞에 선 여포는 목숨을 구걸했습니다. 그냥 살려달라고 하지 않고 자기 쓸모를 어필해요. "공을 이제껏 고생시킨 게 바로 이 몸이오. 이제 내가 항복했으니 공이 대장이 되고 내가 부하가 되어 천하를 평정하면 어려울 게 없을 거요!" 자기 실력에서 나온 배짱인지 뭔지 모르겠어요. 그런데 이게 먹힙니다. 조조가 워낙 인재 욕심이 있다 보니 혹한 거예요. 여포가 천하제일의 장수인 것은 누구나 인정하는 사실이니까요. 고민하던 조조는 유비에게 의견을 묻습니다. 하지만 유비는 평소와 달리 차가운 말투로 짧게 대답합니다.

"정원과 동탁을 생각해 보십시오."

여포의 두 양아버지를 생각하라는 말이죠. 그들이 모두 누구 손에 죽었죠? 바로 양아들 여포의 손에 죽었습니다. 천하를 다툴 만한 무력을 지녔지만 적토마나 초선에 대한 탐욕으로 아버지를 둘이나 죽였지요. 여포를 받아준다면 조조 역시 그렇게 배신을 당해 죽게 될 거라는 뜻이었어요. 그 말을 들은 여포는 유비에게 "은혜를 모르는 귀 큰 놈!"이라며 욕을 퍼부었습니다. 하지만 주위에 있던 사람들은 전부 여포를 손가락질했지요. 여포의 부하들마저 큰소리로 여포를 꾸짖었어요. '사람 중에는 여포'라는 명성이 빛바랠 정도로 비굴하게 나왔으니까요. 삼국지에 등장하는 영웅 중에 허무하게 죽은 사람은 있지만 이렇게 목숨을 구걸하다 죽은 사람은 드물어요. 그러니 여포는 목이 잘리는 순간까지 비난을 면치 못했지요. 어떻게 살 것인가도 중요하지만 어떻게 죽을 것인가도 중요한 법입니다. 수많은 사람을 공포로 몰아넣으며 천하에 이름을 떨쳤던 장수의 최후는 그 명성에 맞지 않게 참으로 비참하고 초라했습니다.

새장을 벗어나
바다로 돌아간 용

◆ **천둥소리에 놀란 천하의 영웅**

자, 이제 여포까지 죽었으니 십상시에서 동탁, 여포로 이어지는 삼국지의 빌런들은 모두 퇴장했습니다. 삼국지 초반부도 어느 정도 마무리가 되어가는 형국인데요, 돌아보니 어떤가요? 힘을 키우고, 세상에 이름을 떨치고, 권력을 잡아 영웅으로 등장한 사람은 유비 삼 형제가 아닌 조조였습니다. 확실한 근거지를 구축했을 뿐만 아니라 황제를 옆에 끼고 천하를 호령했고, 심지어 유비 삼 형제도 조조에게 의탁하고 있었죠. 제가 괜히 삼국지 초반부의 주인공은 조조라고 이야기한 것이 아닙니다.

조조는 자신의 목표를 달성하기 위해 수단과 방법을 가리지 않았어요. 마키아벨리의《군주론》에서 말하는 이상적인 군주와 비슷한 모습이죠. 현실적이고 실용적으로 생각할 줄 알며 권력을 지키기 위해서라면 거짓말과 배신도 할 수 있는 인물이었습니다. 반면에 유비는 명분이 제일 중요했던 사람 같아요. 세력을 구축할 근거지를 확보할 수 있었는데도 명분이 없다면 거절하고, 한번 맺은 맹세를 지키기 위해 큰 잘못도 용서해 주었죠. 그러다 보니 조조에 비해 유비의 위상이 뒤처질 수밖에 없었습니다. 그런데 이런 유비를 각성시키는 사건이 발생합니다. 황제가 직접 피로 쓴 편지를 보게 된 거예요.

그즈음 조조는 황제를 대놓고 무시했습니다. 이전에는 겉으로나마 충성을 다했는데, 이제는 그런 노력조차 하지 않는 거예요. 다들 말은 하지 않았지만, 속으로는 조조가 선을 넘는다고 생각했어요. 헌제 역시 이렇게 가다가는 조조의 손에 죽을 수도 있겠다는 생각이 들었습니다. 그래서 먼저 움직이기로 결심합니다. 신뢰하는 신하를 은밀하게 불러 조조를 제거하라는 내용의 편지를 전달했어요. 헌제가 손가락을 깨물어 흘린 피로 쓴 혈서를 본 신하는 비통함에 밤새 울었다고 해요.

이 신하는 극소수의 충신을 모아 거사를 논의하기 시작했어요. 그 과정에서 황제의 먼 숙부뻘인 유비도 찾아갔습니다. 유비 역시 황제의 혈서를 읽고 하염없이 눈물을 흘렸어요. 아무런 대책 없이 조조의 횡포를 지켜보기만 했던 자신의 무능과 불충을 자책한 거예요. 그렇게 유비는 조조를 제거하기 위한 비밀 결사대에 이름을 올렸습니다.

그날 이후 유비는 느닷없이 텃밭을 가꾸기 시작했습니다. 뒤뜰에 채소를 키우는 소일거리를 만든 거예요. 아마 '나는 세상 돌아가는 일에 관심이 없소이다' 하고 보여주고 싶었던 것 같아요. 답답함은 관우와 장비의 몫이었죠. 큰일을 도모하자고 도원결의까지 맺은 사람이 농사에만 열중하니 이해가 안 되는 거예요. "우리 형님 참 이상하시네. 채소만 키우면서 어찌 세상을 구한단 말인가…."

하루는 유비가 텃밭에 물을 주고 있는데 조조가 사람을 보내 유비를 조조의 집으로 불렀습니다. 유비는 좀 긴장했어요. 아니나 다를까 유비를 본 조조가 웃으며 물었습니다. "요즘 집에 들어앉아 큰일을 하신다고요?" 유비는 당황해서 낯빛이 변했죠. 그런데 조조가 또 묻는 거예요. "채소 키우는 데에 재미를 붙이신 모양이오." 그제서야 유비는 마음을 놓았죠.

알고 보니 조조가 술이나 한잔하자고 부른 거였어요. 한잔 두 잔 주거니 받거니 하다 보니 둘은 꽤 불콰해졌습니다. 그때 조조가 유비에게 묻습니다. "오랜 시간 동안 천하를 두루 다녔으니 영웅들을 적잖이 아실 텐데, 지금 같은 난세에 누가 영웅이라고 생각하오?"

대답을 주저하던 유비는 마지못해 원술의 이름을 댔습니다. 군사도 많고 군량도 많았거든요. 하지만 조조는 고개를 저었습니다. 잠시 고민하던 유비가 다시 말했어요.

"그렇다면 하북의 원소는 어떻습니까? 명문가 출신에 누가 뭐래도 가장 세력이 크니까요."

그러자 조조가 피식 웃었습니다. 원소는 용감한 듯 보여도 대범하지 못하고, 잔꾀를 부리는 건 좋아하는데 결단력이 없다는 거예요. 큰일에는 몸을 사리면서 작은 이익만 탐하니 영웅은 아니라는 것이었지요. 그러고는 자신의 영웅론을 펼쳐요. 무릇 영웅이란 가슴에 큰 뜻을 품고 우주의 진리를 깨우쳐 천지의 기운을 토해낼 수 있는 사람이어야 한다는 것이었습니다. 한 지역씩 차지하고 있는 손책도, 유표도 다 영웅이 아니래요. 결국 유비는 "그렇다면 누가 영웅입니까?" 하고 되묻습니다. 그러니까 조조가 싱긋 웃어요. 그러곤 손가락으로 유비 한 번, 자기 한 번 가리킵니다.

"지금 천하의 영웅은 그대와 나, 이 두 사람뿐이오."

이런 말을 들으면 대부분 우쭐해질 거예요. 그런데 유비는 순간 모골이 송연해졌어요. 아무것도 모르는 척 농사나 짓고 있는 자신의 속마음을 조조가 꿰뚫어 보는 것 같았기 때문입니다. 게다가 조조의 말은 단순한 칭찬이 아니었어요. 천하에 영웅이 둘뿐이라는 말은 언젠가 두 사람이 천하를 놓고 다투게 될 거라는 말과 다르지 않았거든요.

조조의 말을 듣고 소스라치게 놀란 유비는 그만 손에 들고 있던 젓가락을 떨어뜨리고 말았습니다. 운 좋게도 바로 그때 바깥에서 천둥이 쳤어요. 유비는 천둥 때문에 놀란 척하며 몸을 숙이곤 젓가락을 주웠습니다. 그걸 보고 있던 조조가 물었어요. "아니, 당신 같은 대장부가 천둥소리에 뭘 그리 놀라시오?" 조조의 표정은 황당 그 자체였지요. 하지만 유비는 천연덕스럽게 말합니다. "세상에 천둥소리를 무서워하지 않는 사람이 있습니까?"

사실 조조는 유비라는 사람이 궁금했어요. 시골에서 돗자리를 짜던 사람이 지금 자신과 천하를 이야기하는 자리에 올라와 있으니까요. 그뿐인가요? 수단과 방법을 가리지 않고 목적을 달성하는 자신과 달리, 단지 한나라 황실의 후손이라는 명분 하나만 가지고 여기까지 왔잖아요. 게다가 무슨 복인지 관우 같은 명장까지 데리고 다니고요. 그러니까 내가 모르는 대단한 점이 있나 보다 싶어서 살짝 떠본 거지요.

만일 유비가 자신을 추켜세우는 조조의 말에 기뻐하면서 맞장구를 쳤다면 우리는 유비를 삼국지의 주인공으로 만나지 못했을 겁니다. 칭찬은 고래도 춤추게 한다지만 때로는 기분 좋게 하는 말을 비판적으로 바라볼 필요도 있어요. 눈앞의 기쁨을 다스릴 줄 모르면 큰일을 도모할 수 없거든요. 유비는 자신을 높이는 것보다 낮추는 게 득이 된다는 사실을 알고 있었던 거예요.

유비는 큰일을 도모하기에는 소심한 사람인 척 연기함으로써 의심 많은 조조를 안심시켰습니다. 스스로를 영웅이라 칭하지도 않았고 조금도 우쭐거리지 않았죠. 그 덕에 이후 천하를 셋으로 나누고 그중 하나를 차지하면서 조조가 가장 경계하고 자웅을 겨뤄야만 하는 주인공으로 떠오르게 됩니다. 운 좋게 영웅이 된 것이 아니었지요. 술자리에서도 두 수, 세 수 앞을 바라보는 시야를 가졌고, 나설 때와 나서지 않을 때를 아는 지혜를 가진 인물이었기에 가능한 일이었습니다.

◆ **유비의 서주 재입성**

유비와 조조가 허도에서 일견 평화로운 한때를 보내는 동안, 다른 지역의 형세는 빠르게 바뀌어 갔습니다. 특히 원소에게 힘이 모이고 있었어요. 원소의 등 뒤를 노리며 발목을 붙잡던 공손찬이 원소와의 싸움에서 대패한 뒤 스스로 목숨을 끊어 그의 땅과 군사들이 원소의 손에 들어갔거든요. 게다가 원소의 이복동생 원술 또한 세력이 약해져 원소에게 전국옥새를 넘기고 몸을

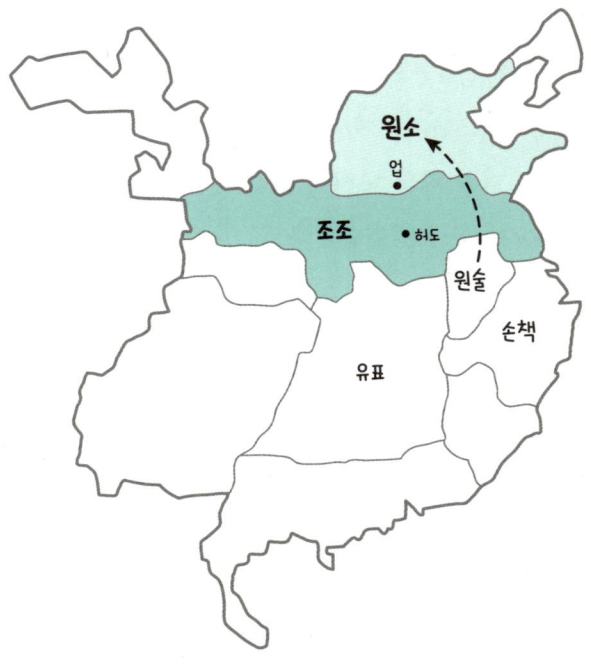

조조와 원소의 양강 구도

맡기려 했습니다. 그렇게 된다면 원소는 말 그대로 천하무적의 위세를 떨칠 게 분명했어요.

원술이 곧 원소에게 갈 것이라는 소식을 들은 조조는 대책을 고민했습니다. 그런데 그때 유비가 나섰어요. 자기가 원술을 막아 보겠다는 거예요. "원술이 원소에게 가려면 반드시 서주를 거쳐야 합니다. 군사를 내주시면 제가 그곳을 지키고 있다가 역적 원술을 물리쳐 황제 폐하와 승상의 은혜에 보답하겠습니다." 조조는 반색하며 유비의 말을 들어줍니다. 원소가 더 강해지는 것을 어떻게든 막아야 한다는 생각뿐이었거든요.

유비는 조조가 내준 5만 명의 군사를 끌고 즉시 허도를 떠났습니다. 뒤늦게 그 사실을 알게 된 조조의 책사들은 화들짝 놀랍니다. "아니, 유비를 왜 보내주셨습니까?" "군사까지 붙여주셨다고요?" "얼른 다시 오라고 하십시오!" 저마다 한마디씩 하면서 난리를 쳐요. 조조는 그제야 아뿔싸 하고는 유비에게 돌아오라는 전갈을 보냈습니다. 뒤늦게 자신의 실수를 깨달은 거예요. 하지만 엎질러진 물이었어요.

"새가 높은 하늘로 오르고, 용이 큰 바다로 돌아가는 것과 같구나!" 서주를 향해 열심히 말을 달리던 유비가 관우와 장비에게 한 말입니다. 조조에게서 벗어나 뜻을 펼칠 기회가 왔다는 의미였어요. 원술 토벌을 내세웠지만, 유비의 진짜 목적은 여기에 있었습니다. 허도로 돌아갈 생각은 눈곱만큼도 없었지요.

조조가 후회하는 사이, 유비는 서주에 도착했습니다. 원술을 상대하는 일은 어렵지 않았어요. 이미 이빨 빠진 호랑이 신세였거든요. 하지만 원술은 상황 파악도 못하고 여전히 오만방자했습니다. 어디 돗자리나 짜던 놈이 나를 상대하느냐며 큰소리쳤지요. 명문 집안 출신으로 권력까지 누려본 자신에게 돗자리 장수 따위가 덤비는 게 기가 찼던 거예요. 그러나 결과는 패배였습니다. 유비군의 공격에 처참히 무너지고 말았죠. 구사일생으로 목숨만 건진 원술은 얼마 되지 않는 군사들과 달아났습니다. 손쉽게 임무를 완수한 유비는 그대로 서주에 눌러앉았어요.

싸움에 패한 원술은 본거지로 돌아가다가 도적 떼의 습격까지 받아 오도 가도 못하게 되었습니다. 한때 황제를 자처하며 온갖 사치를 일삼던 그에게는 아무것도 남지 않았어요. 단 며칠을 버틸 식량조차 없었지요. 그런데 그 와중에도 그는 꿀물을 찾았습니다. 밥이 너무 거칠어서 안 넘어간다는 거예요. 다들 굶주림에 지쳐 있는데 밥투정을 부리니 부하들은 복장이 터질 노릇이었죠. "꿀물은커녕 군사들이 흘린 핏물만 널려 있습니다." 시큰둥한 대답이 돌아오자 원술은 자신의 처지를 한탄합니다. 끝까지 자신의 잘못도 모르고, 일말의 반성도 하지 않았던 것 같아요. 오히려 꿀물 좀 찾는다고 부하들에게 면박을 당하니 울분이 치밀었겠죠. 억울함에 한탄을 늘어놓던 원술은 피를 토하기 시작했고 한동안 피를 쏟다가 그대로 숨을 거두었습니다. 가짜 황제의 초라한 죽음이었습니다.

◆ 발각된 혈서와 비밀 결사대

이후 서주에서는 한바탕 소동이 일어납니다. 유비가 딴마음을 먹었다는 걸 안 조조는 비밀리에 서주를 지키던 부하들에게 유비를 제거하라는 명령을 내려요. 그런데 이들이 오히려 관우, 장비에게 죽임을 당합니다. 유비는 서주를 되찾았지만 닥쳐올 조조를 막아야 했어요. 만일을 대비해 장비와 유비는 소패성에, 믿을 만한 장수들은 서주성에, 관우와 유비의 가족들은 하비성에 나누어 성들을 지키기로 했죠. 조조는 돌아올 생각이 없는 유비의 진심을 재확인하고 분노했습니다.

하지만 곧장 유비를 치러 가기는 어려웠습니다. 5만의 군사로 조조의 대군을 상대하기 어려웠던 유비가 원소에게 함께 조조를 치자고 제안했거든요. 원소 입장에서는 이복동생을 죽인 원수가 손을 잡자고 청하니 어이가 없었을 수도 있어요. 그럼에도 복수의 감정을 누르고 이성적으로 판단합니다. 지금은 조조를 저지하는 것이 우선이라 생각한 거예요. 어려운 결정을 한 원소가 유비의 제안을 받아들이면서 조조는 유비와 원소 둘 다를 상대해야 했습니다.

군사력이 강한 원소를 먼저 처단하는 것이 순서라 생각한 조조는 유비 진영에는 5만 군대를 보내 허장성세虛張聲勢를 부렸어요. 허장성세는 실속은 없으면서 큰소리치거나 허세를 부리는 것을 뜻하는 말입니다. 이때 조조가 실제로는 유비 진영으로 가지 않았으면서 자신의 깃발을 보내 직접 진군한 듯이 꾸몄거든요. 이 때문에 유비는 함부로 움직일 수 없게 되었습니다. 이 틈을 타 조조는 군사를 이끌고 원소에게로 출정했습니다.

원소도 조조도 수십만 군사를 이끌고 나와 대치했습니다. 그런데 두 달이 넘도록 한 차례도 싸우지 않았어요. 원소가 결단력이 있는 성격이 아니었거든요. 우유부단해서 주저만 하고 있었던 거예요. 조조는 원소가 싸울 생각이 없는 것 같아 결국 휘하 장수들에게 군사를 맡기고 허도로 돌아왔습니다. 그런데 큰일은 허도에서 터졌어요. 황제의 명령으로 조직된 비밀 결사대의 존재가 발각된 것입니다.

헌제의 혈서와 결사대의 이름, 서명이 적힌 문서를 찾아낸 조조는 분노에 휩싸여 명단에 있는 신하들과 일가친척을 모조리 처형했습니다. 그리고 칼을 찬 채 헌제를 찾아갔습니다. 계획이 발각된 것을 안 헌제는 바들바들 떨 수밖에 없었어요. 조조는 화난 기색을 숨기지 않고 헌제가 아끼는 후궁을 데려왔습니다. 그 후궁이 헌제의 혈서를 처음 받아 비밀 결사대를 조직한 신하의 딸이었거든요. 뱃속에 헌제의 아이까지 품고 있었습니다. 헌제는 아이를 봐서라도 살려달라고 애원했지만 조조는 눈 하나 깜짝하지 않았습니다. 결국 궁문 밖으로 끌어내 목을 졸라 죽였어요. 천자의 자손을 죽이는 만행을 저지른 겁니다. 그 잔혹함에 모두 경악했습니다. 이 일을 계기로 민심은 조조를 떠나게 돼요. 황제를 보호한다는 명분도 사라져 버렸습니다.

수백 명을 죽이고도 조조는 분이 풀리지 않았습니다. 비밀 결사대 중 한 명인 유비가 살아 있었기 때문입니다. 조조는 20만 대군을 이끌고 이번에는 서주로 향했습니다. 발등에 불이 떨어진 유비는 원소에게 원군을 요청했어요. 그런데 원소는 어처구

니없는 이유를 대며 거절합니다. 자기가 애지중지하는 막내아들이 너무 아파서 아무런 의욕이 없다는 거예요. 유비도 안 돕고, 허도 공격도 안 하겠대요. 고작 한다는 소리가 조조에게 패해 갈 곳이 없으면 찾아오라는 것이었지요.

유비는 크게 실망했습니다. 하지만 원소를 설득할 시간조차 없었어요. 결국 장비와 함께 조조를 기습하기로 했습니다. 이 작전은 보기 좋게 실패하고 말았어요. 조조군이 유비군의 기습을 예상하고 함정을 팠거든요. 유비와 장비는 속수무책으로 당했습니다. 정신없이 쫓기던 유비와 장비는 서로를 챙길 틈도 없이 흩어져야 했습니다. 장비는 산속으로 도망치고, 유비는 갈 곳이 없으면 찾아오라던 원소에게 가서 몸을 맡겼지요.

◆ 관우를 향한 조조의 진심

소패성을 얻은 조조는 연이어 서주성을 공격해 손에 넣었습니다. 다음 목표는 관우가 지키고 있는 하비성이었습니다. 항상 관우를 탐냈던 조조는 그를 죽이지 않고 어떻게든 항복을 얻어 내고 싶었어요. 하지만 관우는 적에게 고개를 조아릴 만한 사람이 아니었습니다. 그래서 작전을 세워 관우를 궁지에 몰기로 했습니다. 1단계는 서주성에서 항복한 유비의 군사 수십 명을 하비성으로 보내는 것이었어요. 간신히 도망쳐 온 척하면서 성안에 들어가게 하는 거지요. 2단계는 관우를 성 밖으로 유인하는 것입니다. 관우가 성에서 나오면 거짓 투항했던 군사들이 성문을 열어주기로 했어요. 이때 조조군이 들어가 성을 점령하는 것이 3단계였어요. 최종 목적은 관우가 항복할 수밖에 없게끔 만드는 것이었습니다.

군사들을 잠입시키는 작전은 별다른 어려움 없이 성공했어요. 관우는 아군이었던 이들을 의심하지 않았습니다. 이제 관우를 유인할 차례였지요. 조조군이 별별 조롱을 다 하면서 도발해도 관우는 꿈쩍하지 않았습니다. 그러다가 "혹시 거기서 형수들과 놀아나려고 그러는 것 아니오?"라는 한마디에 이성을 잃고 뛰쳐나옵니다. 눈에 불을 켜고 조조군의 뒤를 쫓았지요. 조조군은 싸우다가 달아나기를 반복하며 관우를 멀리 끌어냈어요. 성에서 너무 멀어졌다는 사실을 깨달았을 땐, 이미 조조군에게 포위된 뒤였습니다. 하비성 또한 조조의 작전대로 함락되고 말았어요.

관우는 도망갈 곳이 없어 산 위에 진을 치고 있었습니다. 어떻게든 포위를 뚫어보려고 했으나 번번이 실패했죠. 그때 한 장수가 관우를 찾아옵니다. 과거 여포의 장수였다가 여포가 조조에게 처단당할 때 유비와 관우의 부탁으로 조조가 거둬들인 장수 장료였습니다. 그의 성품이 꿋꿋하고 의리가 있어 죽이기엔 아깝다고 조조에게 조언했었지요. 그런 인연이 있으니 관우도 장료를 기꺼이 맞이합니다.

관우는 장료에게 싸우러 온 것인지 항복을 권하러 온 것인지 묻습니다. 장료는 그저 조조가 유비의 가족도 잘 보살피고 있고 군사와 백성들도 해하지 않았다는 걸 알려주러 왔다고 말해요. 그 말을 들은 관우는 화를 냅니다. "그것이 항복하라는 이야기가 아니면 무엇이오! 내게 죽음은 곧 고향에 돌아가는 것과 같으니 이만 돌아가시오!" 자신은 죽는 게 전혀 두렵지 않으니 끝까지 싸우다 죽겠다는 말이었습니다.

그러자 장료는 세 가지 이유를 들어 관우를 설득하기 시작합니다. "첫째, 장군이 여기서 죽으면 도원결의는 어떻게 할 것입니까. 삼 형제가 한날한시에 죽기로 하지 않았습니까. 둘째, 유비 공이 가족을 맡겼는데 그럼 형님의 부탁을 저버리시겠다는 말입니까. 셋째, 한 황실을 지키기로 해놓고 이런 작은 일에 목숨을 내놓으면 그 큰 뜻은 어찌 한답니까." 이런 세 가지 이유 때문에 지금 여기서 죽으면 세 가지 죄를 범하는 것과 다름없다는 이야기였어요. 그러니까 우선 항복하고 유비의 행방을 찾아보자고 설득합니다. 도원결의도 어기지 않고, 형수님들도 지키고, 나중에 큰 뜻을 이룰 몸도 남겨두니 너무도 이로운 일이라면서요.

이런 게 설득의 모범이 아닌가 싶어요. 누군가를 설득할 때 가장 좋은 방법은 설득당하는 사람 입장에서 생각하고 그가 바라는 제안을 하는 것입니다. 설득하는 사람의 입장만 내세워서는 마음을 움직이기가 어려워요. 장료는 관우의 입장에서 생각해 보고 관우가 중요하게 여기는 가치를 인정하고 해결책을 제시했습니다. 그러니 결코 움직이지 않을 것 같았던 관우의 마음도 움직이기 시작했죠. 장료의 말을 듣고 보니 틀린 말이 하나도 없었거든요.

잠시 고민하던 관우는 역시 항복의 조건으로 세 가지를 제시합니다. 장료의 조건에 대구를 이루는데 이 내용이 참 재밌습니다. "그대가 세 가지 이유를 댔으니 나도 세 가지 약속을 바라오. 첫째, 나는 조조가 아니라 한나라 황제에게 항복하는 것이오. 둘째, 두 분 형수님의 안전을 보장해 주오. 셋째, 유비 형님이 계시는 곳을 알게 되면 나는 곧바로 떠날 것이오." 조조는 이 조건들을 받아들입니다. 물론 관우가 유비에게 가는 것은 원치 않았어요. 그럼에도 알겠다고 한 이유는 잘해주면 눌러앉을지도 모른다는 기대감 때문이었습니다.

조조는 관우의 마음을 얻기 위해 아낌없이 베풀었어요. 많은 돈은 물론이고 좋은 옷, 좋은 음식, 좋은 집까지 퍼주었지요. 말하자면 유비 회사에 있던 관우를 조조 회사로 스카우트했으니 어마어마한 연봉과 복리후생을 제공해 애사심을 심어주려 한 거예요. 하지만 관우는 시큰둥했어요. 돈을 주든 선물을 보내든 손도 대지 않았지요. 조조는 내심 서운했습니다. 자신은 이렇게나 마음을 얻으려고 애를 쓰는데 관우는 뭘 해도 반응이 없으니까요.

그러던 어느 날, 잔치를 마치고 나서는 길이었습니다. 그날따라 관우의 말이 너무 수척해 보였어요. 조조가 물으니 관우는 자기가 무거워서 말이 힘들어하는 것 같다고 답했죠. 조조는 바로 사람을 시켜 말 한 필을 끌어오라고 일렀습니다. 바로 천하의 명마로 불리는, 여포가 타고 다녔던 적토마였습니다. 그 귀한 말을 관우에게 준 겁니다.

그러자 놀라운 일이 벌어졌어요. 그 무뚝뚝한 관우가 기뻐하면서 절까지 하는 거예요. 조조는 금도, 비단도, 여인을 보내도 좋아하질 않더니 말은 왜 이렇게 좋아하냐고 은근히 핀잔을 줘요. 적토마를 받은 관우는 이렇게 답했습니다. "이 말은 하루에 천 리를 달릴 수 있다는데, 그러면 유비 형님을 만나러 갈 때 큰 도움이 되지 않겠습니까?"

선물을 준 사람에게 이런 말을 하다니, 관우도 참 어지간히 사회생활을 못하는 사람이었던 것 같아요. 대답을 들은 조조도 황당하기 이루 말할 데가 없었습니다. 도대체 얼마나 더 해야 관우의 마음을 돌릴 수 있을지 답답하기도 했고요. 결국 관우의 마음을 알아보기 위해 다시 장료가 출동했습니다. 관우를 찾은 장료는 조조가 이렇게 잘해주는데 형님은 왜 떠날 생각뿐이냐고, 그것도 도리가 아닌 것 같다고 이야기하죠. 관우는 조조의 은혜를 잘 알고 있다고 대답합니다. 다만 유비와 생사를 함께하기로 맹세했기 때문에 약속을 저버릴 수 없다고 해요. 그러면서 희대의 의리남답게 자신의 생각을 밝힙니다. 반드시 조조의 은혜에 보답하는 공을 세운 뒤에 떠날 것이라고 말이죠.

장료의 보고를 들은 조조는 졌다, 졌어 하는 마음이었을 것 같아요. 그 충직함과 의리 때문에 관우를 높이 사는 것도 맞지만 결국 그 때문에 자기 사람이 될 수 없는 것이잖아요? 그런데 참 조조도 쉽게 포기하는 성격이 아니긴 합니다. 관우가 공을 세운 뒤에 떠나겠다 했으니, 공을 세울 기회를 주지 않기로 해요. 그렇게 해서라도 관우를 자신의 곁에 두고 싶었던 거예요.

◆ **아무도 막을 수 없는 유비에게 가는 길**

그럼 원소를 찾아간 유비는 어떻게 지내고 있었을까요? 가족들은 물론이고 관우와 장비의 생사도 모르니 하루하루가 근심이었어요. 다행히 미적거리던 원소는 그제야 조조를 치겠다며 슬슬 움직이기 시작했습니다. 자신이 가장 아끼는 장수를 출정시켰지요.

원소군이 진군을 시작했다는 소식을 들은 조조군도 출격을 준비합니다. 이 소식을 들은 관우가 조조를 찾아가요. 자기를 선봉에 세워달라는 부탁을 하기 위해서였죠. 하지만 조조는 거절합니다. 관우가 공을 세울까 봐 두려웠던 거예요. 관우의 수고까지 필요한 일이 아니라며 혹시 위급해지면 그때 부르겠다고 말하고 돌려보냅니다. 그런데 조조의 마음과 달리 상황이 좋지 않았어요. 조조군에서 세 명의 장수가 잇따라 나섰는데 모두 원소의 장수를 막는 데 실패한 거예요.

결국 조조는 관우를 내보냈습니다. 관우라면 능히 원소의 장수와 싸워 이길 텐데, 만약 유비가 원소에게 의탁해 있다면 관우의 형인 유비를 원소가 가만두지 않을 거라 생각했기 때문입니다. 원소의 장수도 죽이고 유비도 없앨 수 있는 절호의 기회였죠. 조조의 이런 마음도 모르고 관우는 의기양양하게 나섰습니다. 적토마를 타고 바람처럼 적진을 가르고 들어갔죠. 그러고는 적장의 목을 단숨에 베어버립니다. 원소군은 관우의 기세에 놀라 오합지졸로 흩어지고 말았어요. 뒤이어 출정한 원소의 또 다른 장수도 관우에게 목이 달아나고 말았지요.

소식을 전해 들은 원소는 예상대로 분노했습니다. "내가 아끼는 장수들을 네 아우가 죽였다!" 하면서 유비를 죽이겠다고 난리였어요. 원소 입장에서는 그렇게 생각할 만했습니다. 유비는 얼마 전까지 조조에게 의탁한 몸이었잖아요. 그러니 두 사람이 내통해서 자기를 치려는 게 아닌가 하는 의심이 들 법하죠.

유비는 날뛰는 원소를 진정시키고 차근차근 이야기합니다. "조조는 우리가 이처럼 싸우기를 바라고 관우를 출전시킨 것입니다. 제가 편지 한 통만 쓰면 관우는 당장 이곳으로 달려와 조조를 없애는 데 큰 힘이 되어줄 테니 걱정하지 마십시오." 유비의 말에 원소는 금세 기분이 풀렸습니다. 의심이 많고 귀가 얇아 변덕이 심한 성격이었거든요.

유비의 말은 과연 틀리지 않았어요. 관우는 유비가 비밀리에 보낸 편지를 받고 당장 떠날 채비를 했습니다. 조조가 하사한 금은보화와 사람들은 모두 머물던 곳에 잘 놓아두고, 자신이 가져온 것들만 챙겨서 행렬을 준비했죠. 그리고 마지막 예의를 갖추기 위해 조조에게 작별 인사를 하러 찾아갑니다. 조조는 관우를 만나주지 않았어요. 인사를 받지 않으면 관우가 떠나지 않을 거라 생각해, 방문 앞에 만남을 거절한다는 '회피패廻避牌'를 걸어두고 버텼어요. 하지만 그런다고 기다릴 관우가 아니죠. 조조가 인사할 틈을 주지 않자, 대신 관우는 감사의 편지를 남긴 뒤 유비의 가족을 데리고 떠났습니다.

'아아, 진짜 가버렸구나!' 관우의 편지를 읽는 조조의 입에서 탄식이 흘러나왔습니다. 관우를 잡아오겠다는 부하도 있었고, 죽여서 후환을 없애자는 부하도 있었지만, 조조의 마음은 그렇지가 않았어요. 조조는 장료를 불러 아무도 예상하지 못한 명령을 내렸습니다. 노잣돈이라도 쥐어주고 싶으니 관우 일행을 멈춰 세우라는 것이었어요.

장료는 부지런히 말을 몰아 관우를 따라잡았습니다. 유비의 가족들이 탄 수레도 있어서 빠르게 움직일 수 없는 상황이었거든요. 장료의 말을 들은 관우는 수레를 먼저 보내고 조조를 기다렸어요. 얼마 후 도착한 조조는 관우에게 금덩어리를 건넸습니다. 관우는 받지 못한다고 해요. 그러자 조조가 비단 전포를 건

넀지요. "정 그러면 이 옷 한 벌로 내 마음을 전하고 싶소!" 이렇게 말하니 관우도 차마 거절하지 못합니다. 그런데 그걸 받자고 말에서 내려올 수는 없었어요. 그러다가 공격이라도 받게 되면 꼼짝없이 잡힐 테니까요. 조조에 대한 의심을 완전히 거둘 수 없었던 거예요. 고민하던 관우는 청룡언월도를 앞으로 쭉 내밀었습니다. 예의라고는 찾아볼 수 없는 태도에 조조의 부하들은 눈을 부라렸어요. 그러나 조조는 전혀 개의치 않고 관우가 내민 칼날에 비단을 걸어줍니다. 정말 지극한 사랑이지요. 관우를 향한 조조의 마음이 이렇듯 애틋했습니다.

조조와 헤어진 관우는 쉬지 않고 달렸습니다. 하지만 아직 난관이 남아 있었어요. 유비를 만나려면 조조 땅에서 원소 땅으로 넘어가야 하잖아요. 그러기 위해서는 다섯 개의 관문을 거쳐야 했습니다. 말하자면 부산에서 출발해 다섯 개의 톨게이트를 지나야 휴전선을 넘을 수 있는 거예요. 관우가 경부고속도로에 진입하기 위해 부산 톨게이트에 들어섰다고 합시다. 그러자 톨게이트를 지키고 있던 장수가 관우를 막아서요. 그러고는 통행증을 달라고 합니다. 그런데 관우에겐 통행증이 없었어요. 너무 급하게 떠나오는 터라 관우도, 조조도 챙길 생각을 못 한 거죠.

여기서부터 관우의 전설적인 이야기가 시작됩니다. 청룡언월도가 하늘을 가르더니 관우의 눈앞에 서 있던 장수의 목을 날려버렸어요. 그렇게 부산 톨게이트를 돌파한 관우는 얼마 뒤 대구 톨게이트로 들어섭니다. 여기에는 두 명의 장수가 있었지요. "관운장, 미안하오. 통행증 없이 통과는 불가하오." 그러자 관우가 말합니다. "미안할 거 없소. 편히 가시오." 그러고는 두 사람의 목을 차례로 베어버립니다. 대전 톨게이트, 오산 톨게이트, 서울 톨게이트에서도 똑같은 일이 벌어졌어요. 관우는 조금도 주저하지 않고 거침없이 밀고 나갔어요. 그렇게 총 다섯 개의 관문을 통과하며 무려 여섯 명의 장수를 참한 이 일을 가리켜 오관육참五關六斬이라고 합니다.

관우를 향한 조조의 사랑만큼이나 유비를 향한 관우의 의리도 대단하죠? 관우는 조조의 장수들을 해치려는 마음은 없었으나 상황이 어쩔 수 없었다고 생각합니다. 다만 조조가 이 사실을 알게 되면 자신을 은혜도 모르는 놈이라 여길까 봐 안타까워하죠. 하지만 관우가 생각하는 것보다 조조의 사랑은 훨씬 더 컸습니다. 관우가 관문을 지키는 장수들을 죽인 것을 알고도, 나머지 관문들에 관우가 오면 그대로 보내라는 명을 내린 것입니다. 관우의 길을 막지 말고, 관우가 편히 갈 수 있도록 하라고 했어요. 조조의 뜻을 안 관우는 조조에게 사죄의 뜻을 전했지요.

◆ **다시 모인 삼 형제**

이렇게 많은 피를 흘리면서 유비를 찾아 나섰지만, 유비와 관우의 만남은 쉽게 이루어지지 않았습니다. 관우가 오는 것도 모르고 유비가 원소 곁을 떠났거든요. 원소의 장수들이 서로를 시기해 내부 갈등이 심했고, 원소의 성격도 우유부단해 상황이 좋지 않았습니다. 유비는 그를 떠나 여남으로 갔습니다. 여남이 어디냐면 조조가 있는 허도 근처예요. 관우 입장에서는 애써 온 길을 되돌아가야 했죠. 하지만 별수가 있나요? 관우는 여남 쪽으로 말머리를 돌렸습니다.

며칠이 지난 뒤 관우는 여남 근처에서 산성 하나를 발견합니다. 지나가는 사람에게 "저건 무슨 성이오?" 하고 묻자 흥미로운 대답이 나왔어요. 두어 달 전에 장비라는 장수가 들어와 자리를 잡더니 군사를 모으고 있다는 이야기였지요. 사납고 괄괄하다고 성격도 묘사하는데, 내 동생 장비가 틀림없었죠.

잃어버린 동생을 다시 만나게 된 관우는 반가움이 앞섰습니다. 성안에 사람을 보내 자신이 왔다 일렀지요. 곧 저 멀리서 말을 탄 장비가 관우를 향해 먼지를 일으키며 미친 듯이 달려오는 모습이 보였습니다.

"급한 성미는 여전하구먼."

관우는 흐뭇한 눈길로 동생을 바라보았습니다. 하지만 장비의 얼굴에는 반가운 기색이 전혀 없었어요. 오히려 씩씩대며 다가와서는 다짜고짜 고함을 질렀지요.

"조조에게 붙어 형제를 배신하더니 얼마나 낯짝이 두꺼우면 여길 온 거냐!"

장비는 관우를 향해 장팔사모를 휘둘렀습니다. 관우가 상황을 설명하려 해도 듣지 않았어요. 마구 날뛰기만 했지요. 머리보다 몸이 먼저 나가는 유형이었거든요.

이 난장판에 갑자기 장수 한 명이 또 끼어들었어요. 그 장수는 조조 밑에 있던 사람인데, 관문을 지키던 조카가 관우에게 죽임을 당하자 복수를 하겠다고 쫓아온 거였어요. 장비는 그 사람을 관우의 후발대라고 생각하고 더욱 역정을 냈습니다. 관우는 마침 잘됐다 생각하고는 순식간에 그 장수의 목을 잘라 장비에게 보여줍니다. "이제 내 결백을 믿어주겠나?" 비로소 진정한 장비는 그간의 이야기를 듣고 오해를 풀었어요. "형님, 정말 고생 많았소" 하면서 엉엉 울기까지 하지요.

이로써 삼 형제 중 둘째 관우와 셋째 장비는 재회에 성공했습니다. 마지막 열쇠인 첫째 유비만 만나면 삼 형제는 완전체가 되는 겁니다. 하지만 이 만남이 참 쉽지 않았어요. 관우가 유비를 만나러 원소 땅인 하북으로 향하다가 유비가 여남으로 옮겼다기에 다시 길을 되돌아왔잖아요? 그런데 여남에 가서 보니 유비가 이미 하북으로 돌아갔다는 겁니다. 이때 유비는 함께 조조를 칠 세력을 찾기 위해 여기저기 수소문하고 있었거든요. 실망스럽기 짝이 없었지만, 관우는 기운을 냅니다. 어디 있는지 아니까 길은 있잖아요. 관우는 재차 하북으로 향했습니다. 장비는 머물던 산성에서 유비의 가족을 지키고 있기로 했어요.

하북에 있던 유비도 관우의 소식을 들었습니다. 관우가 자신을 만나러 왔다는 사실을 알게 된 유비는 원소에게서 완전히 벗어날 때가 왔음을 직감했습니다. 그래서 원소를 찾아가 이렇게 말해요. "허락해 주신다면 제가 형주로 가서 유표에게 함께 조조를 치자고 설득해 보려 합니다. 그러면 조조 토벌이 한결 쉬워질 것입니다." 물론 핑계였어요. 이렇게 말하고 도망칠 작정이었지요. 원소의 책사들은 조조의 책사들이 그러했듯 유비를 보내주면 안 된다고 해요. 하지만 원소는 별다른 의심 없이 유비의 부탁을 들어줍니다.

원소 진영을 나온 유비는 그토록 기다리던 관우를 만났습니다. 두 사람은 기쁨과 안도의 눈물을 흘렸어요. 그리고 함께 장비가 있는 여남으로 출발했지요. 도중에 조운이라는 장수까지 만났습니다. 조운은 '자룡'이라는 자로 더 많이 알려져 있는데, 기주에 있는 상산군 출신이라 흔히 '상산의 조자룡'이라고 불렸어요.

조자룡은 무력이 뛰어날 뿐 아니라 충성심도 무척 강한 인물입니다. 공손찬 휘하에 있을 때 유비와 연을 맺었고, 공손찬이 죽은 뒤에는 혼자서 산천을 떠돌았어요. 조자룡의 무력을 높이 산 원소가 여러 번 불렀지만 원소의 인품을 의심해 가지 않았거든요. 유비의 인품을 알아본 그는 유비 휘하에 들어가고 싶었지만, 유비가 원소에게 의탁하고 있어 어찌할 바를 몰랐습니다. 그러던 중 유비를 만나게 되었으니 그 자리에서 충성을 맹세합니다. 조자룡까지 얻은 유비는 천군만마를 얻은 것 같았어요.

　장비가 기다리는 여남의 산성에서 삼 형제는 다시 만났습니다. 세 명 모두 파란만장한 나날을 겪었지요. 삼 형제는 우선 이곳을 근거로 세력을 모으며 뜻을 펼쳐보기로 다짐했습니다.

중원의 주인을 결정한 관도대전

♦ 대군을 이끌고 온 원소의 관도 공격

 이제 북방의 싸움은 오롯이 두 사람, 원소와 조조의 것이었습니다. 한나라 지도를 보면 위로는 황하가, 아래로는 장강이 흐릅니다. 이중 위쪽에 있는 황하 중류를 끼고 남북으로 중국의 중심 지역이 형성되었고, 이를 '중원'이라고 불렀어요. 인구수나 생산력 등이 압도적인 노른자위 땅이라 이곳을 차지하는 사람이 천하의 주인이 되는 셈이었죠.

 황하를 기준으로 북쪽을 이르는 하북 지역은 원소가, 남쪽을 이르는 하남 지역은 조조가 대부분을 차지하고 있었습니다. 두 사람은 중원을, 천하를 놓고 대립했습니다. 감정은 쌓일 대로 쌓이고, 골은 깊어질 대로 깊어져서 충돌을 피할 수 없게 되었지요. 대격돌이 눈앞으로 다가온 것입니다.

원소는 자그마치 70만 대군을 일으켜 황하 건너편의 관도로 향했습니다. 관도는 황하 이남에 있는 전략적 요충지로 원소의 본거지인 업에서 조조와 황제가 있는 허도로 가는 길목에 위치했습니다. 황하를 건너 관도를 돌파하면 허도까지는 가로막는 것이 거의 없는 평야 지대입니다. 관도를 차지하면 원소는 허도까지 물밀 듯이 나아갈 수 있었어요.

그러니 조조는 관도를 무조건 지켜야 했습니다. 관도가 넘어가면 허도가 무너지는 건 시간문제였거든요. 하지만 조조가 일으킨 군사는 고작 7만, 원소군의 10분의 1밖에 되지 않는 수였습니다. 여러 전투에서 승리하며 단련된 군사들이었으나 병력 차이가 컸어요. 물론 조조는 기죽지 않았습니다만 군사들은 기가 질렸지요. 원소의 70만 군사가 진을 치니 길이가 수십 리나 됐다고 해요. 그걸 보는 군사들은 얼마나 두려웠겠어요. 오금이 저릴 지경이었습니다.

반면 대군을 이끄는 원소는 기세등등했습니다. 문제는 자신감이 지나쳐 자만으로 변했다는 사실입니다. 원소의 책사들은 지구전으로 갈 것을 제안했습니다. 원소군에는 군사들이 먹을 곡식과 말에게 먹일 풀이 충분하니까 오래 끌면서 조조군이 소모되길 기다리자는 거예요. 국가든 기업이든 큰 곳과 작은 곳 사이에 다툼이 벌어지면 싸움이 길어질수록 불리해지는 건 작은 쪽이에요. 싸움에 들어가는 비용과 시간을 감당할 재간이 없거

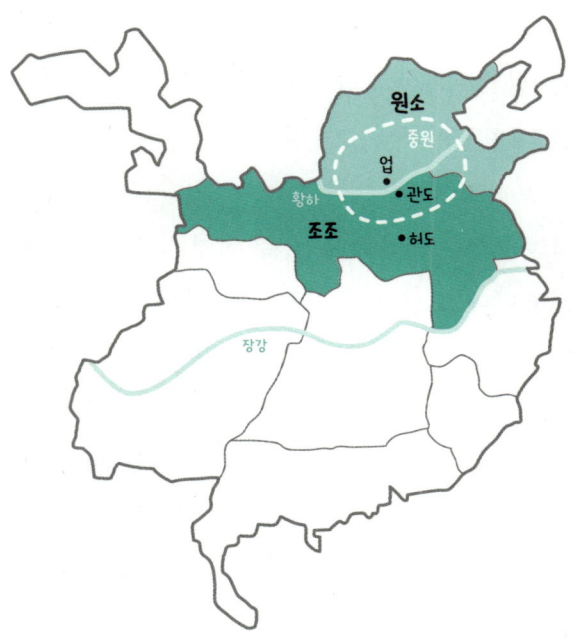

관도대전의 지리적 배경

든요. 이번 싸움은 딱 그런 형국이었습니다. 그러니 가만히만 있어도 이길 수 있다는 것이 책사들의 의견이었지요. 하지만 원소는 호통을 칩니다. '군사가 이렇게 많은데 초전박살을 노려야지, 뭘 기다리라는 말인가!' 이런 생각이었던 거예요. 상황을 냉정하게 바라보고 효율적으로 이기려 하기보다 압도적으로 멋있게 이기고 싶은 욕심이 앞섰던 것입니다.

저는 삼국지를 관통하는 키워드가 '절제'라고 생각해요. '절제'라는 관점에서 삼국지를 보면 더 큰 교훈을 얻을 수 있거든요. 지금도 원소가 자만에 빠져 절제하지 못하는 모습을 보이죠? 과연 원소의 최후는 어떤 모습일지 생각해 보면서 이야기를 계속 따라가 보시죠.

본격적인 전투를 시작하기 전, 두 진영의 대장 조조와 원소가 먼저 만났습니다. 오랜 친구였던 두 사람은 양쪽 진영이 마주하고 있는 전장 한가운데에서 이야기를 나눠요. 대장끼리 만났으니 꽤 수준 높은 대화를 할까 싶었는데, 내용은 그렇지 않았어요. "너는 역적이다!" "아니다, 네가 역적이다!" "나는 황제의 명을 받았다." "나야말로 황제의 명을 받아 너를 치러 왔다." 이런 식으로 자신의 명분만 내세울 뿐이었습니다. 결국 대화는 평행선을 달리다가 끝이 납니다. 그리고 양측의 군대가 본격적으로 격돌하기 시작했어요.

제아무리 정예군이라고는 하나 조조군은 열세에 몰렸습니다. 원소군은 물러나는 조조군을 쫓아 관도에 더 가까이 진격한 뒤 많은 병력을 활용해 흙으로 산을 쌓아 올렸습니다. 그러고는 그 위에서 군사들에게 화살을 쏘게 만들었어요. 높은 곳에서 비처럼 쏟아지는 화살 세례에 조조군은 당황했습니다. 하지만 그냥 당하고 있을 조조가 아니었습니다. 투석기를 만들어 흙산으로 바위를 날려버립니다. 날아드는 바위를 피하려다가 많은 궁수가 떨어져 죽었고, 흙산도 무너지고 말았지요.

그다음으로 원소군은 두더지 군대를 만들어 몰래 땅굴을 파기 시작했습니다. 땅굴을 이용해 조조군 영채 안으로 기습하려 한 거예요. 첩보를 들은 조조군은 선수를 치기로 합니다. 영채 주변에 참호를 깊게 파놓은 거예요. 두더지 군대가 열심히 영채 주위까지 땅굴을 파고 들어가도 번번이 참호에 닿아 노출되어 버리니 더 파고들 수가 없었죠.

이렇듯 조조군이 끈질기게 버티는 통에 승부는 쉽게 나지 않았습니다. 하지만 원소의 책사들이 예견했던 것처럼 시간이 갈수록 전세는 조조에게 불리해졌어요. 날씨도 추워지는 데다가 무엇보다 군량이 부족했지요.

초조해진 조조는 허도에 남아 있던 책사 순욱에게 편지를 씁니다. "더는 버티기 어려울 듯하네. 철수하는 게 낫지 않겠는가? 허도로 돌아가면 어떻게 되겠는가?" 하고 물어봐요. 조조가 순욱의 의견을 구한 이유는 순욱이 똑똑하고 믿음직스러워서이기도 했지만, 무엇보다 전쟁터 밖에 있었기 때문입니다. 바둑을 둘 때, 경기의 흐름을 누가 가장 잘 읽을까요? 훈수 두는 사람이에요. 옆에 있으면 훤히 보이는 것들이 정작 돌을 놓는 사람의 눈에는 잘 보이지 않거든요. 전쟁도 그래요. 한창 싸우는 사람은 싸움의 형세를 읽기가 쉽지 않습니다. 눈앞에 있는 적만 보여요. 그래서 조조는 훈수꾼 입장인 순욱에게 싸움판을 봐달라고 한 거예요.

순욱은 조조에게 버티라고 해요. 이 싸움에서 절대 져서는 안 된다는 걸 잘 알고 있었기 때문입니다. 원소의 우세를 알고 시작한 싸움이잖아요. 기적처럼 몇 개월을 버티고 있으니 그만큼 이길 확률이 올라갔다는 뜻이지요. 그러면서 원소에 대해 말하기를, 사람을 끌어모으기는 잘해도 제대로 쓸 줄은 모르는 자라고 합니다. 반드시 승리할 거라고 조조를 북돋아 주기도 해요. 순욱의 답장을 읽은 조조는 힘을 내서 어떻게든 버텨보기로 했어요. 그런데 이게 웬일입니까? 순욱의 말처럼 원소 진영이 안에서부터 흔들리기 시작한 겁니다. 원소의 책사 허유가 몰래 조조를 찾아온 거예요. 원소와 조조의 운명은 이때부터 엇갈리기 시작했습니다.

◆ 허유의 투항과 비밀 정보

전말은 이렇습니다. 조조군은 심기일전해서 버텼지만 마침내 군량이 떨어지는 날이 오고야 말았어요. 조조는 순욱에게 급히 편지를 보냈죠. 군량이 떨어져 가니 빨리 보내달라는 내용이었습니다. 그런데 이 편지를 들고 가던 사람이 하필이면 원소의 책사인 허유에게 잡히고 말아요. 편지를 손에 넣은 허유는 지체할 이유가 없었습니다. 당장 원소에게 가서 상황이 이러하니 관도의 조조군 진영과 허도를 동시에 기습해 일망타진하자고 주장했습니다. 기대와 달리 원소의 반응이 뜨뜻미지근했어요. "꾀 많은 조조가 판 함정일 테지" 하고 대수롭지 않게 여깁니다.

허유는 답답한 심정으로 다시 원소를 설득했습니다. 그러나 원소는 듣지 않았어요. 오히려 한술 더 떠서 "그러고 보니 자네 옛날에 조조와 친구였지 않은가? 나를 속이려고 조조와 결탁한 것 아닌가?"라며 의심합니다. 원소는 이미 책사 여럿을 옥에 가둔 상황이었어요. 희한하게 옳은 말일수록 더 안 들었지요. 그러니 책사들도 한숨이 나왔습니다. 지면 안 되는 싸움이고 질 수가 없는 싸움인데, 원소가 중심을 못 잡는 거예요. 원소는 다른 사람들의 눈과 입을 굉장히 신경 쓰는 사람이었어요. 어린 시절부터 좋은 평판을 얻기 위해 애썼고, 엘리트 코스를 밟으며 자부심을 키워왔거든요. 자신의 힘을 세상에 보여주고 싶어 안달 났던 원소에게 조조와의 전쟁은 딱 좋은 기회였습니다. 그런데 예상보다 승부가 안 나니까 점점 더 불안해졌던 거예요.

원소
최고 명문가의 자부심
첩의 아들이라는 콤플렉스
우유부단

허유는 원소에게 크게 실망했습니다. 답을 떠먹여 줘도 뱉어내 버리니 얼마나 답답했겠어요. '이미 진 싸움이구나!' 절망한 허유는 죽기로 결심하고 칼을 듭니다. 이때 곁에 있던 부하가 칼

합니다. "어찌 어리석은 주인을 버리고 현명한 사람에게 가지 않으십니까?" 듣고 보니 맞는 말이었어요. 그날 밤 허유는 몰래 조조를 찾아갔습니다.

조조는 오랜만에 찾아온 옛 친구를 살갑게 맞이했어요. 원소를 떠나기로 했다는 말에도 기쁨을 감추지 않았지요. 그러면서 "내게 알려줄 게 있어 찾아온 것이 아닌가?" 하고 은근슬쩍 떠봅니다. 허유는 대답 대신 군량이 얼마나 남아 있느냐고 물었어요. 조조는 1년을 먹고도 남을 양이라고 허풍을 떨었습니다. 솔직하게 말해보라는 허유의 말에도 열 달 분량이다, 석 달 분량이다 하면서 계속 거짓말을 해요. 그러다가 허유가 "그만 좀 속이시게!" 하며 순욱에게 보냈던 편지를 꺼내자 깜짝 놀라고 말았습니다. 조조는 고개 숙여 사과하고 도움을 요청하지요.

조조의 진심 어린 태도에 마음을 연 허유는 엄청난 정보를 알려줍니다. 원소군의 군량과 군수품이 모두 오소라는 마을에 있는데, 방비가 허술하니 그곳을 급습해 모조리 불사르라는 것입니다. 그러면 원소군은 알아서 무너질 거라고요. 허유의 의견대로 조조는 오소를 습격할 준비를 합니다. 5,000명의 정예병을 선발해 직접 오소로 쳐들어갈 작정이었지요.

몇몇 부하들은 걱정이 컸습니다. 허유의 말만 믿고 움직이는 게 불안했던 거예요. 그 정도 군량 창고면 전군의 목숨이 달린 곳인데 당연히 단단하게 지키고 있지 않겠냐는 말이었습니다. 사실, 부하들의 반응이 일반적일 것 같아요. 우리는 허유의 상황을 알고 있지만, 조조는 몰랐잖아요. 제가 만일 조조였다고 생각해 볼게요. 오래 연락이 끊겼던 어린 시절 친구가 적의 참모가 되었다가 갑자기 찾아왔어요. 그러고선 70만 대군을 먹여 살릴 군량 창고의 위치를 알려주면서 거기를 치래요. 그러면 선뜻 믿을 수 있을까요? 저는 함정이 아닐까 하는 의심이 더 컸을 것 같아요. 그런데 조조는 그냥 하늘의 뜻을 따르면 된다고 말해요. 선택의 여지가 없는 상황이라고 판단했던 것 같기도 합니다. 군량이 없어서 죽으나 함정에 빠져서 죽으나 마찬가지라고 여긴 것이죠. 그래도 그렇게 빠르게 판단하고 행동에 옮기기는 정말 쉽지 않을 거예요. 이 결단력이 조조와 원소의 승부를 결정지었습니다.

◆ 격전 끝에 거둔 역전승

깊은 밤 5,000명의 군사들은 조조를 따라갔습니다. 과연 오소에는 군량과 마초가 가득했어요. 그곳을 지키는 장수는 술에 취해 쿨쿨 자고 있었습니다. 허유의 말이 다 사실이었던 거예요. 조조군은 여기저기에 불을 붙인 다음, 원소군을 공격하기 시작했어요. 자다 깬 군사들은 상황을 파악하지 못하고 우왕좌왕했습니다. "불이야!" 하는 외침과 공격을 지시하는 함성, 고통에 찬 비명과 말발굽 소리가 뒤엉켜 주위는 아비규환으로 변했습니다.

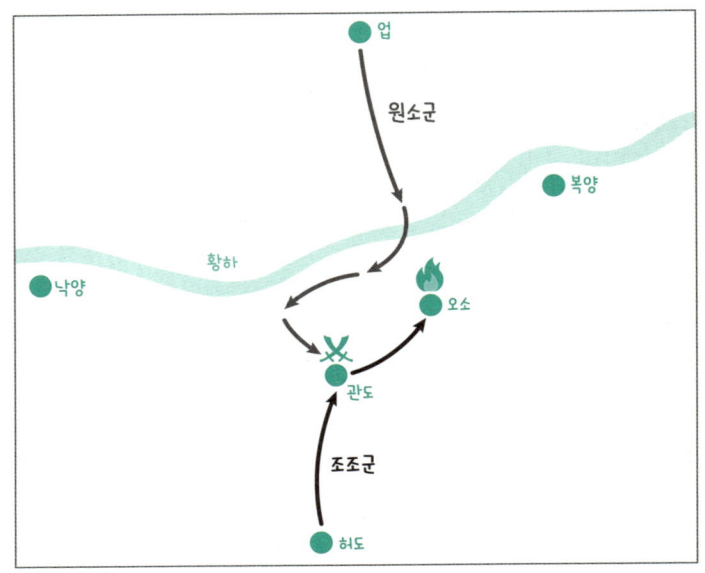

한눈에 보는 관도대전

　오소가 불탔다는 소식에 원소는 크게 당황했습니다. 대응도 시원찮았어요. 책사들의 의견이 갈려 오소를 적극적으로 지원하지도, 관도에 있는 조조 진영을 빠르게 습격하지도 못하고 군사를 애매하게 둘로 나누어 보냈죠. 허유가 오소만 불사르면 원소군은 자멸할 것이라고 했는데 틀린 말이 아니었습니다. 원소가 조조 진영으로 두 명의 장수를 보냈는데 이들마저 조조에게 투항했거든요. 잘못도 없는데 원소의 책사에게 모함을 받은 것이 이유였습니다. 이들은 원소의 성격을 잘 알고 있었어요. 돌아가서 설명해 봤자 들어주지 않을 게 뻔하니까 그대로 투항하기로 결심한 겁니다.

조조는 두 사람을 기꺼이 받아주었지요. "그대들 같은 장수를 기다렸소!" 하면서 치켜세우기까지 해요. 원소와 확실히 달랐습니다. 승세를 탄 조조는 다시 한번 원소의 영채를 습격합니다. 조조군이 들이닥치자 이미 사기가 떨어질 대로 떨어져 있던 원소군은 제대로 싸우지도 않고 도망치기 바빴습니다. 원소도 허겁지겁 도망쳤는데 이때 그를 따르던 군사들이 800여 명밖에 되지 않았다고 하죠.

이로써 200년에 벌어진, 골리앗 원소와 다윗 조조 사이의 관도대전에서 승자는 놀랍게도 조조가 됩니다. 자만심이 넘쳐 충언도 듣지 못한 원소는 막대한 군량과 물자도 잃고, 사람도 잃고, 승리도 잃고, 모든 걸 잃었어요. 결국 결단력과 포용력의 차이가 이 싸움의 승패를 갈랐다고 할 수 있습니다.

조조의 그릇을 보여주는 에피소드가 하나 더 있습니다. 크게 승리한 조조는 원소 진영에서 금은보화와 비단을 포함해 온갖 문서들을 가져왔는데 그 속에서 편지 묶음을 발견해요. 알고 보니 그 편지는 허도에 있는 조조의 부하와 관도에 나와 있는 몇몇 사람이 원소군과 내통하며 몰래 주고받은 편지였지요. 그런데 조조는 첩자들의 편지를 읽지도 않고 태워버립니다. 첩자를 모조리 찾아내서 벌해야 한다고 주장하는 부하도 있었지만, 조조는 고개를 저었어요.

"원소의 대군을 맞아 나조차 승리를 확신하지 못했는데 보통 사람들이야 오죽했겠는가. 이미 승리했으니 더 이상 죄를 묻지 않겠네."

조조의 말에 다들 감탄했습니다. 첩자 노릇을 한 것이 발각될까 봐 조마조마했던 사람들도 마음 깊이 후회하고 조조를 따르게 되었을 거예요.

◆ 조조, 하북을 평정하다

관도에서의 승리는 시작일 뿐이었습니다. 조조의 목표는 원소를 제거하는 것, 그리하여 원소가 다스리던 땅을 모두 차지하는 것이었지요.

한편 도망친 원소는 남은 군사들과 함께 황하를 건너 근거지인 하북 지역으로 돌아갔습니다. 원소는 정신이 반쯤 나가 있었어요. '천하를 호령하던 내가 어찌 이리되었나!' 하는 생각뿐이었지요. 도저히 현실을 받아들일 수가 없었던 거예요.

관도에서 그토록 많은 군사를 잃었는데 원소는 이듬해에 또다시 30만에 이르는 대군을 모았어요. 자신감이 솟는 듯했습니다. 하지만 이번에도 대패했어요. 끝없이 쏟아져 나오는 조조군을 보며 원소는 그 어느 전투 때보다 당황합니다. 하늘이 자신을 버리는 것 같다고 느꼈어요. 탄식하던 원소는 함께 전투에 나선 세 아들을 불러 당부합니다. 모두 각자의 근거지로 돌아가 힘을 키운 뒤 빠른 시일 내에 조조와 사생결단을 내자고 말이죠.

해가 또 한 번 바뀌고 조조가 원소와의 싸움을 마무리하기 위해 다시 출정했습니다. 하지만 원소는 울화가 쌓여 앓아누워 있는 상태였어요. 그런 아버지를 대신해 원소가 가장 아끼던 셋째 아들이 군대를 이끌겠다고 나섰습니다. 원소는 형들과 함께 싸우라 일렀지만 자신감이 차올라 있던 셋째는 혼자 출정해 버렸습니다. 그리고 장료와 붙는데, 상대가 되지 않았지요. 이제 막 소년티를 벗은 그가 오랜 시간 전장을 누빈 장료를 이길 수는 없었어요.

셋째 아들이 패했다는 소식을 들은 원소는 가슴을 쳤어요. 조조는 계속해서 압박해 오고, 아들은 말도 안 듣고, 아주 환장할 노릇이었습니다. 연신 피를 토하며 쓰러진 원소는 급하게 후사를 셋째 아들로 정하고 결국 숨을 거둡니다. 그런데 이것이 화근이 되었어요. 맏아들은 이 사실을 인정할 수 없었거든요. 그러니 아들들 사이에 내전이 일어났습니다. 항상 내부 분열이 문제예요. 적이 쳐들어오기도 전에 무너져 버리거든요. 조조는 이들이 자멸하길 기다리기만 하면 됐어요.

얼마 뒤, 동생에게 패한 원소의 맏아들이 조조에게 투항했습니다. 조조는 항복을 받아주었으나 그는 금세 조조를 배반하고 재기할 기회만 노렸어요. 결국 맏아들은 조조의 장수와 싸우다가 전사하고 말았지요. 조조는 이것으로 만족하지 않았습니다. 둘째와 셋째가 살아 있잖아요. 두 형제는 오환이라는 북쪽 변방의 이민족 지역까지 도망쳤어요. 지금으로 말하면 내몽골 자치구가 시작되는 경계까지 올라간 거예요. 그곳까지 가는 길은 멀고도 험했습니다. 하지만 결국 조조는 오환을 정벌하는 데 성공합니다. 모두 책사 곽가의 계책 덕분이었어요. 곽가는 병이 들어 수레에 누워 이동하면서도 끊임없이 전략을 구상했지요.

원소의 아들들은 오환보다 더 먼 요동으로 달아났습니다. 그 사이 병이 위독해진 곽가는 결국 사망했어요. 숨을 거두면서도 "요동까지 정벌하진 않으셔도 됩니다"라는 유언을 남깁니다. 요동 태수가 조조에게 그들의 머리를 바칠 것을 알았던 거예요.

요동 태수는 늘 원소가 쳐들어올까 봐 전전긍긍했어요. 원소의 아들들에게도 좋은 감정이 있을 리 없었습니다. 가만히 두면 태수가 알아서 그들을 제거할 게 뻔했지요. 그런데 만약 조조가 끼어들면 태수와 아들들은 오히려 힘을 합쳐 조조와 맞서려고 할 것입니다. 강한 상대가 나타나면 어제의 적도 오늘의 동지가 되거든요. 그러니 곽가는 공격하지 말고 조조의 존재만 인식시키라 한 것입니다. 막강한 힘을 갖게 된 조조를 보고 요동 태수가 어떻게든 잘 보이려 할 테니까요. 정말 죽는 순간까지 일을 한 충신이지요? 현명하고 충직한 책사를 잃은 조조의 슬픔은 너무나도 컸어요. 통곡하는 소리가 방을 뒤흔들 정도였습니다.

곽가의 예언대로 요동 태수는 얼마 지나지 않아 두 아들의 목을 베어 조조에게 보냈습니다. 대단한 위용을 자랑했던 원씨 가문은 이렇게 멸망하고 맙니다. 원소의 후손들까지 제거한 조조는 이로써 원소의 땅이었던 하북을 평정하고 중원 전 지역을 제패합니다. 진정한 실세가 된 거지요.

천하의 패권이 걸린 중원을 두고 싸운 관도대전. 이 대전이 마무리되며 삼국지의 1라운드가 끝이 납니다. 삼국지의 1라운드는 조조가 일약 '천하의 조조'가 되는 과정이라 볼 수 있습니다. 한나라의 관리로 시작해 반동탁연합군 결성을 주도하고, 연주를 근거로 세력을 키우다 마침내 관도대전에서 승리해 중원을 손에 넣었으니까요. 중원을 장악한 조조는 이제 삼국지에서 가장 강력한 우승 후보로 올라섰습니다. 그 누구도 함부로 대할 수 없는 절대 강자로 이름을 떨치게 되었지요.

2장

셋으로 나뉘는 천하

: 삼고초려부터 적벽대전까지

손권이 계승한 강동과 유비를 품은 형주

◆ **강동의 새로운 주인, 손권**

관도대전이 일어나는 동안 장강 남쪽의 강동 지역에도 큰 변화가 있었습니다. 한때 전국옥새도 가지고 있었고 조조, 유비, 여포와 연합해 원술까지 공격하는 등 잘나가던 손책이 갑자기 세상을 떠난 것입니다.

어찌 보면 이 죽음에 조조도 영향을 끼쳤다고 할 수 있습니다. 관도대전이 일어나기 전으로 돌아가 봅시다. 손책이 점점 위세를 떨치기 시작하자 조조는 손책을 견제하고 싶었어요. 그래서 조카딸을 손책 집안에 보내 사돈을 맺었지요. 이때 손책이 자신에게도 높은 벼슬을 내려줄 것을 요청했는데 조조가 거절합니다. 그렇잖아요, 견제하기 위해 사돈 관계를 맺은 건데 손책에게 높은 관직을 주어 힘을 보탤 필요는 없으니까요. 요청을 거절당한 손책은 크게 마음이 상합니다. 기회만 되면 언제든 조조를 치려고 머리를 굴렸지요. 이때는 밀서, 그러니까 몰래 보내는 비밀 편지가 참 활발할 때잖아요. 손책의 속내를 눈치챈 강동의 관리 허공이 이를 조조에게 보고합니다. 그런데 또 이걸 손책에게 들켜요. 허공이 조조와 내통한다는 사실을 안 손책은 허공을 곧바로 처형했습니다. 손책을 죽음에 이르게 하는 사건은 여기서부터 시작됩니다. 이 일이 뜻밖의 사건으로 이어졌거든요.

손책의 취미는 사냥이었습니다. 그날도 다른 날과 다름없이 사냥감을 쫓아 정신없이 숲을 누볐지요. 어느덧 군사들과도 떨어져 혼자 다니게 됐습니다. 그때, 숨어 있던 세 사람이 모습을 드러냅니다. 허공의 식객인 그들은 손책에게 달려들었어요. 그간 허공에게 많은 은혜를 입어서 원수를 갚아야겠다는 거예요. 손책은 재빨리 활시위를 당겼지만, 화살을 맞지 않은 두 사람이 창을 들고 동시에 공격해 온 탓에 온몸에 깊은 상처를 입었습니다. 오랜 시간 요양해야 할 만큼 큰 부상이었어요.

그러나 가만히 앉아 쉬는 일은 손책의 성미에 맞지 않았습니다. 사나운 무장으로 이름을 날렸던 아버지 손견을 닮아서 성질이 급했거든요. 게다가 20대니까 말 그대로 혈기 왕성했지요. 중원에서는 원소와 조조 사이에 전쟁의 막이 올랐는데, 혼자 그러고 있으려니 얼마나 답답했겠어요. 몸은 아프고 마음은 언짢은 나날을 보내던 그때, 원소가 동맹을 맺고 함께 조조를 치자는 의사를 전하기 위해 사자를 보내왔습니다. 손책은 기분이 너무 좋았어요. 천하제일의 세력가가 먼저 손을 잡자고 한 데다가, 공격 대상이 자신이 늘 노리던 조조잖아요. 거절할 이유가 없었죠. 그래서 원소의 사자도 대접할 겸 오랜만에 큰 잔치를 엽니다. 그런데 한창 먹고 마시는 와중에 신하들이며 군사들이 자꾸 사라집니다. "다들 어디에 간 것이냐?" 손책이 물었더니 밖에 신선이 지나간대요. 그 사람을 보려고 몰려갔다는 겁니다.

대체 무슨 일인가 싶어서 손책도 나가봤어요. 그곳에는 웬 노인 한 명이 지나가고 있었습니다. 백성들은 물론이고, 손책의 장수들까지 전부 그 노인을 향해 고개를 조아렸어요. "대체 저 사람이 누군가?" 손책의 질문에 돌아온 대답은 놀라웠습니다. 우길이라는 도사인데, 부적을 태운 물로 사람들의 병을 다 고쳐 준다는 거예요. 손책은 노발대발했습니다. "민심을 현혹하는 요망한 놈이로구나!" 하면서 우길을 잡아 오라고 합니다. 그러고는 옥에 가둬버려요.

그러자 모두 손책을 말렸습니다. 심지어 부인과 어머니까지 찾아와서 그러면 안 된다고, 얼른 풀어드리라고 했지요. 손책은 점점 더 화가 났어요. 때마침 가뭄이 심해 우길을 불러 이렇게 명령했습니다. "네놈이 진짜 신선이라면 비가 내리게 해봐라. 만일 해내지 못한다면 곧바로 화형에 처할 것이다!"

화형대에 묶인 우길은 하늘을 향해 기도하기 시작했습니다.

시간이 얼마나 지났을까요? 먹구름이 몰려오더니 순식간에 사방이 어두워졌어요. 그리고 거짓말처럼 비가 주룩주룩 쏟아졌지요. 지켜보던 사람들은 환호성을 지르고 절을 하며 기뻐했습니다. 손책이 뭐라 말하기도 전에 앞다투어 달려 나가 우길을 화형대에서 끌어내리면서 칭송했죠. 그 모습을 보고 있던 손책은 피가 거꾸로 솟는 것 같았어요. '저놈이 뭐라고 나보다 더 존경받는 건가?' 하는 질투심과 괘씸함이 뒤섞였던 거지요. 결국 약속을 지키지 않고 우길의 목을 쳐버립니다.

그 뒤에 이어지는 이야기가 좀 기괴해요. 손책이 계속 우길의 환영을 보는 거예요. 걷다가도 보고, 자다가도 봐요. 다른 사람들은 못 보고 손책 눈에만 보이니 환장할 노릇이었죠. 몸도 성치 않은 상태에서 환영에 시달리니 손책은 점점 더 피폐해졌습니다. 결국 거울 속에서까지 우길의 얼굴을 본 손책은 버럭 고함을 질렀고, 그 순간 온몸의 상처가 터지며 혼절해 버렸습니다. 그 길로 다시 일어나지 못했어요. 손책은 동생 손권을 후계자로 지목한 뒤 결국 세상을 떠났습니다.

어린 동생이 걱정되었던 손책은 죽으면서도 조언을 아끼지 않았어요. "천하를 두고 싸우는 일은 너에게 더 힘든 일일 수 있다. 하지만 유능한 이들의 힘을 빌린다면 강동을 지키는 일은 나보다 네가 나을 것이다." 그러면서 국내 문제는 장소에게, 국외 문제는 주유에게 물으라는 유언을 남겨요. 장소와 주유는 모두 뛰어난 인물이지만, 그 역할에는 분명한 차이가 있었어요. 장소는 학자나 행정가 스타일이고, 주유는 뛰어난 전략가였거든요. 그러니까 정치나 행정은 장소와 논의하고, 군사나 외교는 주유와 논의하라는 것이었지요.

후계자가 된 손권의 나이는 겨우 열여덟이었어요. 누구보다 믿고 의지하던 형을 떠나보낸 손권은 계속 울기만 합니다. 갑작스레 맡은 자리에 대한 중압감도 컸을 거예요. 그러다 보니 처음에는 영 권위가 없었지요. '쟤래 가지고 잘할 수 있으려나?' 하는 시선이 많았어요. 하지만 장소와 주유의 도움 덕분에 손권도 조금씩 마음을 다잡아 갑니다. 결정적으로 주유가 노숙을 데려오면서 큰 꿈을 꾸게 돼요.

손권
강동의 호랑이
삼국의 한 축
수성守成의 군주

문무를 겸비한 책사 노숙은 손권에게 완전히 새로운 시각을 제공합니다. 강동의 주인으로 만족할 게 아니라 아예 나라를 세워서 스스로 황제가 되어야 한다고 하거든요. "조조를 갑자기 죽이는 건 불가능한 일입니다. 우리는 강동에서 힘을 모으며 천하의 형세를 살피다 틈을 노려야 합니다. 중원이 뒤숭숭한 틈을 타 세력을 넓혀가면서 천하를 도모하시지요."

아직 신하들의 신뢰조차 얻지 못하고 있던 손권에게는 정말 파격적인 조언이었어요. 손권은 노숙의 말을 가슴 깊이 새겼습니다.

강동에서 손권이 새로운 지도자로서 입지를 다지기 위해 애쓰는 동안 원소와 조조는 관도대전을 치렀습니다. 그 결과 조조가 중원 전역을 제패하며 천하의 정세가 급변했습니다.

◆ **형주로 달아나는 유비의 눈물**

그럼 이번에는 유비의 상황을 살펴보겠습니다. 관우는 조조의 장수를 여섯 명이나 죽이며 유비에게 달려갔고, 유비는 자신을 만나러 온 형제들과 함께하기 위해 원소에게 거짓말을 하고 원소 곁을 떠났습니다. 장비가 기다리던 여남 땅에서 재회한 삼형제는 그곳에서 뜻을 펼쳐보기로 했었지요.

여남에서 여러 세력을 흡수한 유비는 어느덧 수만 명의 군사를 거느리게 되었습니다. 조조가 관도대전에 여념이 없는 틈에 비어 있는 허도를 노려볼 만하다 여길 정도였지요.

유비가 조조를 공격한 건, 조조가 관도대전 이후 원소를 한 번 더 대패시킨 뒤였습니다. 관도대전에서 패배한 원소가 그 뒤로 30만의 군사를 모아서 다시 조조와 맞섰던 것 기억하시지요?

그때도 조조는 곳곳에 군사들을 매복시켜 원소군을 격파했습니다. 크게 이긴 뒤 한숨 돌리는 조조에게 허도에 있던 책사 순욱의 편지가 날아왔습니다. 유비가 허도로 쳐들어오고 있다는 거예요. 조조는 "이 귀 큰 놈이!" 하고 씩씩대면서 여남으로 향합니다. 원소와의 싸움을 잠시 멈추고 유비와 붙게 된 거지요.

유비와 조조는 허도와 여남 사이에서 맞닥뜨렸습니다. 조조는 화가 나서 외쳤어요. 내가 그동안 얼마나 잘해줬는데, 이렇게 배은망덕하게 구냐는 것이었죠. 유비도 지지 않았습니다. 조조가 점잖은 척하지만 한나라를 도적질한 거나 다름없다는 거예요. 황실 종친으로서 황제의 혈서도 받았으니 반역자를 처단할 생각이라고도 했어요. 그리고 곧바로 싸움에 돌입했습니다. 첫 싸움은 유비의 승리로 돌아갔습니다. 조조군이 오랜 전투로 지친 반면, 유비군은 여남에서 정비도 했고 관우와 장비, 조자룡까지 나섰거든요. 오랜만에 맛본 승리는 무척 달콤했습니다.

유비는 이 기세를 계속 밀어붙이고 싶었어요. 그런데 조조군이 도무지 싸우러 나오지 않는 거예요. 유비는 점점 불안해졌습니다. 아닌 게 아니라 부하 한 명이 황급히 달려와 이렇게 전했습니다. "조조군이 아군의 군량 보급로를 끊었습니다!" 놀랄 틈도 없이 또 다른 부하의 보고가 이어졌어요. "조조군이 여남을 공격하고 있습니다! 이미 성을 포위했다고 합니다!"

유비는 정신이 아득해졌습니다. 작은 승리에 취해 있는 사이,

조조는 유비군의 군량 보급로와 근거지를 치고 있었던 겁니다. 장비와 관우가 뒤늦게 구하러 나섰지만 이미 늦은 상황이었습니다. 두 사람 모두 제대로 싸워보지도 못하고 각지에서 조조군에게 포위됐지요. 삼 형제가 또다시 뿔뿔이 흩어지게 된 겁니다.

유비는 밤을 틈타 우선 퇴각하기로 했습니다. 하지만 조조는 유비를 보내줄 생각이 없었습니다. 조조군은 마치 예상했다는 듯 유비군의 후퇴 경로에 쫙 깔려 있었어요. 유비는 조자룡이 적을 상대하는 사이에 달아나 겨우 목숨을 건졌습니다. 관우, 장비와 떨어져 혼자 달아나려니 후회와 자책, 설움이 밀려왔어요.

그 뒤로 유비는 여남에서 도망친 장수와 군사들 그리고 가족을 만났지만 조조의 장수들을 몇 번이나 마주쳐 죽을 위기에 처했습니다. 다행히 그때마다 조자룡이 나타나고 관우가 나타나서 목숨은 유지할 수 있었지요. 이내 장비도 돌아와 삼 형제도 다시 뭉쳤고요. 하지만 사투는 계속됐습니다. 싸우고 달아나고, 싸우고 달아나고를 되풀이했죠. 유비에게 싸울 만한 군사가 거의 남지 않자 그제야 조조도 더 쫓지 않고 군사를 거뒀습니다.

유비는 참담한 심정이었습니다. 근거지를 잃어 갈 곳도 없었지요. 돌아보니 군사도 1,000명이 채 남지 않았습니다. 계속된 전투와 굶주림에 지쳐 다들 딱한 몰골이었어요. 고생하는 형제들과 군사들을 보자 유비는 저절로 고개가 떨어졌습니다. 미안하다, 나 같은 사람을 만나서 너희는 얼마나 힘드냐, 그 좋은 재주 썩히지 말고 그냥 더 좋은 주인을 찾아라 하더니 곧 흐느끼기 시작해요. 삼국지 초반에서 유비의 이야기는 매번 이렇습니다. 싸우다 도망치고 우는 패턴이에요. 괜히 유비의 수난기라 말한 게 아니에요. 여포가 배신의 아이콘이라면 유비는 패배의 아이콘, 도망의 아이콘, 눈물의 아이콘이죠.

유비의 눈물을 보고 함께 울던 장수들은 이내 형주에 있는 유표를 떠올렸어요. 유표도 황실의 종친이고 조조를 견제하고 있으니 유비를 받아줄지도 모른다고 생각한 거지요. 다행히 소식을 들은 유표는 호의적으로 반응했습니다. 유비의 명성을 익히 들었다며 기다리겠다고 합니다. 유표의 환대에 유비 일행은 중원의 남쪽, 형주 땅으로 향했습니다. 장강 유역의 풍요로운 땅이자 삼국지 중반 이후 핵심 무대인 형주와 유비의 인연은 이렇게 시작되었지요.

✦ 평화로운 날들 vs 헛되이 보낸 세월

유표에게 의탁한 유비는 오랜만에 편안한 나날을 보내고 있었습니다. 때때로 형주 땅에 출몰하는 도적 떼나 반란군들을 물리치는 것 외에는 크게 할 일이 없었지요. 이곳에서 아들 유선도 낳았어요. 유표는 유비를 잘 챙겨주었고, 유비 역시 유표를 깍듯하게 대했어요. 두 사람 사이에 문제가 있다면 유표의 부인 채씨와 처남인 장수 채모가 유비를 싫어한다는 점이었습니다. 채씨 부인은 남편에게 은근히 유비의 험담을 하곤 했어요. 요즘 형주 사람들이 유비를 자꾸 찾으니 그냥 넘겨서는 안 된다며 유비를 너무 믿지 말라고 경고했죠. 그때마다 유표는 "걱정하지 마시오. 유비는 어진 사람이오" 하면서 고개를 저었고요.

이렇듯 유표와 유비 사이는 꽤 돈독했습니다. 한번은 유표가 유비의 말을 보고 감탄한 적이 있어요. "못 보던 말인 것 같은데, 어디서 그런 좋은 말을 구했소?" 유비는 지난 전투에서 적의 말을 빼앗은 것이라며 마음에 들면 형님 가지라고 선뜻 내주었죠.

유표는 기분 좋게 유비의 선물을 받았습니다. 그러곤 열심히 타고 다녔어요. 그런데 그 모습을 본 유표의 책사가 걱정스러운 표정으로 이야기했습니다. 이마에 흰 점이 있고 눈 아래가 눈물이 고일 정도로 움푹 들어간 말을 적로마라고 하는데, 그게 관상학적으로 안 좋다는 거예요. 주인을 해치는 흉마니까 안 타는 게 좋겠다고 권합니다. 쉽게 말해서 명차인데 그 차를 탄 소유주마다 죽는다는 거죠. 책사의 이야기를 들은 유표는 찜찜했나 봐요. 이런저런 핑계를 대면서 유비에게 적로마를 돌려주거든요. 그걸로도 모자라 유비를 형주 북부에 있는 신야라는 곳으로 보냅니다. 물론 명령이 아닌 권유였지만, 어쨌거나 같이 있기가 조금 불편해졌다는 뜻이지요.

유비 또한 적로마에 대한 이야기를 들었습니다. 그런데 유표와 달리 별로 개의치 않았어요. 사람이 죽고 사는 문제는 하늘의 뜻인데 어찌 말 한 마리로 결정되겠냐는 거예요. 유비의 그릇이 좀 크게 느껴지죠? 적로마의 이야기를 들려준 사람도 유비의 그런 태도를 보고 공경하게 되었다고 해요.

하지만 어질고 그릇이 크면 뭘 하겠습니까. 하는 일 없이 시간만 보내고 있었던걸요. 관우, 장비와 도원결의하며 난세를 평정하겠다는 뜻을 품었건만, 유비는 끊임없이 도망 다니면서 유력자들에게 계속 의탁해야 하는 상황이었습니다. 무려 20년간 그런 생활을 했으니 젊었던 유비도 어느덧 40대 후반을 향해 가고 있었지요. 무력감이 드는 것도 무리가 아니었습니다. 신야에 머무는 동안 유비는 울적한 마음을 감출 수 없었습니다. 유표는 현상 유지에 만족하는 인물이었어요. 조조를 공격할 방도를 논의하려 해도 돌아오는 답은 "나는 지금 상황에 만족하오"라는 말 뿐이었지요.

그러던 어느 날, 유표와 유비가 함께 술을 마시게 되었습니다. 그즈음 유표의 고민은 장남과 차남 중에 누구를 후사로 해야 하는가였어요. 부인인 채씨가 자기 자식인 차남을 밀었거든요. 갈등하던 유표는 유비에게 의견을 물었습니다. 유비는 원칙대로 장자에게 자리를 물려주는 게 맞다고 해요. 괜히 차남을 지목했다가 비극이 벌어지는 경우를 많이 보지 않았느냐고 반문합니다. 그러면서 채씨 문중의 권세가 너무 강하면 억제해야 한다고 힘주어 이야기했죠. 이야기를 들은 유표는 말이 없었습니다. 괜히 머쓱해진 유비는 화장실을 다녀오겠다며 일어났어요.

그런데 조금 뒤 돌아온 유비의 얼굴에 눈물 자국이 선명했습니다. 누가 봐도 울다가 나온 얼굴이었지요. 깜짝 놀란 유표가 무슨 일이냐고 물었습니다. 그러자 유비가 대답해요. "전에는 매일 말을 타서 허벅지에 살이 없었는데 오랫동안 말을 타지 않았더니 허벅지에 살이 쪘습니다. 뜻을 이루지 못한 채 시간만 덧없이 흘러가니 한탄스러울 따름입니다."

갑자기 왜 허벅지일까요? 당시에는 말을 탈 때 등자, 즉 발걸이를 널리 사용하지 않았어요. 발을 걸 곳이 없으니까 말에 오르면 오로지 허벅지 힘으로 몸을 고정해야 했습니다. 안장을 조이듯이 허벅지에 힘을 세게 주고 앉아야 하는 거예요. 그러면 허벅지 근육이 발달하게 되겠죠? 반면 전투에 나갈 일이 없으면 말을 탈 일이 없고, 허벅지 근육도 점점 지방으로 바뀝니다. 유비는 자신의 다리가 근육 없이 물렁물렁하게 변한 걸 보고는 눈물을 흘린 거예요. 전투에 나가 공을 세우고, 천하를 호령하지도 못한 채 재야에 묻혀 시간만 속절없이 보내고 있는 것 같았거든요. 여기에서 나온 말이 비육지탄髀肉之嘆입니다. 허벅지가 살찐 것을 한탄한다는 말로, 재능을 발휘할 때를 얻지 못하여 헛되이 세월만 보내는 것을 아쉬워함을 뜻하지요.

유표는 울적해하는 유비를 위로했습니다. "그대는 조조가 인정한 영웅 아니오?" 그러면서 반드시 기회가 올 거라고 격려했어요. 유표를 너무 믿었던 것인지, 아니면 술을 마셔서인지 유비는 한껏 고무되어 그만 실언을 뱉고 말았습니다. 기반만 생기면 누구든 상대할 수 있다는, 가슴 속 깊이 품고 있던 야심을 드러낸 것입니다.

이 말을 들은 유표는 기분이 좋지 않았습니다. 안 그래도 유비를 따르는 사람이 점점 늘고 있어 여러모로 불안했어요. 채씨 부인이 심어둔 의심의 씨앗이 슬슬 싹트기 시작한 거예요. 게다가 이 대화를 채씨 부인이 몰래 엿듣고 있었습니다. 자기 아들을 놔두고 장남을 지지한 유비의 말에 채씨 부인은 머리끝까지 화가 났지요. 마음이 급해진 채씨 부인은 채모를 불러 일을 상의합니다. 채모는 약속했어요. 자기가 직접 유비를 제거하겠다고 말이죠.

◆ **날아오르는 적로마, 도약하는 유비**

이 일이 화근이 되어 유비는 또 한 번 도망을 쳐야 하는 상황에 처하게 됩니다. 채모가 유표의 허락을 받아 큰 잔치를 열었는데, 실은 그 잔치가 유비를 제거하기 위한 함정이었거든요. 잔치가 벌어지는 성의 동쪽, 남쪽, 북쪽에 미리 군사를 풀어놓았죠. 함정임을 깨닫고 도망치려던 유비는 어쩔 수 없이 적로마를 타고 성의 서쪽으로 달려 나가야 했습니다.

그런데 채모가 서쪽에 군사를 풀지 않은 이유가 있었어요. 얼마 못 가 커다란 물줄기가 유비 앞을 가로막았거든요. '단계'라는 이름의 그 큰 계곡은 물살이 워낙 세서 여차하면 떠내려갈 것처럼 보였습니다. 깊이도 알 수 없었지요. 살아서 건너기는 아무래도 힘들어 보였습니다. 채모는 이 계곡을 믿고 서쪽에는 군사를 풀지 않았던 거예요.

유비는 진퇴양난의 상황이었습니다. 앞에는 급류가 흘렀고, 뒤로는 채모와 군사들이 달려오는 소리가 들렸거든요. 망설이던 유비는 어금니를 꽉 물고 적로마를 재촉해 물속으로 뛰어들었습니다. 다른 방법이 없었어요. 막상 뛰어든 물은 생각보다 깊었습니다. 적로마도 잔뜩 겁을 먹은 채 허우적대기만 했지요. '여기서 죽는구나!' 유비는 탄식했습니다. 그때 갑자기 적로마에 대한 이야기가 떠올랐어요. 자꾸만 가라앉는 적로마를 향해 유비는 괜한 분풀이를 합니다. "주인을 해치는 말이라더니 네가 정말로 나를 죽이는 게냐?"

그 순간 놀라운 일이 일어납니다. 가라앉는 듯했던 적로마가 유비의 울부짖음을 듣자 고개를 들고 "히히히힝!" 하더니 마치 영화처럼 거센 물살 위로 튀어 오른 겁니다. 그러고는 나는 듯이 강을 건너 반대편 기슭으로 올라섰어요. 유비를 뒤쫓던 이들은 그 모습을 지켜볼 수밖에 없었습니다. 닭 쫓던 개가 지붕 쳐다보는 격이라고 할까요. 유비도 갑작스러운 적로마의 행동이 꿈만 같아 한동안 정신을 차릴 수가 없었습니다. 드디어 하늘이 돕는구나 하는 생각도 들었겠죠.

이 장면은 굉장히 상징적입니다. 가라앉고 있던 유비가 말을 타고 높이 솟구쳐 오르는 그림이거든요. 20년간 계속된 패배자, 도망자의 삶이 끝났음을, 드디어 새로운 삶이 시작됨을 선언하는 결정적인 장면이라고 볼 수 있습니다. 인생이 뜻대로 풀리지 않아 신세 한탄을 하던 유비가 힘차게 도약하는 인생 역전의 순간이었습니다.

나관중이 《삼국지연의》의 주인공으로 유비를 선택한 이유가 여기에 있지 않을까 싶어요. 인생은 끝날 때까지 끝난 게 아니라는 교훈을 주고 싶었던 게 아닐까요? 살다 보면 마음이 참 답답한 시기가 있잖아요. 뭘 해도 안 되고, 남들은 쉽게 가는 것 같은데 나는 한 걸음 내딛기조차 힘에 부치는 때 말입니다. 이 답답함이 절대 끝나지 않을 것 같지만 예상치 못하게 문제를 해결할 기회와 작은 실마리가 되어줄 우연한 계기는 분명히 만나게 되어 있습니다. 나관중은 유비를 통해 그걸 말하고 싶었던 게 아닌가 싶어요. 왜냐하면 제가 이렇게까지 의미를 부여할 정도로 이 위기 이후 유비의 행보가 지금까지와 아주 달라지거든요. 이제야 비로소 유비의 수난기가 끝나고 품은 뜻을 이루는 성공기가 시작되는 것입니다.

천하를 가져다 줄
누워 있는 용, 제갈량

◆ **책사가 필요한 이유**

　적로마를 타고 단계를 건너 홀로 도망치던 유비는 우연히 수경 선생이라고 불리는 사마휘를 만났습니다. 사마휘는 마치 기다리고 있었다는 듯 유비를 맞이했어요. 한눈에 봐도 평범한 인물이 아니었지요. 사마휘와 마주 앉은 유비는 답답한 마음을 털어놓았습니다. 채모에게 쫓겨 단계를 건넌 일을 시작부터 죽 늘어놨지요. 그러자 사마휘가 원인을 분석해 줘요. 유비 곁에 인재가 없어서 그렇다는 거예요. 유비는 "관우도 있고, 장비도 있고…" 하면서 그 말에 반박합니다. 하지만 사마휘는 고개를 저었어요. "그들은 분명 만 명의 적을 이길 만한 장수이지만, 전략을 세울 인물은 없습니다." 과연 맞는 말이었어요. 그때까지 유비가 갖지 못한 것이 바로 책사였습니다. 능력 있는 장수인 관우, 장비, 조자룡은 있는데, 그들을 어떻게 써야 할지 제시해 주는 전략가는 없었던 것입니다. 전쟁은 힘만 세다고 해서 이길 수 있는 게 아니잖아요.

"그렇다면 대체 누가 그런 인재입니까?"

유비의 질문에 사마휘는 복룡伏龍과 봉추鳳雛 중 한 명만 있어도 천하를 얻을 수 있을 것이라고 답합니다. 복룡은 엎드려 있는 용이고, 봉추는 봉황의 새끼예요. 그만큼 큰 잠재력을 가졌다는 뜻이었지요. 하지만 복룡과 봉추가 누구인지는 알려주지 않습니다. 답답해진 유비가 사마휘라도 얻기 위해 함께 일하자 제안했지만 이마저도 거절합니다. 그저 빙그레 웃으며 "나보다 열 배는 뛰어난 사람이 공을 찾아올 것입니다" 할 뿐이었죠.

단계를 탈출한 자신을 찾아 사마휘의 집까지 수소문해 온 조자룡과 함께 유비는 신야로 돌아갑니다. 그리고 곧 사마휘가 말한 사람을 만나게 돼요. 자신을 단복이라고 소개한 그는 오랫동안 유비를 만나길 기다려 왔노라고 말했습니다. "인재를 구하신다는 소문을 듣고 이렇게 찾아왔습니다. 저는 그저 병법을 조금 알 뿐이나 거두어만 주신다면 최선을 다하겠습니다." 유비는 '수경 선생이 말한 자로구나!' 하고는 곧바로 수락했지요.

단복이 맹활약을 펼칠 기회는 금방 다가왔습니다. 조조의 친척인 조인이 신야를 공격했거든요. 하북을 평정한 조조는 호시탐탐 남쪽의 형주를 노리고 있었습니다. 그래서 조인에게도 형주를 잘 살펴보라고 일렀어요. 얼른 공을 세우고 싶었던 조인은 장수들을 보내 형주 북부에 있는 신야부터 쳤지요. 조인의 군대에 맞설 계책으로 단복은 군사를 셋으로 나눠 유비와 조자룡, 관우, 장비가 이끌게 시킵니다. 허리를 치고, 후방을 치는 동시에 전면에서 맞서면 적들이 한 걸음도 들여놓을 수 없을 거라면서요. 이 작전은 적중했습니다. 조인의 장수들은 목숨을 잃었고, 군사들은 이리저리 흩어지다 유비군에 사로잡혔죠. 유비군의 큰 승리였습니다.

조인은 자신의 패배를 믿을 수 없었습니다. 유비 같은 사람에게 졌다는 사실도 인정하고 싶지 않았어요. 그래서 부하들이 말리는 데도 아랑곳하지 않고 직접 출정을 합니다. 그러고는 화려한 진법을 구사해요. 유비에게 이 진법이 뭔지 아냐면서 떵떵거리기까지 하죠. 조인군은 팔문금쇄진八門金鎖陣을 펼쳤어요. 팔문금쇄진은 말 그대로 여덟 개의 문으로 된 금 자물쇠 같은 진형이에요. 아무것도 모르고 안쪽으로 들어갔다가는 빠져나오지 못하게 돼요. 그런데 단복이 이 진형을 단번에 알아봅니다. 잠시 살펴보더니 약점까지 파악해요. "이쪽 문으로 들어가서 저쪽 문으로 나오면서 공격하면 진형을 깰 수 있습니다." 유비는 조자룡을 보내 단복의 말을 따르게 합니다. 그러자 견고하게만 보였던 진형은 순식간에 무너지고 조인군은 이리저리 흩어졌습니다. 결국 조인은 군사를 거의 다 잃고 도리어 지키던 성까지 빼앗겨 빈손으로 허도로 돌아가야만 했습니다.

조인의 보고를 들은 조조는 유비의 새로운 책사라는 단복에게 관심을 가졌어요. 책사 정욱이 나서서 단복의 본명이 서서라는 사실을 알려주었습니다. 친구의 원수를 갚느라 사람을 죽이고 도망쳤는데, 그때부터 가명을 쓴다는 거예요. "서서라는 자가 대체 얼마나 똑똑한가? 그대보다 더 뛰어난가?" 조조가 묻자, 정욱은 사마휘와 같은 대답을 합니다. "저보다 열 배는 뛰어납니다." 그런 빼어난 인물이 유비 곁에 있다니 조조에게는 큰 근심거리였지요. 조조는 어떻게 하면 서서를 데리고 올 수 있을까 고민했어요.

이때부터 정욱의 서서 영입 프로젝트가 시작됐습니다. 우선 서서의 어머니를 찾아내야 했어요. 서서는 엄청난 효자였거든요. 그 사실을 잘 알고 있던 정욱은 서서의 오랜 친구인 척하면서 그의 어머니를 찾아갔습니다. 선물도 자주 보냈지요. 얼마나 정성을 다했는지 서서의 어머니도 정욱에게 고맙다는 편지를 보냈어요. 정욱이 얻으려 했던 것이 바로 그 편지였습니다.

정욱은 서서 어머니의 필체를 모방해서 서서에게 편지를 씁니다. "내가 조조에게 붙잡혀 있으니 얼른 허도로 와서 구해다오. 네가 조조를 따라야 이 어미가 산다"라는 내용이었어요. 편지를 받은 서서는 거짓말인 줄은 꿈에도 모른 채 하염없이 눈물을 흘렸습니다. 결국 유비를 찾아가 사정을 설명하고는 허도로 가야겠다고 해요. 서서의 말을 들은 유비는 맥이 탁 풀렸어요. 겨우 얻은 책사를 잃는 거잖아요. 실망감이 이루 말할 수 없었지요. 하지만 어머니를 구하러 간다니 차마 붙잡지도 못했습니다.

서서는 떠나기 전 유비에게 큰절을 올렸습니다. 조조에게 가더라도 계책은 절대로 알려주지 않겠다고 약속했어요. 유비는 그의 마음에 크게 감동했습니다. 서서를 배웅한 뒤에도 너무 아쉬운 나머지 한참이나 발길을 돌리지 못했지요. 그런데 얼마 뒤, 서서가 말을 달려 돌아왔어요. 서서는 숨을 몰아쉬며 이렇게 말했습니다.

"융중에 저의 벗이 살고 있습니다. 그는 이 시대의 누워 있는 용, 와룡臥龍이라 불립니다. 꼭 찾아가 보십시오!"

퍼뜩 떠오르는 생각에 유비는 급하게 되물었어요.

"수경 선생이 내게 복룡과 봉추 이야기를 하셨는데, 복룡이 바로 그 와룡이오?"

"맞습니다. 와룡은 낭야의 제갈량이고, 봉추는 양양의 방통입니다."

서서의 대답에 비로소 유비의 의문이 풀렸습니다. 유비는 떠나는 서서에게 고개 숙여 인사합니다. 그리고 제갈량이 살고 있다는 곳, 융중을 방문하기로 결심하지요. 마침 유비가 있던 신야에 이웃한 고을이었거든요. 천재 지략가이자 지혜의 대명사 제갈량이 등장할 때가 온 것입니다.

◆ 삼고초려 끝에 얻은 최고의 인재

제갈량의 존재를 알게 된 유비는 지체 없이 관우와 장비를 데리고 제갈량을 찾아갔습니다. 제갈량의 집 앞에 도착해서는 기대감에 부푼 마음으로 문을 두드렸어요. 그러나 유비 일행을 맞은 사람은 제갈량이 아니라 웬 아이였어요.

"누구십니까?" 아이의 물음에 유비는 장황하게 자신에 대해 설명합니다. 자는 뭐고, 어디 출신이고, 누구의 후손이고, 지금 어디에서 뭘 하고 있고… 구구절절 늘어놓았지요. 처음 방문했으니까 일종의 어필을 한 거예요. 그런데 아이는 알아듣기 어렵다는 듯 고개를 갸우뚱합니다. 그 긴 인적 사항을 자신이 어떻게 외우냐는 것이었죠.

머쓱해하는 유비에게 아이는 "선생님은 지금 안 계십니다"라고만 합니다. 언제 돌아오는지도 알 수 없대요. 서너 날이면 돌아올지, 열흘이 걸릴지 아무도 알 수 없다는 것입니다. 언제 올지 모르니 기다리기도 어려웠죠. 유비 일행은 할 수 없이 발걸음을 돌려야 했습니다. 떠나면서도 유비는 아이에게 선생이 돌아오시면 자신이 왔다 간 것을 꼭 전해달라고 신신당부했습니다.

이웃 고을이지만 중국은 땅덩어리가 워낙 크잖아요. 유비가 있는 신야에서 제갈량이 있는 융중까지 오가는 게 가까운 거리는 아니었어요. 왕복으로 120킬로미터쯤 됐는데 차도 없이 서울에서 가평까지 오가는 셈이었지요. 말을 타고 왕복하려면 며칠은 걸려요. 하지만 유비는 불평 한마디 없었습니다. 그저 제갈량을 만나지 못해 아쉬울 뿐이었지요.

신야로 돌아온 유비는 사람을 보내 제갈량이 집에 있는지 살피도록 합니다. 거듭 허탕을 칠까 봐 나름대로 수를 쓴 거예요. 마침내 기다리던 소식을 듣자, 또 한 번 융중으로 출발했어요. 이번 여정은 이전보다 더욱 고됐습니다. 한겨울이었던 터라 추위에 떨고 눈보라를 헤치면서 가야 했거든요. 그런데 웬걸 이번에도 제갈량을 만나지 못했습니다. 이번에는 제갈량이 아니라 제갈량의 동생이 있었거든요. 아쉬운 마음을 달래며 유비는 제갈량에게 편지 한 통을 남기고 돌아와야 했지요.

이 고된 여정을 두 번이나 함께한 관우와 장비는 기분이 상했습니다. 얼마나 대단한 인물이길래 형님이 이렇게 왔다 갔다 해야 하느냐는 거예요. 입이 댓 발은 튀어나왔습니다. 제갈량 보고 찾아오라고 하면 되지 않느냐, 왜 그런 촌놈을 만나려고 이렇게 고생하는지 모르겠다 하면서 투덜댑니다. 두 사람 모두 유비에게 서운했던 거예요. 우리가 이렇게 형님을 잘 보필하고 있는데, 누가 또 필요하냐는 거지요. 하지만 유비는 간절한 마음이었어요. 결국 이듬해 봄, 다시 제갈량을 만나러 갑니다.

세 번째 방문은 성공적이었습니다. 마침내 제갈량이 집에 있었거든요. 유비 얼굴에도 화색이 돌았습니다. 그런데 바로 만날 수는 없었어요. 제갈량이 낮잠을 자고 있었기 때문입니다. 유비는 소식을 알려준 아이에게 깰 때까지 기다릴 테니 제갈량을 깨우지 말라고 해요. 그리고 관우와 장비는 밖에 기다리라고 하고 혼자 안으로 들어갔죠. 과연 안으로 들어가 보니 초당 마루에 제갈량이 누워 잠들어 있었습니다. 유비는 그 앞에 서서 제갈량이 깨어나길 기다렸고요. 그렇게 반나절이 흘렀습니다.

이때 유비의 나이가 마흔일곱이었습니다. 제갈량은 몇 살이었을까요? 스물일곱이었어요. 자그마치 스무 살 차이예요. 그런데도 유비는 제갈량을 깨우거나 그에게 대접받으려고 하지 않았어요. 제갈량도 마찬가지였습니다. 머리를 조아리거나 유비를 어려워하지도 않았지요.

이 상황에 속이 터지는 건 밖에서 기다리던 관우와 장비였습니다. 하도 소식이 없길래 안에 들어가 봤더니 우리 형님이 아직도 서서 제갈량이 일어나길 기다리고 있던 거예요. 장비는 분통을 터트립니다. "저 애송이가 거만하기 짝이 없구먼! 감히 우리 형님을 무시해?" 하면서 얼굴을 붉히더니 불이라도 질러서 깨우겠다며 난리를 칩니다. 관우가 말려서 끌고 가지 않았다면 정말 불을 낼 기세였어요.

이 어수선함 속에서 제갈량은 늘어지게 자고 일어났습니다. 그런데 일어났는데도 바로 나오지 않았어요. 시를 한 수 읊더니 손님이 왔다는 말을 듣고는 옷을 싹 갈아입고 나오거든요. 그동안 유비는 또 기다려야 했죠.

한참이 지나서야 준비를 마친 제갈량과 유비가 드디어 마주했습니다. 두 사람은 예의를 차려서 인사를 나누었어요. 그러곤 유비가 바로 본론으로 들어갔죠. 제발 자기 책사가 되어달라고 설득한 거예요. 하지만 제갈량은 유비의 간청을 여러 번 거절합니다. 그냥 지금처럼 조용히 살겠다고 해요.

유비는 어떻게든 제갈량의 마음을 얻고 싶었습니다. 결국 마지막으로 택한 방법이 무엇이었을까요? 유비의 전매특허 기술 '울기'였어요. "그러면 이 땅의 고통받는 백성들은 어찌하라는 말씀입니까?" 하면서 눈물을 흘렸습니다. 유비가 자신의 간절함을 숨기지 않고 다 보여준 거예요. 결국 제갈량은 유비의 간청을 들어줍니다. 본인의 야심보다는 백성을 생각하는 마음에 흔들린 거지요.

제갈량의 초가집을 세 번이나 찾아간 끝에 유비는 제갈량을 얻었습니다. 이 일화에서 나온 말이 삼고초려三顧草廬입니다. 인재를 얻기 위해 참을성 있게 진심으로 노력한다는 뜻이죠.

제갈량 입장에서는 어쩌면 유비를 시험해 본 것일 수도 있어요. 나를 정말 필요로 하는 건지 아니면 그냥 찔러보는 건지, 내 운명을 걸 만한 사람인지 아닌지 등을 알아보고 싶었겠죠. 만일 유비가 두 번의 실패 끝에 "도저히 못 해먹겠다!" 하고 그만뒀다면 제갈량을 얻지 못했을 거예요. 하지만 유비는 사람에게 정성을 다할 줄 아는 인물이었어요. 최고의 인재를 얻은 비결은 바로 여기에 있었던 겁니다.

◆ **제갈량의 트레이드마크, 학우선**

사마휘도 인정한 인재 와룡, 제갈량. 자가 '공명'이라 제갈공명으로도 잘 알려져 있는 그는 삼국지에서 사람들이 가장 좋아하는 캐릭터이기도 합니다. 워낙 지략이 출중한 데다가 잘생기기까지 했거든요. 고고한 선비처럼 얼굴이 맑고 귀티가 흐르는 모습이었다고 해요. 그래서 삼국지를 다룬 드라마나 영화를 보면 제갈량 역할을 맡은 배우들은 모두 당대 최고의 미남들입니다. 그만큼 제갈량의 외모는 굉장히 수려했습니다.

그러다 보니 그를 둘러싼 재미있는 이야기도 많이 생겼는데요, 그중에서 그의 아내와 그가 늘 지니고 다니던 물건에 관한 전설을 하나 알아보겠습니다.

우선 제갈량의 아내는, 제갈량과 달리 외모가 수려한 편은 아니었어요. 현대에는 타고나는 외모를 가지고 이러쿵저러쿵하면 안 된다는 공감대가 잘 형성되어 있지만, 옛날에는 그렇지 않았잖아요. 그래서 당시 사람들이 "제갈량은 세상 보는 눈은 있는데, 여자 보는 눈은 없다네" 하며 조롱하기도 했대요. 제갈량이 아내의 집안을 보고 결혼했을 것이라는 주장도 있어요. 아내의 집안이 아주 좋았거든요. 든든한 집안과 혼인을 맺으면서 유력한 사람들과 연결될 수 있는 기회를 잡으려던 게 아닐까 하는 생각이 듭니다.

그들의 결혼 첫날밤도 좀 특이합니다. 그때는 지금처럼 소개

팅을 하거나, 맞선을 보는 게 아니다 보니 신랑과 신부가 서로 얼굴도 모른 채 결혼하기도 했어요. 그러니까 제갈량도 마찬가지였겠죠. 결혼식을 올릴 때는 얼굴을 가리기도 하고 정신도 없으니 제대로 보지 못했다가, 신방에 들어가서야 아내의 얼굴을 처음 보게 된 거예요. '못생겼다고 하지만 그래도 그 정도겠어?'라는 마음도 있었을 법합니다.

그런데 신부의 얼굴을 확인한 제갈량은 그대로 신방을 나와 버렸다고 해요. 그러곤 그날 밤 신방에 들어가질 않았대요. 집 주위만 빙글빙글 돌 뿐이었습니다.

제가 아내라면 너무 상처받았을 것 같아요. 그러고 '저런 놈이 무슨 사내대장부라고! 나도 흥이다!' 하며 성질도 부렸을 거예요. 하지만 이 아내가 정말 대단한 사람이었습니다. 똑똑하기로 빠지지 않아서 이후 제갈량과 정치에 대해서, 시대에 대해서 학문적 토론을 했어요. 심지어 어떤 면에서는 제갈량보다 뛰어났다고도 하고요. 아내의 현명함을 하나하나 경험하면서 제갈량도 사람을 얼굴만 보고 평가하는 것이 얼마나 어리석은 일인지 깨달았을 겁니다.

현명한 아내가 제갈량에게 준 선물이 바로 학우선鶴羽扇이라는 부채예요. 관우에게 적토마가 따라붙듯이 제갈량에게도 꼭 학우선이 따라붙습니다. 제갈량이 어딜 가든 손에서 놓지 않았다고 하지요. 학의 깃털로 만든 부채라서 학우선인데, 이 학우선을 만들어준 사람이 바로 아내입니다.

아내는 왜 제갈량에게 부채를 만들어주었을까요? 자신의 아버지, 즉 장인과 대화를 나누는 제갈량의 모습을 본 게 계기가 되었습니다. 그날 밤, 아내는 제갈량에게 부채를 건네면서 이렇게 말했다고 합니다.

"당신이 아버지와 대화를 나누는 모습을 살펴봤어요. 유비 이야기를 할 때는 얼굴에 환한 빛이 돌았고, 조조 이야기를 할 때는 분노의 빛이 돌았습니다. 손권 이야기를 할 때는 고뇌의 빛이 가득했고요. 당신의 얼굴 표정만 봐도 생각을 알 수 있더군요. 큰일을 하셔야 하니 일희일비하는 모습을 사람들에게 보이지는 마세요. 이 부채를 드릴 테니 얼굴의 표정을 가리십시오."

아내가 제갈량에게 학우선을 준 이유는 감정을 숨기게 하기 위함이었습니다. 살다 보면 강렬한 감정이 치밀어 오를 때도 있는데, 그때 감정을 다 드러내고 나면 꼭 후회가 남더라고요. 그래서 감정을 드러낼 때와 가릴 때를 아는 것이 참 중요하다는 생각을 합니다. 제갈량의 아내는 남편의 특성을 잘 관찰하고 그의 단점을 보완해 줄 꼭 필요한 선물을 했습니다. 이 정도면 최고의 아내 아닌가요? 이후 제갈량은 이 부채를 평생 들고 다녔습니다. 제갈량이 천하제일의 책사로 활약할 수 있었던 데에는 아내의 역할이 컸던 게 아닌가 싶어요. 큰일을 하려면 감정을 드러내지 않고 다스리는 일이 기본일 테니까요.

제갈량

삼국지 최고의 전략가
수려한 외모, 고고한 선비
감정을 숨기는 학우선

◆ 천하삼분지계

오랜 시간 웅크리고 있던 유비는 제갈량을 얻음으로써 문무를 모두 갖추게 되었습니다. 남부러울 것 없는 장수 관우, 장비, 조자룡과 그들을 효과적으로 움직일 수 있는 책사 제갈량까지 모든 퍼즐이 맞춰진 듯했죠.

이제 그들은 조조를 물리치고 나라를 구할 준비를 마쳤습니다. 처음으로 천하를 도모할 큰 전략까지 갖추게 되었어요. 제갈량이 제시한 '천하삼분지계天下三分之計'가 바로 그것이었습니다.

제갈량은 유비와의 첫 만남에서 앞으로 유비가 어떤 그림을 그려나가야 하는지 막힘없이 설명했습니다. "이렇게 해야만 한 황실을 부흥시킬 수 있습니다" 하면서 일타강사처럼 일목요연하게 로드맵을 제시해 준 거예요. 유비가 가장 궁금해하는 것이 바로 그것이었으니까요.

관도대전 이후, 사실 천하는 조조의 손에 넘어간 것이나 다름없었습니다. 중원이 그만큼이나 중요한 땅이거든요. 게다가 황제까지 옆에 끼고 있었으니 조조가 단연 유리한 고지를 선점했다고 해도 과언이 아니었습니다. 하지만 천하에 중원만 있는 건 아니에요. 특히 남쪽에는 아직 조조의 영향력이 미치지 않은 광활한 땅이 펼쳐져 있었습니다.

제갈량 등장 시기의 주요 세력 구도

중원의 남쪽에는 한수가 흘렀어요. 한수는 장강의 지류인데 그 강을 건너면 바로 형주의 중심지였습니다. 형주의 동쪽은 강동이고, 서쪽은 익주라는 곳입니다. 그러니까 형주가 굉장히 중요해요. 동서남북으로 이어지는 교통의 요지, 쉽게 말해 나들목입니다. 여기를 다스리고 있는 사람이 누구였습니까? 유비가 의탁해 있던 유표였지요. 그러니까 유표도 마음만 먹으면 천하를 노려볼 만한 땅을 차지하고 있는 거예요. 그런데 유표는 항상 현상 유지를 목표로 합니다. 형주를 가지고 있는 데 만족하는 인물이에요. 천하통일 같은 원대한 도전은 원하지 않아요.

제갈량은 유비더러 이 형주를 차지해야 한다고 말했습니다. 강동 지역은 손권이 아버지와 형에 이어 삼 대에 걸친 깊은 연고를 바탕으로 차지하고 있으니까, 유비는 형주와 익주를 차지해서 세력을 키워야 한다는 겁니다.

천하를 통일하기 위해서는 우선 천하를 세 덩어리로 나눠야 한다는 것이 제갈량의 계책이었어요. 그전까지 유비는 한 황실을 위해 싸울 생각만 했습니다. 그런 유비에게 조조와 손권은 타도의 대상이었지요. 그들과 싸워 승리하거나 패배하거나 둘 중 하나였습니다. 하지만 제갈량은 북쪽은 조조에게, 동쪽은 손권에게 양보하라고 말합니다. 그들과 당장 싸우는 대신 일단 형주와 익주를 차지하고, 이후 손권과 연합해 조조와 맞서야 한다는 거예요.

사실 누가 봐도 지금 유비의 힘이 가장 약하잖아요. 가장 강한 상대인 조조와 1 대 1로 싸우면 어떻게 되겠어요? 당연히 질 수밖에 없어요. 그건 무모한 싸움입니다. 그래서 제갈량은 조조를 칠 생각뿐인 유비를 멈춰 세운 거예요. 지금은 그럴 때가 아니라 천하의 한 모퉁이를 차지해 시간을 벌고, 그동안 천하를 통일할 힘을 키우자고 한 것입니다.

그러면서 조조와 유비, 손권 세 사람을 청동 솥인 정鼎의 발에 비유합니다. 후한 시대에는 솥 아래가 지금처럼 평평하지 않았대요. 바닥에 세워둘 수 있도록 발이 세 개 달려 있었다고 합니다. 그러니까 조조, 유비, 손권은 솥발이고, 천하는 솥인 거예요. 세 사람의 힘이 균형을 이뤄야 천하를 떠받칠 수 있는 거지요. 이것이 그 유명한 천하삼분지계입니다.

이때 유비는 세력이랄 것이 없었어요. 제갈량은 그런 유비에게 비전을 제시하고 로드맵을 그려 주었습니다. 실제로 훗날 중원에는 조조의 위나라가, 강동 지방에는 손권의 오나라가, 익주 지역에는 유비의 촉나라가 들어서면서 삼국 시대가 열리게 됩니다. 제갈량은 이때 이미 그 그림을 그린 거예요.

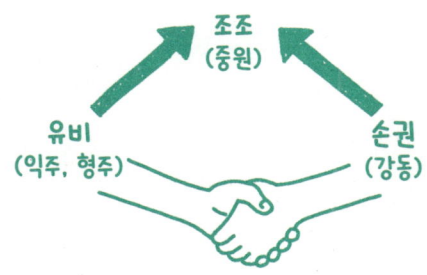

천하삼분지계는 당장의 영광을 위한 것이 아니었습니다. 많은 사람에게 지탄받을 수도 있는 전략이에요. 누군가는 이렇게 물을 것입니다. "타도해야 하는 대상과 손을 잡자고?" 지금도 외교 문제에 대해 이런 주장을 한다면 아마 비난하는 여론이 들끓을 거예요. 하지만 제갈량은 멀리 볼 줄 아는 인물이었습니다. 외교에서 가장 중요한 것은 실질적인 국익이니까요. 실리를 위해서라면 잠깐 멈출 수도 있고, 적과 손을 잡을 수도 있다고 생각한 것입니다. 세력 균형을 맞추고 힘을 기르다 보면 언젠가 천하를 통일하고 한 황실을 부흥할 기회가 올 거라는 판단이었지요.

제갈량의 천하삼분지계를 받아들인 유비는 삼국지의 한 축으로 올라설 준비를 마칩니다. 관도대전까지의 삼국지는 사실 조조전이라고 해도 무방해요. 20여 년간 번번이 지기만 했던 유비, 도망만 다닐 뿐 아무것도 가진 게 없었던 유비가 제갈량을 얻은 순간, 삼국지가 다음 라운드로 넘어간 셈이지요.

북부를 평정한 조조, 남쪽으로 향하다

◆ **형주를 노리는 강동의 호랑이 손권**

지금까지 삼국지 이야기를 읽어보니 어떤가요? 핵심만 골라서 정리했는데도 인물도 많고 사건도 많지요? 그 수 자체도 많은데 각 인물과 사건이 모두 유기적으로 얽혀 있어서, 잠깐만 이야기의 흐름을 놓치면 '갑자기 왜 이 일이 벌어졌지?' 하는 의문이 생깁니다.

아무래도 역사를 바탕으로 한 이야기라서 그런 것 같아요. 인간사라는 것이, 중요하게 생각하지 않았던 작은 일이 불씨가 되어 큰일이 되기도 하고, 나와 상관없는 일인 줄 알았던 사건이 연쇄작용을 일으켜 나비효과를 불러오기도 하잖아요. 지나고 보면 모든 일에는 원인과 결과가 있지만, 일이 발생한 당시에는 그 결과가 어찌 될지 모르는 것이 인생인 듯합니다. 수많은 인생이 얽히고설켜 만들어진 이야기가 삼국지인 셈이니 사건 하나하나가 불러올 여파가 예상치 못하게 흘러가는 건 어떻게 보면 당연한 일이겠죠. 손권의 세력 확장이 유비가 형주를 떠나게 되는 결과를 불러온 것처럼 말입니다.

형 손책이 죽은 뒤 강동을 책임진 손권은 열심히 인재를 모았습니다. 여러 뛰어난 장수와 어진 선비를 얻으며 힘을 키워나갔어요. 몇 번의 반란이 있었고, 어머니와 동생이 죽는 슬픔도 있었지만 인재들과 함께 위기를 넘기며 차근차근 성장해 나갔습니다.

그 당시 손권의 숙원은 아버지의 원수를 처단하는 일이었어요. 형주 북동쪽에 위치한 강하의 태수 황조가 아버지 손견을 함정에 빠트려 전사하게 만든 인물이었거든요. 게다가 황조가 지키던 강하는 강동에서 형주로 가는 길목이기도 했습니다.

첫 번째 공격은 성공적이었지만 황조를 죽이진 못했습니다. 오히려 손권이 아끼던 장수가 목숨을 잃는 일이 발생했죠. 달아나는 황조군을 추격하다가 황조 휘하에 있던 장수 감녕의 화살에 맞아 전사한 것입니다. 감녕은 겁 없이 돌진하는 성격이라 적과 맞붙기를 두려워하지 않는 장수였습니다. 그런데 출중한 능력에도 불구하고 황건적 출신이라는 이유로 제대로 된 대접을 받지 못했어요. 황조는 감녕 덕분에 손권군을 물리쳤음에도 끝내 그를 무시했습니다. 결국 감녕은 자신을 따르는 무리를 이끌고 손권에게 투항합니다.

자신의 장수를 죽인 자이긴 하나 인재 영입에 진심이었던 손권은 흔쾌히 감녕을 받아주었습니다. 그리고 감녕을 앞세워 다시 강하로 쳐들어갔어요. 무려 10만이나 되는 대군을 이끌고 말입니다. 두 번째 공격은 성공이었습니다. 황조군의 동태를 잘 알고 있던 감녕이 기습에 성공해 판세를 뒤집고, 도망가던 황조의 목까지 베어 왔어요. 손권은 크게 기뻐했습니다. 황조의 죽음은 손권에게 여러모로 의미가 있었어요. 사적으로는 아버지의 원수를 갚았고, 공적으로는 신하들과 적들에게 새로운 군주로서 능력과 권위를 과시한 셈이니까요. 유약해 보이던 시기도 있었지만 손권은 손견과 손책에 이어 빠르게 강동의 호랑이로 거듭나고 있었습니다. 황조를 죽인 그는 나아가 유표를 제거하고 형주를 손에 넣어 세력을 넓힐 계획이었습니다.

이런 손권의 마음을 유표가 모를 리 없었습니다. 그래서 대책을 세우기 위해 유비를 부르고, 우선 자신의 처남 채모가 유비를 해치려 했던 일을 사과해요. 그런 다음 함께 손권을 치자고 제안합니다. 하지만 유비는 이미 제갈량에게 코칭을 받고 온 상황이었어요. 손권을 치러 나갔다가 북쪽에서 조조가 쳐들어오면 어쩌냐고, 손권을 치지 말자고 이야기하죠. 유표는 한숨만 나왔습니다. 나이도 들었고 병치레도 잦아졌는데 북쪽에서는 조조가, 동쪽에서는 손권이 노리니 얼마나 불안하겠어요. 마음이 많이 약해졌는지, 서주의 도겸이 그랬던 것처럼 유비에게 형주 땅을 부탁하기까지 합니다. 자기 곁에서 함께 일하다가 자신이 죽으면 형주를 맡아달라는 거예요. 이런 제안이 처음도 아니니 이번에는 못 이기는 척 받아들일 법도 한데, 우리의 유비는 또 극구 사양합니다. 제가 어떻게 형주를 맡냐며 손사래를 쳐요. 이런 걸 보면 사람이 참 안 바뀌는 것 같습니다.

두 사람의 모습을 지켜보던 제갈량은 속으로 무척 안타까워합니다. 대업을 이루려면 형주가 반드시 필요한데, 유비가 일말의 고민도 없이 거절했잖아요. 하지만 어쩌겠어요. 유비에게는 형주라는 당장의 이익보다 유표에 대한 의리, 도리에 어긋나는 행동을 하면 안 된다는 신념이 더 중요했습니다. 왜 거절했냐는 제갈량의 물음에 유비는 답해요. "유표가 그간 갈 곳 없는 나에게 얼마나 잘해주었는데, 어찌 그의 위기를 이용해 형주를 차지하겠는가." 그 말에 제갈량은 고개를 끄덕일 수밖에 없었습니다. 그게 유비의 약점이자 강점이기도 했어요. 그때까지도 별 볼 일 없었던 유비가 많은 사람의 지지를 얻을 수 있던 이유도 바로 그런 모습 때문이었거든요.

◆ 제갈량의 데뷔전, 박망파 전투

손권과 유비가 활발히 움직이는 동안, 조조도 지금의 국무총리 격인 승상의 지위를 활용해 자신에게 권력을 집중시키고 인재들을 기용하며 바쁘게 지냈습니다. 정비가 끝나자 이번에는 무장들을 불러 모았어요. 남쪽 정벌을 논하기 위해서였습니다. 조조는 장수 하후돈에게 10만 군사를 내주고 신야 근처 박망성으로 가 유비를 감시하라는 명을 내렸습니다. 조조가 굳이 군사를 출정시킨 이유 중 하나는 제갈량에 대한 호기심 때문이었어요. 유비가 삼고초려 끝에 천하의 인재를 얻었다는 소문이 쫙 퍼졌거든요. 과연 그 책사가 얼마나 뛰어난지 알아보고 싶은 마음이 있었던 겁니다.

하지만 바깥에서 생각하는 것과 달리 유비군 내부에는 갈등이 있었습니다. 유비가 제갈량을 극진하게 대하는 것을 관우와 장비가 못마땅하게 여겼거든요. 유비가 자신과 제갈량과의 관계를 수어지교水魚之交라 표현하며, 제갈량을 얻은 것이 자신에게는 물고기가 물을 만난 것과 같다고까지 말한 게 화근이었나 봐요. 요즘도 물고기가 물을 만난 것 같다는 말을 종종 쓰잖아요. 여기서 나온 말입니다. 관우와 장비 눈에는 굴러들어 온 돌이 박힌 돌을 빼는 것처럼 보였을 테니 서운할 수밖에요. 게다가 당시 제갈량은 20대의 청년에 불과했고, 그의 능력이 검증된 적도 없었어요. 두 사람은 좀처럼 제갈량을 인정할 수 없었습니다.

남하하는 하후돈을 맞아 유비는 제갈량에게 전투에 관한 모든 권한을 위임합니다. 제갈량은 신야의 관문이라고 할 수 있는 박망파에서 하후돈을 격파할 생각으로 작전을 짰어요. 핵심은 숨어서 기습 공격하는 매복과 불을 질러 공격하는 화공이었습니다. 박망파는 산과 숲 사이에 있었거든요.

제갈량의 전략은 이러했습니다. 먼저 하후돈 군대가 박망파 깊숙이 들어오길 기다린 다음 불을 질러 길을 막습니다. 관우 부대는 숨어서 적군이 지나가게 두었다가 후미에 있는 군량 수레를 불사릅니다. 연기가 피어오르면 다른 곳에 숨어 있던 장비 부대가 박망성 아래에 또 불을 지르는 거예요. 조자룡 부대는 유인조입니다. 적들을 관우와 장비가 매복해 있는 골짜기로 끌어들이는 역할이지요. 유비 부대는 조자룡이 후퇴할 때 지원하는 척하면서 같이 적군을 유인하기로 했습니다. 불길에 에워싸여 하후돈의 군대가 혼란에 빠지면 모든 부대가 사방에서 공격하는 겁니다.

설명을 들은 장수들은 떨떠름한 표정이었어요. 전장에 나가 본 적도 없는 사람이 자신만만하게 "이렇게 하면 이깁니다" 하니까 의심스러웠던 거예요. 게다가 장수들에게는 이래라저래라 코치하더니 자기는 성에서 기다리겠대요. 장비는 빈정거렸습니다. "우리가 목숨 걸고 싸우는 동안 편히 앉아 있겠단 말이오?" 관우는 입을 꾹 다물고 있었지만, 분위기가 영 좋지 않았어요. 하후돈과 싸우기도 전에 내부에서 먼저 싸움이 날 판이었습니다.

하지만 제갈량은 오히려 세게 나갑니다. "전권을 받은 것은 나요. 명령을 어기면 엄히 다스릴 것이오"라고 단호하게 말했지요. 동생들을 달래던 유비도 거들었어요. 좋은 전략이 승리를 이

끈다는 거예요. 결국 다들 두고 보자는 마음으로, 제갈량에 대한 의심을 거두지 못한 채로 각자의 위치로 흩어졌습니다.

그런데 놀라운 일이 벌어졌습니다. 제갈량이 말한 대로 상황이 흘러가는 거예요. 처음부터 끝까지 기가 막히게 맞아떨어졌습니다. 조자룡은 하후돈과 맞서 싸우다가 도망가고, 또 조금 싸우다가 도망가면서 점점 더 깊은 골짜기로 향했습니다. 이번에야말로 유비를 조조에게 바칠 기회라고 생각한 하후돈도 쉬지 않고 조자룡을 쫓았어요. 얼마 후, 유비가 이끌고 온 군사들이 조자룡 부대에 합류했지요. 하지만 고작 수천이라 10만의 군사를 끌고 온 하후돈의 기세를 더해주기만 할 뿐이었습니다. "그 정도 병력으로 나를 상대하겠다는 것이냐?" 하후돈은 도망가는 유비를 비웃으며 더욱 맹렬히 추격했습니다.

얼마나 달렸을까요. 정신을 차리고 보니 양쪽으로 갈대밭이 무성하고 길이 좁은 골짜기에 들어선 뒤였습니다. 그제야 하후돈도 뭔가 이상하다는 것을 깨달았지만, 때는 이미 늦었습니다. 사방에서 불길이 치솟으며 하후돈의 군대를 에워쌌거든요. 뜨거운 열기와 자욱한 연기에 놀란 말들이 뒷걸음질하면서 서로 부딪치고, 군사들이 말에서 떨어져 나뒹굴었어요. 그러다 몸에 불이라도 붙으면 고통에 찬 비명을 질렀지요. 한마디로 지옥이 따로 없었습니다.

"적의 계략이다! 퇴각하라!"

목이 터지도록 외치는 하후돈의 좌우에서 숨어 있던 군사들이 쏟아져 나왔습니다. 이쪽에서는 관우가 청룡언월도를 휘두르고, 저쪽에서는 장비가 장팔사모를 휘두르니 군사들은 물론, 장수들도 꽁지가 빠지도록 도망갔습니다. 하후돈도 목숨만 겨우 건졌어요. 불이 꺼진 골짜기에 조조군의 시신이 산을 이룰 정도였습니다.

제갈량은 대승을 거두고 돌아온 장수들을 웃는 얼굴로 맞이했습니다. 그 모습을 바라보는 관우와 장비의 눈빛은 이전과 180도 달라졌어요. 제갈량의 전략이 맞아떨어지는 것을 직접 보며 감탄할 수밖에 없었거든요. 제갈량을 완전히 신뢰하게 된 거예요. 박망파 전투의 승리로 제갈량은 자신의 실력을 입증했습니다.

박망파 전투의 승리는 유비에게도 큰 힘이 되었습니다. 내부의 결속을 굳건히 하는 동시에 외부의 인식도 바꿀 수 있었지요. 이제 사람들은 유비를 주목했습니다. 더 이상 여기저기 몸을 의탁하며 떠돌던 유비가 아니란 것이 세상에 알려진 거예요.

◆ 손쉽게 형주를 접수한 조조

자신의 군대가 박망파에서 유비군에 크게 패하자 조조는 말합니다. "내가 늘 우려했던 자들이 바로 유비와 손권이다." 세력을 확장하는 유비와 손권을 막기 위해 조조는 장강 남쪽 지역을 평정하기로 합니다. 곧 대군을 일으켜 남하를 명했지요.

시름시름 앓고 있던 유표는 조조의 남하 소식을 듣고 병세가 더욱 악화됐습니다. 죽음이 다가왔음을 직감한 유표는 장남에게 형주를 맡긴다는 유서를 남겼어요. 하지만 이 사실이 채씨 부인의 귀에 들어갑니다. 자신의 아들인 차남이 형주를 물려받길 원했던 채씨 부인은 채모와 함께 모략을 꾸몄어요. 황조가 죽은 뒤 강하를 지키던 유표의 장남이 급히 아버지가 있는 양양으로 돌아왔지만, 두 사람을 만나지 못하게 하려고 성문을 굳게 닫고 열어주지 않았죠. 결국 유표는 장남의 얼굴도 보지 못한 채 숨을 거둬야 했습니다. 유표가 죽자 채씨 남매는 유서까지 조작해 바라던 대로 차남을 후계자로 삼았어요. 유비와 장남에게 부고도 알리지 않았고요. 이들은 권력을 잡고 자기 안위를 보전하는 데만 집중했습니다.

그렇다 보니 대군을 이끌고 내려오는 조조와 싸울 의지도 없었습니다. 이제 막 아버지의 뒤를 잇게 된 차남이 어떻게 대응하면 좋겠냐고 묻자 채모를 비롯한 신하 대부분은 조조에게 항복하자고 합니다. "어떻게 싸워보지도 않고 이 땅을 넘긴단 말이오!" 하면서 고개를 젓던 차남도 결국 설득당하고 말아요. 조조를 상대할 준비도 안 됐고 자신도 없었으니까요. 별수 없이 조조에게 항복 의사를 전합니다. 손가락 하나 까딱하지 않고 형주를 얻게 된 조조는 크게 기뻐했지요.

뒤늦게 이 모든 사실을 알게 된 유비는 깊이 탄식했습니다. 오랜 시간 가까이 지낸 유표의 죽음도 안타깝고, 유표의 아들이 형주를 너무 쉽게 포기한 것도 아쉬웠지요. 하지만 슬픔에 잠겨 있을 새가 없었습니다. 남하하는 조조에 대비해야 했으니까요.

유비는 조조의 장수가 이끌고 온 군사들과 싸워 승리했지만 안심할 수는 없었습니다. 패배 소식을 들은 조조가 산과 들이 까맣게 덮일 정도로 많은 수의 군사를 유비에게로 보냈거든요. 제갈량은 신야 일대에서 싸우기보다 양양으로 물러나 그곳에서 재정비하자고 제안합니다. 그래서 유비군은 성을 버리고 피란에 나섰습니다. 그 뒤를 백성들도 함께 따랐어요. 길 위에서 고생하는 백성들을 보며 유비는 또 한 번 눈물을 흘렸지요.

양양에 무사히 도착했지만 문제가 있었습니다. 이미 조조에게 항복한 채모가 성문을 열어주지 않는 거예요. 결국 더 남쪽에 있는 강릉으로 목적지를 바꿉니다. 문제는 백성들이었어요. 양양에 사는 백성들까지 유비를 따라가겠다고 나선 거예요. 그리하여 양양을 떠날 때에 유비를 따르는 군사와 백성이 모두 10만 명이 넘었다고 합니다.

따르는 사람이 많으니 자연히 속도도 더뎌졌습니다. 마음이 급해진 장수들은 너도나도 한마디씩 했어요. "이 속도라면 강릉까지 너무 오래 걸립니다. 행여 조조군에게 따라잡히지 않을까 걱정이 됩니다. 백성들을 버려두고 가시지요." 그 말을 들은 유비는 눈물을 흘리며 답했지요. "큰일을 하려면 인을 중요하게 여겨야 하는데, 어찌 나를 따르는 백성들을 버리라는 것인가." 유비의 대답을 들은 장수들은 더 이상 토를 달지 못했습니다. 다시 백성들과 먼 길을 천천히 이동하기 시작했지요.

유비가 떠난 후 도착한 조조는 형주의 중심지 양양에 무혈입성했습니다. 그러곤 인사 발령을 내요. 우선 채모를 수군을 지휘하는 최고 사령관에 임명합니다. 큰 벼슬을 받은 채모는 싱글벙글했지요. 채모의 오른팔이나 다름없는 장수 장윤에게도 부사령관에 해당하는 벼슬을 내렸습니다. 남쪽에는 장강처럼 큰 강이 많아서 수군이 꼭 필요했어요. 하지만 조조의 군대는 육지 싸움에만 익숙했거든요. 배신하고 투항한 자라 믿음은 안 가지만 남쪽을 정벌하려면 당분간 이들을 써먹을 필요가 있었지요.

유표의 차남에게는 청주 자사직을 내렸어요. 차남으로서는 달갑지 않은 명이었습니다. 아버지에게 물려받은 땅을 지키고 싶은데, 형주를 떠나 머나먼 청주로 가라니까요. 그렇지만 조조의 말을 거역할 수는 없었습니다.

유표의 차남과 채씨 부인은 떠밀리듯 형주를 떠났습니다. 그리고 다시는 돌아오지 못해요. 가는 도중에 두 사람 모두 조조가 보낸 장수에게 목숨을 잃었기 때문입니다. 이로써 유비도 떠나고, 유표의 아들도 죽고 없는 형주는 조조의 손에 들어가게 되었습니다.

조조의 남하를 피해 도망치는 유비

◆ 단기필마로 적진을 돌파한 조자룡

조조군을 피해 강릉으로 향하는 유비 일행의 행렬은 끝이 보이지 않을 만큼 길었습니다. 장수들이 걱정한 대로 행군 속도는 더디기만 했어요. 그도 그럴 것이 백성 중에는 어린아이도 있고, 노인도 있잖아요. 살림살이에 옷가지와 먹을 것까지 온갖 짐을 이고 지고 있으니 걸음이 더 느렸지요. 이 소식을 들은 조조는 정예군을 조직해 유비를 추격하게 합니다. 이번만큼은 절대 놓치지 않을 작정이었어요.

유비 일행이 장판이라는 곳에 이르렀을 무렵, 결국 조조의 기병들이 유비 일행을 따라잡았습니다. 곧 아수라장이 펼쳐졌어요. 갑자기 밀어닥치는 조조군의 공격에 백성들은 비명을 지르며 흩어지고, 유비의 군사들도 추풍낙엽처럼 쓰러져 갔습니다. 유비 역시 죽기 살기로 싸웠지만 역부족이었어요. 필사적으로 도망치다가 문득 정신을 차려보니 주변에 있는 사람은 100여 명뿐이었습니다. 장수들과 백성은 물론이고 아내들과 아들마저 어디에 있는지 알 수 없었습니다.

유비는 착잡한 심정이었을 거예요. 게다가 제갈량과 관우가 강하에 있는 유표의 장남에게 도움을 청하기 위해 떠난 터라 곁에 없으니 마음은 더 심란했겠죠. 그런 와중에 조자룡이 혼자 말을 타고 적진으로 달려갔다는 보고를 받습니다. 곁에 있던 장비는 눈썹을 찌푸렸습니다. 혼자 살려고 조조에게 투항하는 거 아니냐는 거죠. 다른 부하들도 조자룡을 의심했지만 유비는 강경했습니다. "조자룡이 나를 버리고 갈 리 없다."

왜 조자룡은 그 난리통에 조조군의 진영으로 달려갔을까요? 부하들이 의심한 것과 달리 유비의 두 아내와 아들을 구하기 위해서였습니다. 정신없이 싸우다가 세 사람을 잃어버렸거든요. 유비의 가족을 잃어버리고서는 유비의 얼굴을 볼 수 없다는 생각에 조자룡은 거침없이 적진으로 뛰어들었던 것입니다. 이처럼 홀로 말을 타고 나아가는 모습을 단기필마單騎匹馬라 합니다. 혼자 한 필의 말을 탐이라는 뜻인데, 보통 위험을 무릅쓰고 혼자 적진으로 들어가는 모습을 표현할 때나 다른 사람의 도움 없이 홀로 일을 해나가는 모습을 말할 때 사용하곤 하죠.

단기필마로 조조 진영으로 향한 조자룡. 사방팔방으로 수소문하던 그의 눈에 유비의 아내 미부인과 유비의 아들 유선이 들어왔습니다. 무너진 흙 담벼락 아래에서 왼쪽 다리가 창에 찔린 미부인이 유선을 품에 안고 울고 있었던 것입니다. 조자룡은 미부인에게 말을 내주고 올라타라고 청했어요. 자신이 걸어가면서 호위할 테니 얼른 출발하자고 합니다. 하지만 미부인은 고개를 저었습니다. 자신은 다쳐서 짐이 될 뿐이니 두고 가라 말합니다. 아무리 조자룡이라지만 어떻게 걸어서 적진을 뚫겠어요. 유비의 하나뿐인 아들의 목숨을 지키는 일이 중요하다며 자신은 신경 쓰지 말고 빨리 떠나라고 하죠. 두 사람 모두 포기하지 않고 설왕설래하는 동안 조조군이 가까워지는 소리가 들렸습니다. 더 지체할 수 없다고 생각한 미부인은 옆에 있던 우물에 뛰어들어 스스로 목숨을 끊었습니다. 비통한 표정으로 서 있던 조자룡은 가까스로 발길을 돌렸습니다. 유비의 아들을 유비에게 데리고 가야 했기 때문입니다.

슬퍼할 새도 없이 조자룡은 유선을 품에 안고 말 위에 올라탑니다. 이때부터 영화 같은 장면이 펼쳐져요. 조자룡이 겹겹이 포위한 조조군을 혼자서 뚫기 시작하거든요. 그때 조조군의 수가 엄청났습니다. 끝도 없이 적의 목을 베니까 창과 칼도 무뎌졌어요. 그러면 그걸 버리고 적들의 창과 칼을 빼앗았습니다. 그렇게 무기를 바꿔가면서 계속 싸우며 전진했어요.

익숙하지 않은 무기를 사용하는 것처럼 어려운 일이 없어요. 그런데 조자룡은 남의 칼을 자유자재로 휘두르며 적군을 풀잎 베듯 베어버려요. 말 그대로 파죽지세로 헤쳐 나갑니다. 우리가 일상에서 쓰는 말 중에 삼국지에서 나온 말이 꽤 있는데요, "**조자룡 헌 칼 쓰듯 한다**"라는 말도 마찬가지입니다. 낯선 분들도 계실 테지만 옛날에는 사설에서도 자주 인용하던 말이었어요. 본래 무엇인가를 전문적이고 능숙하게 처리하는 모습을 일컫는 말이었는데, 뜻이 바뀌어 돈이나 물건, 권력 등을 아끼지 않고 함부로 쓰고 휘두른다는 뜻으로도 쓰이죠. 그 말이 사실은 이 멋진 장면에서 나온 말입니다.

멀리서 그 모습을 보고 있던 조조는 깜짝 놀랄 수밖에 없었습니다. 자신의 군대 사이로 길이 생기고 있잖아요. 그것도 일당백의 기세로 말을 달리는 한 장수 때문에요. 그래서 곁에 있는 부하들에게 저 장수가 대체 누구냐고 물었습니다. 그러자 "상산의 조자룡입니다"라는 대답이 돌아왔습니다. 조조는 진심으로 감탄하며 반드시 조자룡을 산 채로 사로잡으라고 명합니다. 자신의 장수로 삼고 싶었던 겁니다. 이 명령이 조자룡의 목숨을 살렸습니다. 안 그랬으면 조자룡은 화살에 맞아 죽었을 거예요. 하지만 화살을 쏘지 말고 산 채로 잡으라는 조조의 명령 덕에 조자룡은 계속 칼을 휘둘러 길을 낼 수 있었어요. 그리고 결국 혼자서 포위망을 뚫는 기적 같은 일을 해냅니다. 참 대단하죠.

　닥치는 대로 적군을 베어버리며 포위망에서 빠져나온 조자룡은 적군의 피를 흠뻑 뒤집어쓴 채였습니다. 유비 진영으로 돌아온 조자룡은 숨을 헐떡이며 품 안의 아기를 꺼내 유비 앞에 내밀었지요. 조자룡이 얼마나 잘 보호했는지 아기는 아무것도 모르고 쌔근쌔근 자고 있었어요. 이때 유비는 어떤 반응을 보였을까요? 적진에 놓고 와 생사를 알 수 없던 아들을 조자룡이 힘겹게 구해왔으니 얼마나 반가웠겠어요. 하나밖에 없는 소중한 아들이니 반가움에 껴안고, 또 울 수도 있었겠죠. 하지만 유비는 그러지 않았습니다. 반가움을 내색하지 않은 정도가 아니라 아들을 쳐다보지도 않고 내던져요. 정말 말 그대로 땅바닥에 던져버립니다. 다들 너무 놀라 말문이 막혔지요. 그러거나 말거나 유비는 조자룡만 바라보고 있었습니다. "이깟 어린 자식 때문에 천하의 명장 자룡을 잃을 뻔했소!" 조자룡 입장에서는 굉장히 감동적인 말이었겠죠. 역시나 이 말을 들은 조자룡은 눈물을 흘리며 유비에게 다시 한번 충성을 맹세합니다.

　과연 이 장면은 삼국지의 명장면으로 꼽을 만한 것 같아요. 시사하는 바도 큽니다. 유비라고 왜 아들이 귀하지 않았겠어요. 그러나 유비에게는 자신의 장수를 걱정하는 일이 먼저였습니다. 자신의 위상과 책임 그리고 자신을 따르는 사람들의 기대를 알았던 거예요. 부하의 공을 알아주지 않고 자신과 가족의 안위만 챙기기 바쁜 리더는 결코 존중받지 못합니다. 누구든 자신을 인정해 주는 리더를 따르게 되어 있어요. 핏줄보다 자신을 위해 싸운 부하를 더 소중하게 여기는 모습, 공과 사를 명확하게 구분하는 모습을 보여줄 때 사람들은 그를 위해 목숨을 바칩니다. 조자룡이 유비에게 그러했던 것처럼요.

물론 아마 유비도 나중에는 허겁지겁 아들을 안고 다친 데는 없는지 살펴봤을 거예요. 다만 그런 모습을 다른 사람들 앞에서 보이지는 않았습니다. 완성 전투에서 조조가 호위무사 전위와 맏아들 조앙을 잃었을 때 전위의 죽음만을 슬퍼한 것과 같은 맥락이지요. 유비도, 조조도 많은 사람을 이끄는 리더로서 어떤 태도를 취해야 하는지 아는 사람이었기 때문에 그토록 많은 인재를 거느릴 수 있었던 것입니다. 사람의 마음을 얻는 것이 그토록 중요한 일임을 누구보다 잘 알았기에 천하의 영웅이 될 수 있었던 것이고요.

◆ 장판교를 홀로 막은 장비

조자룡이 유선을 안고 유비 진영으로 달려올 때 조자룡 뒤로 조조군이 쫓아왔습니다. 더 이상 싸울 기력도 남아 있지 않았고, 유선을 조금이라도 빨리 유비에게 데려다 주고 싶었던 조자룡은 장판교 다리 위를 지키고 있던 장비에게 도움을 청했습니다. 장비는 호탕하게 외쳤어요. "어서 가시게. 뒤에 오는 군사는 내가 맡겠네!"

　뒤쫓아 달려온 조조와 장수들은 장비를 보고 놀라지 않을 수 없었어요. 주위에 아무도 없이 장팔사모를 들고 홀로 다리 위에서 있었거든요. 다리 동쪽으로는 수풀이 빽빽해서 잘 보이지 않았는데 먼지가 일고 있었어요. 이때 조조군에는 하후돈, 조인을 비롯해 실력이 뛰어난 장수들이 다 모여 있었습니다. 정예 부대라 할 만했어요. 그런데 아무도 장비에게 섣불리 다가가지 못했습니다. 눈을 부릅뜨고 서 있는 장비의 서슬에 기가 죽은 거예요.

　반면 장비는 난다 긴다 하는 장수들을 보고도 전혀 움츠러들지 않습니다. 정말 배짱이 대단하죠. 사실은 매복시켜 둔 군사도 없었어요. 스무 명 정도의 군사들에게 부대가 있는 척 먼지를 일으키라 명했을 뿐이었죠. 후방을 지키는 자신이 무너지면 유비군은 치명타를 입을 텐데도 걱정하는 게 하나도 없어 보였어요. 오히려 기세가 오른 듯한 표정이었지요. 장비는 우레와 같이 큰 목소리로 외쳤습니다. "내가 바로 장비다! 누가 목숨을 걸고 나를 상대할 것이냐?"

　쩌렁쩌렁 울려 퍼지는 목소리가 얼마나 컸는지 조조군의 장수 한 명이 깜짝 놀라 말에서 떨어질 정도였습니다. 그 모습을 본 군사들은 혼란에 빠졌습니다. 조조도 쉽게 공격을 명령하지 못했어요. 과거에 관우에게 들었던 말이 떠올랐습니다. "제 아우 장비는 주머니 속 물건을 만지듯 적장의 목을 뱁니다"라고 했거든요. 다리 근처에 먼지가 이는 걸 보니 유비군이 매복해 있을까 봐 조심스럽기도 했어요. '설마 혼자겠는가. 군사를 숨겨두고 유인하려는 거 아닌가?' 싶었던 거지요. 조조군은 이미 제갈량에게 몇 번이나 당한 상태였잖아요. 장비가 저렇게 구는 것도 제갈량의 계책일지 모른다는 생각을 할 수밖에 없었어요.

조조군은 수적으로 우세했지만 장비의 기세와 혹시 숨어 있을지도 모르는 군사에 겁을 먹고 일제히 말머리를 돌려 일단 후퇴합니다. 도망가는 적들을 보며 장비는 기세등등했어요. 자기 혼자서 조조군을 물리쳤으니 "나도 해냈다!" 하며 자랑할 생각에 신이 났을지도 모릅니다. 맨몸으로 조조군을 물리친 장비는 장판교를 끊고 유비에게로 달려갔습니다.

조조군의 공격은 잠시 멈췄지만 금방 다시 시작될 것이 뻔했습니다. 조조군에게 따라잡혀 강릉으로 가기 어려워진 유비는 동쪽으로 방향을 틀어 한수의 나루터로 향합니다. 그러다 재차 조조군의 추격을 당해 위급한 상황에 빠져요. 이때 때마침 강하에 보냈던 관우와 제갈량이 연이어 돌아오고, 유표의 장남도 유비를 돕기 위해 휘하의 수군을 이끌고 왔어요. 절묘한 타이밍으로 위기를 모면한 유비는 재회한 이들과 다음 계획을 논의합니다. 이제 유비는 조조의 추격을 따돌리기 위해 강릉이 아닌 다른 곳으로 가야 했어요. 이곳저곳을 후보지로 이야기하다가 유표의 장남이 우선 강하로 가자고 제안했어요. 그곳만은 아직 자신의 거점이니 강하에서 잠시 쉬면서 재정비를 하라는 것이었습니다. 결국 유비는 강하로 방향을 틀었습니다. 신야에서 양양으로, 양양에서 강릉으로, 강릉에서 강하로 또다시 목적지가 바뀐 것입니다.

조조에 맞서
연합하는 유비와 손권

◆ **강동을 휘어잡은 제갈량**

　손권은 강동에 앉아 판세를 지켜보고 있었습니다. 유표가 죽고, 유비가 박망파에서 승리를 거두고, 조조가 형주를 접수하고, 도망친 유비가 강하로 간 것까지, 판세를 뒤흔드는 소식은 끊이질 않았어요. 조조가 남벌 의지를 드러낸 만큼 손권도 대책을 세워야 했습니다. 다음 타깃은 강동일 게 분명했거든요. 고민하는 손권에게 책사 노숙은 유비와 손잡을 것을 제안합니다. 손권도 좋은 의견이라고 생각했어요. 조조의 힘이 너무 커져서 아무래도 혼자서 상대하는 건 무리였거든요. 곧 손권은 노숙을 유비에게로 보냈습니다.

　유비 역시 손권과 손을 잡고 싶었어요. 제갈량이 그려준 천하삼분지계를 이루려면 손권이 필요했거든요. 그런데 마침 노숙이 찾아와 먼저 동맹을 제안하니 반갑기 그지없었습니다. 노숙도 유비뿐만 아니라 조조를 물리친 지략의 주인공 제갈량까지 만나니 무척 반가웠어요. 그래서 제갈량에게 같이 강동으로 가자고 해요. 손권을 만나서 조조에게 맞설 계획을 함께 논의해 보자는 거였지요. 제갈량은 못 이기는 척 그 제안을 받아들입니다.

강동으로 향하는 동안 노숙은 제갈량에게 완전히 반했습니다. 똑똑하지, 예의 바르지, 인물도 번듯하지…. 대화를 나누면 나눌수록 빠져드는 거예요. 반드시 유비와 함께 조조에게 맞서야겠다는 생각이 들었지요. 그러나 두 사람이 강동에 도착했을 때, 손권과 신하들의 분위기가 심상치 않았습니다. 그 사이 조조가 손권을 회유하는 편지를 보내온 것입니다. '나는 개인이 아닌 황제의 군대를 끌고 이 나라의 평화를 위해 남하한 것이오. 우리 같이 유비를 치고 우호 동맹을 맺읍시다!' 이런 내용이었어요. 항복하라고 말하지는 않았지만, 항복하라는 의미였습니다.

신하들의 우두머리 격인 장소는 조조에게 항복하자고 해요. 황제의 군대라고 하지 않습니까, 싸우면 우리가 역적이 됩니다, 싸워도 이기기 어렵습니다 하면서 항복하는 게 맞다는 주장을 펼칩니다. 조조가 이미 강을 건너 형주를 차지한 이상, 강을 이용해 배를 타고 강동으로 몰려올 테니 막기 어렵다는 논리도 펼쳐요. 명분과 현실을 모두 고려한, 꽤 설득력 있는 주장이었습니다. 다른 신하들도 거의 다 동의하는 분위기였어요.

이때 노숙과 제갈량이 온 겁니다. 손권은 노숙에게 따로 의견을 묻습니다. 노숙은 여전히 유비와 손을 잡고 함께 싸울 것을 제안했지요. 그러면서 제갈량을 데려왔으니 같이 논의하자고 합니다. 소식을 들은 손권은 반가워했어요. 하지만 자신은 뒤로 빠지고 제갈량이 신하들과 먼저 이야기하도록 했습니다. 얼마나 뛰어난 인물인지 확인해 보고 싶었던 겁니다.

이제부터 손권의 신하들과 제갈량 사이에 설전이 벌어집니다. 항복파의 리더인 장소가 먼저 나섰습니다. "당신이 그렇게 뛰어나오?" "그러니 신야에서 얼마 되지도 않는 군사로 하후돈과 조인을 물리쳤지 않겠소." "그럼 형주는 왜 뺏겼소?" "형주는 원래 유표가 우리 주군에게 주겠다고 했는데 우리 주군이 너무 어질고 바른 사람이라 안 받은 거요. 유비 공은 그런 분이오. 백성들을 절대 버릴 수 없다고 하셔서 데리고 가다 보니까 장판파에서도 당할 수밖에 없었소. 형주가 조조에게 넘어간 건 유표의 아들이 싸워보지도 않고 항복해서 그런 것이오."

제갈량의 막힘없는 언변에 장소는 물러나고 맙니다. 그런데 장소가 끝이 아니었어요. 다른 신하가 나서고, 그 신하가 나가떨어지자 또 다른 신하가 나섭니다. 조조에 대해 어떻게 생각하느냐, 조조를 이길 방법은 있느냐 하다가 나중에는 말도 안 되는 트집을 잡아요. "어디서 무슨 경전으로 공부했소?" "그렇게 잘난 척하면 사람들에게 욕먹을 거요!" 하면서 유치한 싸움을 겁니다.

결국 황개라는 장수가 들어와서 실랑이를 끝냅니다. 이런 중대한 시기에 손님을 붙들고 왜 말싸움이나 하고 있냐는 거예요.

황개는 나이도 많은 데다 손견부터 손책, 손권에 이르기까지 3대에 걸쳐 충성을 다한 인물이라 함부로 무시할 수 없는 사람이었습니다. 그런 황개의 귀에 제갈량의 이야기는 모두 맞는 말이었어요. 황개는 제갈량에게 여기서 이럴 게 아니라 얼른 우리 주공과 의논해 보라며 제갈량을 손권에게 데려갔습니다.

손권을 본 제갈량은 손권이 보통 사람이 아니라고 생각했어요. 적당한 말로는 설득당하지 않을 것 같았죠. 그래서 일부러 손권을 살살 긁었습니다. 조조의 군사력이 얼마나 대단한지 쭉 늘어놓은 다음, 이제 조조를 상대할 사람은 유비와 손권밖에 남지 않았다고 말합니다. 그리고 조조에게 항복하는 것도 나쁘지 않은 방법이라고 해요. 벼슬을 받아서 편안하게 살 수 있을 테니까요. 그러자 손권이 제갈량에게 물어요. 그대의 주군인 유비의 입장은 무엇이냐는 거지요. 제갈량은 이때다 하고 결정타를 날려요. "우리 주군은 계속 맞서 싸울 겁니다. 역적 조조에게 결코 굴복할 분이 아니거든요." 이 말은 자존심 높은 손권의 심기를 제대로 건드렸습니다. "우린 당당히 싸울 건데, 당신에게도 그런 용기가 있습니까?" 하는 셈이잖아요. 결국 손권은 조조와 싸우는 쪽으로 마음이 기울었습니다. 제갈량의 노림수에 제대로 걸려든 것입니다.

◆ **주유와 제갈량의 만남**

조조와 싸우기로 결정했다는 손권의 말에 신하들은 둘로 나뉘었습니다. 노숙처럼 손권의 결정을 지지하는 사람들도 있었지만, 조조에게 항복하는 쪽으로 다시 생각해 달라는 사람들도 있었습니다. 조조는 7만 군사로도 원소의 70만 대군을 물리친 사람인데, 이제는 대군을 이끄는 사람이 되었거든요. 힘없는 유비가 강동 사람들을 동원해 복수를 하려는 것인데 어찌 이용당하려 하냐며 일단 조조에게 항복하고 화를 면하자고 했습니다.

양쪽의 의견이 어찌나 팽팽한지 손권도 헷갈리기 시작했어요. 고민을 거듭하던 손권은 형 손책의 유언을 떠올립니다. 국내 문제는 장소에게, 국외 문제는 주유에게 논의하라고 했잖아요. 그러니까 책사 주유의 말을 들어 봐야겠다고 생각한 거예요.

손권의 의중을 알게 된 신하들은 앞다투어 주유를 찾아갔습니다. 그런데 주유는 항복파의 말에도 고개를 끄덕이고, 항전파의 말에도 고개를 끄덕입니다. 삼국지판 황희 정승이었죠. "네 말도 맞고, 네 말도 맞다" 하는 식으로 반응을 한 거예요. 답답했던 노숙은 제갈량을 주유에게 데리고 갔어요. 세 사람은 한자리에 앉아 이야기를 나누기 시작했습니다.

노숙은 제갈량이 주유를 설득할 거라고 믿었어요. 하지만 상황이 이상하게 돌아갑니다. 주유가 조조에게 항복하는 게 낫다는 식으로 이야기하니까 제갈량도 사실 그게 이치에 맞는 일이라면서 맞장구를 치는 거예요. 잠시 어안이 벙벙했던 노숙은 "대체 무슨 말씀입니까?" 하면서 두 사람에게 화를 냅니다. 그러든지 말든지 주유와 제갈량은 서로에게 역시 세상일을 아는 분이라 말이 통하는군요, 항복합시다, 그럽시다 하면서 화기애애하게 대화해요. 실은 둘 다 속마음을 감추고 상대방이 어떤 인물인지 간을 보는 중이었습니다. 겉으로만 웃을 뿐, 엄청난 탐색전을 한 거예요.

주유는 손권의 책사 중 단연 으뜸이었습니다. 좋은 집안에서 태어난 엘리트에 무예와 지능, 성격, 외모까지 어느 것 하나 부족한 부분이 없었어요. 요즘 말로 엄친아 같은 인물이죠. 실은 주유도 제갈량처럼 손권과 유비가 손을 잡고 조조에 맞서야 한다고 생각했어요. 다만 조조에게 승리하면 확보하게 될 형주 땅을 어떻게 할 것이냐 하는 문제가 마음에 걸렸지요. 주유는 손권이 형주를 차지하길 바라지만, 제갈량은 유비가 차지하길 바랄 테니까요. 두 사람은 가까워지려야 가까워질 수 없는 사이였던 겁니다.

웃으며 항복에 관한 이야기를 하던 제갈량은 뜻밖의 이야기를 꺼냈습니다. 조조에게 항복하려면 수고스럽게 사람들을 이끌고 먼 길을 갈 필요도 없고 두 사람만 보내면 된다는 것입니다. 여기서 말하는 두 사람은 강동에서 미인으로 이름난 자매 대교와 소교였습니다. 성이 교씨여서 언니는 대교라 불리고, 동생은 소교라 불렸지요. 제갈량이 말하길, 여색을 밝히기로 유명한 조조가 이 둘을 탐내고 있다는 거예요. 그러면서 조조의 아들이 지은 시까지 읊어줍니다. 그 시에는 "동작대에 이교를 거느려 아침저녁으로 함께 즐기리라"라는 구절이 있었습니다. 동작대는 조조가 힘을 과시하기 위해 짓고 있던 대형 누각이에요. 그곳에 대교와 소교 두 사람을 데려와 놀고 싶다는 내용이었지요.

그 시구를 들은 주유의 얼굴이 갑자기 붉게 달아올랐습니다. 대교는 죽은 손책의 아내였고, 소교는 주유의 아내였거든요. 그러니까 얼마나 화가 났겠어요. 사실 시에 나오는 '이교'의 의미는 '두 다리二橋'였어요. 제갈량이 일부러 '두 교 씨二喬'를 의미하는 말로 오해하게 만든 거지요. 제갈량은 대교와 소교가 누구인지도 이미 알고 있었습니다. 단지 주유를 도발하기 위해 모르는 척하고 시를 고쳐 읊는 수를 쓴 거예요.

내내 여유로운 표정으로 제갈량을 떠보던 주유는 크게 화를 냈습니다. 절대 조조를 살려두지 않겠다며 노발대발했지요. 제갈량은 깜짝 놀라는 척했지만, 속으로는 회심의 미소를 지었어요. 모든 일이 계획한 대로 착착 진행되고 있었기 때문입니다.

주유

손권의 제1책사
명문가 출신의 엘리트
문무 겸비, 출중한 외모

◆ 손권, 조조와의 전쟁을 선포하다

손권은 신하들을 모아두고 마지막 회의를 열었습니다. 항복할 것인가, 항전할 것인가 둘 중 하나로 결정해야 하는 날이었어요. 이미 마음을 굳힌 주유는 손권에게 조조와 싸울 것을 제안했습니다. 물론 항복파의 반대가 만만치 않았지요. 하지만 주유가 "삼 대째 이어져 내려온 땅을 조조에게 그냥 갖다 바칠 것이오?" 하고 크게 꾸짖자 다들 꿀 먹은 벙어리가 됩니다. 주유는 지금이야말로 조조를 무찌를 기회라고 강하게 주장했어요.

손권에게도 조조와 싸우고 싶은 마음이 있었어요. 다만 승리를 확신하기가 어려웠습니다. 조조군의 숫자만 들어도 한숨이 나올 지경이었어요. 대군인 데다 강하기까지 하니까 도저히 이기지 못할 것 같은 거예요. 조조를 이길 방도가 있느냐고 묻는 손권에게 주유는 분명 승산이 있다고 대답합니다. 그러면서 네 가지 이유를 들어요.

첫째, 조조가 중원을 제패했다지만 여전히 곳곳에 말썽을 부릴 만한 장수들이 남아 있다는 것입니다. 그런데 허도를 비우고 남쪽으로 와서 그자들에게 빈틈을 보였으니, 그게 조조의 첫 번째 실수라는 거지요.

둘째는 조조에게 수군이 많지 않다는 겁니다. 조조군은 주로 북방의 대륙에서 싸웠습니다. 보병 중심의 군대였지요. 조조 밑에 있는 수군은 원래 형주의 군사인데 최근에 조조군이 됐지요.

아무리 대군이라 한들 대부분 물에서 싸워본 적도 없는데 수전을 벌이는 거예요. 이게 분명 발목을 잡을 거라는 뜻이었습니다.

세 번째 이유는 계절이었어요. 이때가 겨울이었거든요. 군대를 움직일 때 군량만큼 중요한 게 바로 말을 먹일 마초입니다. 그런데 겨울에는 풀이 안 나잖아요. 말에게 먹일 것이 없는데 그 많은 말을 어떻게 끌고 다닐 거냐는 거지요.

마지막으로, 중원에서 살던 사람들이 낯선 땅에 왔으니 풍토병이나 전염병에 걸리기 쉽다는 거예요. 다들 먼 길을 이동하느라 얼마나 힘들겠어요. 지친 몸으로 기후도, 환경도 다른 지역에 머물다 보면 환자가 속출하게 됩니다. 과연 조조가 간과한 점이었어요.

조조의 4대 약점
· 배후의 불안정
· 수전에 약한 군대
· 마초의 부족
· 전염병

조조의 약점을 조목조목 설명한 주유는 자기에게 수천의 군사만 있어도 조조를 물리칠 수 있다고 큰소리쳤습니다. 자신만만하게 이야기하는 주유를 바라보던 손권은 비장한 표정으로 조조와의 전쟁을 선포했습니다. "사악한 역적 조조는 오래전부터 스스로 황제가 되려 했소. 다만 꺼리는 이가 여포, 원술, 원소, 유표 그리고 나였는데, 그중에서 나만 남게 되었소. 이제 나까지 굴복시키려 하니 더 이상 가만히 있을 수는 없소"라고 해요. 유비 이름은 언급하지도 않습니다. 속된 말로 취급도 안 하는 거예요. "조조에게 맞설 사람은 나뿐이다" 하는 거지요. 그러면서 조조를 공격하는 것이 자기에게 주어진 하늘의 뜻이라고 합니다. 손권의 야심을 엿볼 수 있는 장면이에요. 강동의 주인을 넘어 천하를 노리는 인물이라는 점이 분명하게 드러나거든요.

조조와 전쟁을 치르려면 무엇보다 손권의 결정이 중요했습니다. 유비에게는 근거지라고 할 만한 땅도 없고, 세력이라고 할 만한 규모의 군대도 없었어요. 손권의 병력이 있어야 조조와 싸울 수 있었던 거예요. 제갈량이 강동까지 와서 주유를 도발해 가며 손권의 결단을 이끌어 낸 이유도 여기에 있습니다.

마침내 손권은 주유를 총사령관인 대도독에 임명하고 모든 권한을 위임했어요. 주유도 비장한 마음으로 명을 받들고 물러났습니다. 손권의 말과 기세를 보면 조조와의 전쟁에 확신을 가진 것 같았어요. 주유는 제갈량을 찾아가 이 소식을 전합니다. 그런데 제갈량이 뜻밖의 말을 해요. 손권이 아직 흔들리고 있으니 찾아가서 조금 더 이야기를 나눠보라는 거예요. 주유는 의아했지만 혹시나 해서 손권을 찾아갑니다. 아니나 다를까 손권은 싸우라고는 했지만 대군에 맞서는 것이 걱정스럽다고 이야기해요. 주유는 백만대군이란 말은 과장된 것이라 설명하고 자신이 준비한 계책을 말하며 손권의 우려를 해소시켰습니다.

손권의 마음을 풀어주고 돌아오는 길에 주유는 생각합니다. 제갈량이 자신이 모시는 주공 손권의 마음까지 꿰뚫어 보고 있었잖아요. 비범한 사람이라고는 생각했지만 그 능력이 너무 뛰어나 위협이 될 만한 인물 같았어요. 추후에 강동의 근심이 될 거라 생각했죠. 그때부터 주유는 제갈량을 견제하는 마음을 품었습니다.

하지만 주유의 마음과 상관없이 태양은 매일 새롭게 뜹니다. 손권의 명을 받은 주유는 전쟁에 관한 모든 것을 지휘하기 시작했습니다. 날이 밝자마자 군사들을 점검한 뒤 다음 날 바로 출정했지요. 바야흐로 적벽대전의 막이 오른 것입니다.

물밑에서 채워지는
책략의 사슬들

◆ **뛰는 주유 위에 나는 제갈량**

조조군과 손권·유비 연합군이 부딪치는 적벽대전은 가히 삼국지의 절정이라고 할 수 있습니다. 처음부터 끝까지 제갈량과 주유, 조조의 지략 대결이 흥미진진하게 펼쳐진 덕분에 이야깃거리가 워낙 풍성하거든요. 그래서 적벽대전을 소재로 한 작품도 많습니다. 판소리 〈적벽가〉가 가장 대표적이고, 영화와 뮤지컬로도 만들어져 큰 사랑을 받았죠.

이렇게 극적인 적벽대전을 더 흥미진진하게 볼 수 있는 관전 포인트가 있습니다. 바로 세 사람의 심리예요. 심지어 같은 편인 주유와 제갈량도 끊임없이 서로를 견제하며 경계하거든요. 치열한 두뇌 싸움 속에 숨겨진 질투, 의심, 자만, 열등감 등 인간의 다양한 감정을 엿볼 수 있다는 점 때문에 오늘날까지 회자되며 수

많은 콘텐츠로 재창조되는 것이 아닌가 싶습니다. 이 점을 기억하면서 적벽대전의 출발점으로 가보시죠.

북쪽을 평정하고 남쪽까지 손에 넣으려는 조조와 그에 맞서 남쪽 땅을 지키려는 손권은 각자 군사를 일으켜 장강으로 진격했습니다. 조조군은 장강 중류에 있는 적벽에 진을 쳤습니다. 강을 사이에 두고 북쪽 연안에는 조조 진영이, 남쪽 연안에는 주유 진영이 있었지요.

전쟁이 시작될 때만 하더라도 조조는 느긋했습니다. 북벌에 성공한 뒤라서 자신감이 가득했거든요. 자신의 군사가 83만이나 된다고 자랑하기도 했습니다. 주유가 데려온 군사가 5만이었으

적벽에서 대치한 조조군과 손유 연합군

니 절대적으로 우세한 숫자였지요. 그런데 병력이 많다고 반드시 전쟁에 승리하는 것은 아닙니다. 멀리 갈 것도 없이 관도대전에서도 병력이 훨씬 열세했던 조조군이 승리했잖아요? 안타깝게도 조조는 이 승리를 잊었습니다. 자신의 병력을 과신했어요. 이게 조조의 발목을 잡습니다. 아니나 다를까 조조의 자만은 첫 번째 전투에서 패배라는 당황스러운 결과로 돌아왔어요.

주유의 선공으로 시작된 첫 번째 전투는 수전水戰이었습니다. 강을 끼고 하는 싸움이니 자연히 물에서 싸우게 된 거예요. 서로 배를 끌고 와 활과 쇠뇌를 쏘고, 배를 들이받고, 갑판에 올라타 상대방의 배를 빼앗는 식이었죠. 문제는 조조군이 수전에 너무 약하다는 것이었습니다. 대부분 땅에서 싸운 경험밖에 없어서 배에서 중심 잡는 것도 어려워했고, 뱃멀미에 시달리느라 제대로 싸우지도 못했습니다. 반면 주유의 군사들은 수전에 강했습니다. 물 위에서도 땅 위에서처럼 자유롭게 움직이는 주유군의 공격에 조조군은 속수무책으로 당할 수밖에 없었지요.

이렇게 많은 군사를 끌고 왔는데도 적은 수의 적군에 대패하자 화가 난 조조는 채모와 장윤을 불러 문책했습니다. 수군 훈련에 더 힘쓰라고 말이죠. 조조가 형주에 무혈입성한 뒤 유표의 처남인 채모를 수군을 지휘하는 최고 사령관에 임명한 것도 바로 이 때문이었습니다. 자신의 군사가 수전에 약할 것을 알고, 수전에 능한 채모를 기용한 것이지요. 심각성을 깨달은 채모와 장윤은 그날부터 수군 훈련에 몰두했습니다.

동시에 조조는 주유의 옛 친구였던 장간이라는 신하를 주유군으로 보냈습니다. 장간이 옛 우정이 있으니 자신이 한번 주유를 설득해 보겠다고 나섰거든요. 주유는 오랜만에 만난 친구를 반갑게 맞이했어요. 진영에 있던 주요 인사들에게 일일이 인사까지 시킵니다. "이 친구는 다른 뜻이 있어 온 것이 아니니 다들 걱정하지 마시오" 하고는 전쟁 얘기를 꺼내는 사람이 있으면 목을 베라면서 옆에 선 부하에게 칼까지 건네요. 그러고는 크게 술판을 벌였습니다. 장간이 항복을 권하려고 찾아온 사실을 눈치 채고 선수를 친 것이지요.

항복의 항 자도 꺼내지 못한 채 부어라 마셔라 하다 보니 어느덧 새벽이 되었습니다. 술을 많이 마신 주유는 자기 막사로 장간을 데려온 다음 순식간에 곯아떨어졌어요. 주유가 코를 골며 잠든 사이에 장간은 막사 안을 조심스레 둘러보았습니다. 항복을 설득하는 것은 틀렸으니 정보라도 얻을까 싶어 살펴보는데, 마침 책상 위에 편지 한 통이 놓여 있었어요. 안에는 놀랍게도 채모와 장윤의 이름이 적혀 있었습니다. 지금은 조조 밑에 있지만 마음은 주유에게 있다, 조조를 처단하고 투항할 테니 받아달라는 내용이었지요. '이놈들이 우리를 배신했구나!' 작게 탄식한 장간은 떨리는 손으로 편지를 말아 품 안에 넣고는 몰래 도망쳤습니다. 어서 조조에게 알려야겠다는 생각뿐이었어요.

편지를 읽은 조조는 격분했습니다. 분노가 극에 달한 나머지 자초지종을 들을 생각도 하지 않고 채모와 장윤을 불러 바로 처형해 버렸죠. 그런데 두 사람의 목을 받고 나서야, 아차 하는 생각이 들었습니다. 이 모든 것이 주유의 계략임을 뒤늦게 깨달은 거예요. 채모와 장윤 외에는 수군을 이끌 만한 장수가 없었거든요. 두 사람이 사라지면서 조조군의 전력에 큰 구멍이 생겼습니다. 후회가 파도처럼 밀려왔지만 돌이킬 수 없었습니다. 결국 이 사건은 적벽대전의 승패를 가르는 중요한 분기점이 됩니다.

채모와 장윤이 죽었다는 소식을 들은 주유는 어깨가 한껏 올라갔습니다. 사실 그들의 이름이 적힌 편지는 주유가 거짓으로 쓴 것이었어요. 장간이 그걸 발견하게끔 한 것도 주유의 계략이었지요. 조조의 손으로 조조군에 치명타를 입히게 했으니 얼마나 통쾌했겠습니까. 본인의 아이디어와 성과가 무척 자랑스러웠을 거예요. 그런데 마음 한구석에서 뭔가 찜찜함이 피어올랐어요. 다른 장수들은 사전에 자신의 계략을 눈치채지 못해 자신을 대단하다고 여길 텐데, 과연 제갈량은 어떨까 하는 생각이 들었던 것이죠. 그래서 노숙에게 제갈량을 슬쩍 떠보고 오라고 합니다.

아니나 다를까 제갈량은 주유의 계략은 물론 노숙이 왜 찾아왔는지까지 알고 있었습니다. 제갈량은 노숙에게 자신이 알고 있었다는 것을 주유에게 말하지 말라고 신신당부했지만, 노숙 입장에서는 이 놀라운 사실을 주유에게 말하지 않을 수 없었어요. 이를 전해 들은 주유는 김이 새버렸습니다.

학교에서든, 직장에서든 '넘사벽'인 친구나 동료를 만날 때가 있습니다. 말 그대로 다 잘하고, 다 가진 친구 있잖아요. '내가 이건 좀 잘하지' 싶은 분야에서까지 그 친구가 엄청난 재주를 보이면 솔직히 부러우면서도 질투가 나기 마련입니다. 주유가 제갈량을 바라보는 시선이 딱 이랬어요. 게다가 제갈량은 완전히 같은 편도 아니잖아요. 조조에게 맞서기 위해 잠시 손을 잡기는 했지만, 훗날 적이 될 사람이었거든요. 언젠가는 없애야 할 화근이었지요. 생각이 여기에까지 미친 주유는 어떤 구실을 만들어서라도 제갈량을 제거해야 한다는 결론에 다다랐습니다.

◆ 제갈량의 10만 화살

다음 날, 주유는 회의를 핑계로 제갈량을 불러냈습니다. 그러더니 화살이 필요하다는 얘기를 꺼내요. 수전에서는 화살이 제일 효과적인데 지금 화살이 넉넉하지가 않다는 거예요. 그러면서 제갈량에게 화살 10만 개를 만들어달라고 합니다. 다 우리가 이기기 위해서 그런 것이니 거절하지 말라고도 덧붙이죠. 그것만으로도 어이가 없는데 "열흘 안에 마련할 수 있겠소?" 하고 물어요. 보통 사람이라면 욕이 나왔을 거예요. 퇴근 10분 전에 일을 시키면서 "오늘 안에 보낼 수 있지?" 하는 격이거든요. 갑자기 10만 개나 되는 화살을 어떻게 만들어내겠어요? 더군다나 열흘 안에 해놓으라는 건 누가 봐도 불가능한 미션이었습니다. 그런데 제갈량은 놀라는 기색 없이 답했어요.

"전쟁이 한창인데 어찌 열흘이나 소모하겠습니까. 사흘이면 충분합니다."

주유는 귀를 의심했습니다. 자신이 제안한 열흘도 말이 안 되는데 사흘이라니요? '이자가 나를 놀리는 건가?' 싶었을 것입니다. 하지만 한편으로는 이번 기회에 확실히 제갈량을 제거할 수 있겠다는 생각이 들었어요. 주유는 "지금은 전시 상황이오. 중요한 임무를 맡았는데 실없는 소리를 해서는 안 됩니다" 하며 엄포를 놔요. 그랬더니 제갈량이 한술 더 뜹니다. "어느 안전이라고 실없는 소리를 하겠습니까. 군령장을 쓸 테니 믿어주십시오." 명령을 따르지 못하면 군령으로 다스려 엄벌에 처해도 받아들이겠다는 각서를 쓰겠다는 거예요. 주유는 옳다구나 하고 바로 그 자리에서 군령장을 받아두었죠.

안절부절못하는 사람은 노숙뿐이었습니다. 제갈량이 주유에게 말하지 말라고 했는데 괜히 말했다가 이 사달이 난 것 같았거든요. 그래서 제갈량을 찾아갑니다. "대체 사흘 안에 화살 10만 개를 어찌 만들려고 하십니까?" 노숙의 물음에 제갈량은 미안하면 작고 빠른 배 스무 척과 짚 더미를 준비해 달라고 해요. 노숙은 어안이 벙벙했지요. 화살을 만드는 데 필요한 재료와는 전혀 상관없는 것들이었으니까요. 그래도 제갈량이 부탁한 대로 배와

짚 더미를 구해다 주었습니다.

　제갈량은 노숙이 구해다 준 배에 지푸라기를 넉넉히 실어둔 다음, 아무 일도 하지 않고 빈둥댔습니다. 첫날도, 이튿날도 꼼짝하지 않았지요. 지켜보던 노숙만 '저러다 진짜 목이 달아나겠구먼…' 하고 걱정했어요. 주유와 약속한 사흘째가 되는 날, 드디어 제갈량이 움직였습니다. 노숙을 부르더니 이렇게 말했죠. "함께 화살을 가지러 가시지요." 노숙은 영문을 알 수 없었지만 제갈량이 시키는 대로 함께 배에 올라탔습니다.

　때는 짙은 안개가 낀 새벽이었지요. 제갈량과 노숙 그리고 군사 수백 명이 짚 더미가 잔뜩 실린 빠른 배를 나눠 타고 조조군의 진영으로 출발했습니다. 적진이 가까워 오자, 군사들은 제갈량이 시키는 대로 북을 치고 함성을 질러댔어요. 요란한 소리를 들은 조조는 손유 연합군이 기습해 왔다고 생각했습니다. 하지만 안개가 너무 짙다 보니 적의 숫자를 파악할 수도, 섣불리 수군을 보낼 수도 없었어요. 그래서 육지에서 할 수 있는 공격을 명합니다. 1만여 명의 궁수를 강변으로 보내 화살을 쏘라고 한 것이지요.

　휙, 휙, 휘익, 휙…. 안개가 자욱한 강 위로 엄청나게 많은 화살이 날아갔습니다. 궁수들은 소리가 나는 곳을 향해 연거푸 활시위를 당겼습니다. 화살이 비 오듯 쏟아졌지만, 제갈량이 데려온 군사들은 아무도 다치지 않고 계속해서 소리를 내 화살이 날아오기를 유도했어요. 짚 더미가 화살을 잘 받아냈거든요. 심지어 화살 비가 쏟아지는 와중에 제갈량은 노숙과 함께 주거니 받거니 술을 마시고 있었습니다.

해가 뜨고 서서히 안개가 걷힐 무렵, 스무 척의 배에 실린 짚 더미에는 엄청난 양의 화살이 꽂혀 있었습니다. 배들이 거의 고슴도치처럼 보일 지경이었어요. 뱃머리를 돌리라고 명령한 제갈량은 군사들로 하여금 조조 진영을 향해 외치게 합니다.

"화살 잘 가져갑니다!"

조조는 뒤늦게 속았다는 사실을 깨닫고 수군을 보내 그들을 추격했어요. 하지만 작고 빠른 데다 사람도 얼마 싣지 않은 배들을 따라잡을 수는 없었습니다.

돌아가는 길에 노숙이 제갈량에게 물었습니다. "오늘 안개가 이렇게 낄 것을 어찌 아셨습니까?" 그러자 제갈량은 "적을 이기려면 하늘의 이치와 땅의 형세를 알아야 합니다"라고 했어요. 천문과 지리에도 밝아야 탁월한 계책을 세울 수 있다는 의미였지요. 노숙은 재차 감탄했습니다. 이때부터는 제갈량을 거의 신처럼 여기게 되었지요.

10만 개의 화살을 만들어 오라는 명령에 조조군의 10만 개의 화살을 가져다 주는 것으로 답한 이 일화는 제갈량의 천재성을 보여주는 대표적인 일화입니다. 이때 제갈량은 두 가지 의도를 가지고 있었습니다. 첫째는 조조에게 자신의 뛰어난 책략을 보여주는 것이었고, 둘째는 함께 다녀온 노숙을 통해 자기가 어떻게 화살을 얻었는지 주유가 알도록 하는 것이었지요. 10만 개가 넘는 화살을 본 주유는 눈이 튀어나오는 줄 알았어요. 노숙에게서 자초지종을 들은 뒤에는 할 말을 잃었습니다. 분한 심정이었지만 결국 제갈량의 실력을 인정할 수밖에 없었습니다. "제갈량의 신묘한 계책은 내가 감히 짐작할 수 없는 경지구나!"

이로써 주유는 우선 제갈량과 함께 뜻을 모아 조조에게 맞서기로 결심합니다. 그래서 자신을 찾아온 제갈량에게 본인이 구상하는 작전을 공유하려 해요. 그런데 이 사람들이 참 평범하지가 않잖아요. '난 이렇게 생각하오' 하고 먼저 말하지 않고, 손바닥에 써서 확인하기로 합니다.

주유가 먼저 붓을 들어 손바닥에 글자 하나를 적었고, 제갈량도 곧 손바닥에 무언가를 썼습니다. 그러고는 동시에 손을 뻗어 서로에게 손바닥을 내보였어요. 두 사람의 손에는 똑같은 글자가 쓰여 있었습니다. 불 화火. 둘 다 불로 공격하는 화공을 생각한 겁니다. 내내 불편한 관계였던 주유와 제갈량이 한 팀이 되는 순간이었지요.

◆ 황개의 고육계

한편 주유의 계략에 당하고, 제갈량의 계략에 또 당한 조조는 화가 나서 참을 수가 없었습니다. 본인도 꾀가 많다고 자부했는데, 두 사람에게 연이어 속았으니 자존심이 상할 만도 했지요. 이대로 당하고 있을 수만은 없다는 생각이 든 조조는 고민 끝에 적진에 스파이를 심기로 합니다. 채모의 사촌 동생 두 명에게 군사를 주고 거짓 투항하게 해서 주유군의 내부 움직임을 파악하려 한 것이지요.

두 사람은 조조가 시킨 대로 주유를 찾아갔어요. 사촌 형 채모가 억울하게 죽었다면서 눈물을 뚝뚝 흘리고는 자기들을 거두어 달라고 사정합니다. 주유는 그 둘이 조조의 첩자임을 바로 눈치챘습니다. 투항한다면서 정작 가족은 놓고 왔거든요. 하지만 모르는 척 받아줍니다. 분명 어딘가에 쓸모가 있을 거라고 생각한 거예요.

그러고 얼마 뒤, 장수들이 모두 모인 자리에서 큰 소란이 벌어졌습니다. 조조와 어떻게 싸울지 논의하던 와중에 의견 충돌이 일어난 것입니다. 강직한 성격의 노장 황개가 크게 소리치며 주유의 말에 이의를 제기했어요. "왜 이렇게 시간을 끌어야 한단 말입니까? 당장 이달 안에 격파할 수 있으면 하는 것이지, 이도 저도 아닌 채로 계속 이렇게 모여 토론이나 벌인다면 어찌 이길 수 있겠습니까? 부딪쳐 싸워 이기고, 이기지 못하면 항복하는 게 낫습니다."

이 말을 들은 주유는 얼굴이 시뻘겋게 달아올랐습니다. "내가 군사를 일으킬 때에 항복을 말하는 자가 있으면 엄벌에 처한다고 했거늘, 어찌 군심을 어지럽히는 것이오! 여봐라, 저 버릇없는 황개를 붙잡아 참수하라!" 주유의 명령에 다른 신하들은 깜짝 놀라고 말았는데 황개는 오히려 눈 하나 깜짝하지 않습니다. "내가 3대를 모시며 강동의 장수로 공을 쌓을 때 주유 당신은 무얼 했소!" 손견 때부터 공을 세운 자신에 비해 주유는 어린아이라는 거지요.

이제 상황은 걷잡을 수가 없어졌습니다. 주유는 화가 치밀어 올라 폭발할 지경이었어요. 당장 목을 베라고 난리였죠. 다른 신하들이 제발 한 번만 용서해 달라고 간청하고 또 간청했지만, 분노한 주유는 말리는 신하도 곤장을 맞게 했고, 탁자도 뒤집어엎었습니다. 두 사람의 대립이 정말 살벌했어요.

주변 신하들이 벌벌 떨며 계속 말리자 주유는 마지못해 참수형은 거두고 곤장 100대를 내렸습니다. 이 100대는 굉장히 가혹한 형벌이었어요. 어느 정도였냐면, 옷이 벗겨진 채 엎어져서 곤장을 맞던 황개가 50대쯤 맞고 나니까 피투성이가 되어서 혼절하고 말아요. 살이 터져 피가 튀고 살점이 너덜너덜해지는 등 거의 죽기 직전까지 맞았어요. 그 모습을 보고도 주유는 화가 풀리지 않아 씩씩대면서 자리를 박차고 나가버립니다. 쓰러진 황개는 동료들의 부축을 받아 겨우겨우 집으로 돌아갔습니다.

다들 근심 어린 표정으로 그 모습을 지켜봤어요. 그런데 개중에는 눈을 반짝이는 사람도 있었어요. 바로 조조가 심어둔 첩자들이었습니다. 이들은 전쟁을 앞둔 손유 연합군에 집안싸움이 벌어지고 있음을 눈치챘어요. 그리고 눈앞에서 펼쳐진 광경을 편지에 자세히 적어 조조에게 보냈습니다.

얼마 뒤 조조에게 편지 두 통이 도착했습니다. 먼저 온 것은 황개의 편지였어요. 황개는 자신이 누구인지 밝히고는, 주유에게 어떤 일을 당했으며 얼마나 큰 모욕감을 느꼈는지 구구절절 썼습니다. 그러면서 항복 의사를 전했어요. 조조는 황개의 말을 그대로 믿을 수가 없었습니다. 그동안 속은 게 좀 많았어야지요. 그런데 또 다른 편지를 읽고는 경계심이 약해졌어요. 첩자들이 보낸 편지에는 황개가 죽도록 곤장을 맞아 피투성이가 됐다고 적혀 있었거든요. 그 일로 황개와 장수 몇몇이 주유에게 불만을 갖게 된 것 같다는 이야기도 있었어요. 아무렴 눈으로 봤다는데 거짓일 리는 없었지요. 하지만 뭔가 미심쩍은 기분을 완전히 지울 수는 없었습니다.

조조의 촉은 틀리지 않았어요. 사실 황개는 일부러 맞은 것이었습니다. 이게 어떻게 된 일일까요? 주유는 조조가 보낸 첩자들을 역으로 이용할 계략을 꾸미고 있었어요. 그들이 보는 앞에서 누군가를 매질한 다음, 조조에게 거짓으로 항복하게끔 할 생각이었어요. 화공을 쓰려면 적진에 다가가야 하잖아요. 항복하는 척 최대한 가까이 가서 불을 지른다는 계획이었어요. 그런데 아무 이유 없이 항복하겠다고 하면 의심 많은 조조가 받아줄 리 없으니 매질을 한 겁니다. 주유에게 맞아 앙심을 품은 부하라면 얘기가 달라지거든요. 아무리 조조라도 해도 '과연 나에게 올 법하다!' 하고 생각할 테니까요.

다만 누구더러 그 고통을 감당하라고 해야 하나 하는 것이 주유의 고민이었어요. 그런데 황개가 전날 밤 몰래 찾아와 그 역할을 자처한 겁니다. 그러니까 얼마나 고맙겠어요. 황개의 충성심에 감복한 주유는 고개 숙여 인사했습니다. 그리고 다음 날, 두 사람이 신하들 앞에서 연기를 했던 거지요.

결국 황개의 고육계苦肉計 덕분에 상황이 여기까지 흘러온 것입니다. 고육계란 자기 몸을 상하게 하면서까지 짜내는 계책을 뜻해요. 아군의 승리를 위해 기꺼이 자신을 희생한 황개는 조조에게 몸이 회복되는 대로 수하들을 이끌고 가겠다는 연락을 넣었습니다.

조조도 황개의 항복을 받아주기로 결정해요. 무엇보다도 수전 경험이 풍부한 장수가 꼭 필요했기 때문입니다. 그러면서도 한편으로는 여전히 찜찜했어요. 모든 상황이 지나치게 딱딱 맞아떨어지는 느낌이었거든요. 그래서 한 번 더 주유의 옛 친구 장간을 주유에게 보냅니다. 진짜 속내를 좀 캐보라는 뜻이었지요. 양측의 머리싸움은 점점 치열해졌어요. 그와 동시에 전쟁도 절정을 향해 치닫고 있었습니다.

◆ **조조군을 얽어맨 봉추 방통**

　주유의 진영으로 출발한 장간은 마음이 무거웠어요. 이미 한 번 임무에 실패한 적이 있잖아요. 이번에야말로 잘 해내리라 마음먹었지요. 하지만 주유를 만난 순간, 뭐라 말을 꺼낼 틈조차 없었습니다. 주유가 버럭 화를 내며 몰아붙였거든요. "나는 자네를 친구로 대했는데, 자네는 어째서 채모와 장윤의 편지를 훔쳐 조조에게 가져갔는가? 그때는 놓쳤지만, 이번에는 자네를 곱게 보내줄 수 없네" 하더니 옆에 있던 부하에게 장간을 어디론가 데려가라고 명령했어요.

　장간이 끌려간 곳은 산속에 있는 작은 암자였습니다. 감옥처럼 감시가 삼엄한 곳은 아니어서 장간은 답답할 때마다 뒤뜰을 산책하곤 했지요. 그러던 어느 날, 책 읽는 소리가 들려 소리를 따라가 보니 웬 선비가 병법서를 읽고 있었습니다. '범상치 않은 인물이다!' 단번에 알아챈 장간은 다가가 인사를 건네고 자기소개를 했지요. 그러자 상대방도 자신의 이름을 밝혔습니다. "나는 방통이라고 하오." 깜짝 놀랄 만한 말이었어요. 사람들 입에 오르내리는 와룡과 봉추의 그 봉추가 바로 방통이었기 때문입니다. 선생이 왜 이런 곳에 계시냐 했더니 자기 꾀만 믿고 다른 사람 말은 업신여기며 듣지 않는 주유를 피해 여기서 잠시 숨어 지내고 있었대요.

　장간은 유레카를 외쳤습니다. 염탐은 실패했지만, 방통이라는 뛰어난 인물을 조조에게 소개할 수 있게 되었으니까요. 조조는 인재를 보물처럼 여기는 사람이었습니다. 방통을 데려가면 장간에게도 큰 상을 내릴 것이 분명했어요. "조 승상을 만나볼 생각은 없으십니까?" 장간이 넌지시 묻자, 방통은 흔쾌히 좋다고 대답했습니다. 두 사람은 어두워지기를 기다렸다가 몰래 도망쳐 조조의 진영으로 갔습니다.

장간의 예상대로 조조는 뛸 듯이 기뻐하며 방통을 맞았습니다. 와룡은 놓쳤지만 봉추는 잡았구나 하는 생각에 극진하게 대접했어요. 첫날부터 함께 군사들을 둘러보며 부족한 것이 있으면 무엇이든 말해달라고 청했고, 술상을 앞에 두고 병법에 대해 진지하게 토론도 했습니다. 방통의 막힘없는 대답에 조조는 연신 감탄할 뿐이었죠.

술자리가 무르익어 갈 때쯤 조조가 가장 큰 걱정거리를 털어놓았습니다. 군사들의 건강 문제였어요. 풍토병에 시달리는 군사들도 많았지만, 그렇지 않은 군사들조차도 대부분 배만 타면 멀미와 구토로 고생했던 거예요. 조조의 고민을 들은 방통은 좋은 계책이 있다며 말했습니다.

"군사들이 물에서의 생활이 익숙지 않으니 당연한 일이겠지요. 그럼 큰 배 하나에 작은 배를 30척에서 50척 정도 연결한 뒤 그 위에 넓은 판자를 깔면 어떻겠습니까? 그렇게 하면 풍랑이 일어도 배가 흔들리지 않을 것이고 그 위로 사람과 말도 달릴 수 있을 것입니다."

방통의 계책에 조조는 무릎을 탁 쳤어요. "과연, 군사들이 멀미에서 벗어날 수 있겠소이다!" 그러더니 곧바로 배를 이으라는 명령을 내렸습니다. 그 모습을 지켜본 방통은 조조에게 한 가지 제안을 했습니다. 자기가 주유 진영의 사람들을 만나보고, 불만이 있는 자들을 데려오겠다는 것이었어요. 골머리 앓던 문제가 해결돼 마음을 푹 놓은 조조는 두 번 생각하지 않고 방통을 보내 주었습니다. 물론 방통의 말은 사실이 아니었어요. 조조에게서 달아나기 위한 핑계였지요.

당시 방통은 야인이었습니다. 어느 진영에도 속하지 않았지만, 노숙의 추천으로 주유와 편지를 주고받으며 전략을 논의하는 사이였지요. 주유는 이미 한참 전에 방통에게 조조군을 이길 계책을 물었습니다. 그때 방통이 이렇게 말했어요. "배가 따로 떨어져 있으면 불이 붙더라도 번지게 하기 어렵습니다. 조조가 배를 연결하도록 한 다음, 화공을 쓰십시오." 자신은 조조군의 배를 엮고, 주유는 조조군의 첩자를 역이용하는 반간계를 쓰고, 황개는 자신의 몸을 희생하는 고육계를 펼치도록 하는, 여러 계책을 엮어서 사용하는 연환계의 구상을 짜준 것입니다. 방통의 활약으로 손유 연합군은 모든 준비를 마쳤습니다.

아무것도 모르는 조조는 단꿈에 빠져 있었어요. 장수, 책사 가리지 않고 신하들을 모두 불러 술자리를 열고는 일장 연설을 합니다. 그런 다음 밤하늘에 뜬 달을 바라보면서 시를 한 수 읊어요. 술에 취하고, 분위기에 취하고, 자기 자신에게 취하고, 이미 이긴 사람 같았어요.

곁에 있던 신하들은 한술 더 떠요. 박수를 치고 감탄을 뱉으면서 아부하기 바쁩니다. 단 한 사람만 고개를 갸웃했지요. 조조가 읊은 시에 까마귀와 까치가 나타나서 나무 주위를 빙빙 도는 구절이 있는데, 그게 영 불길하다는 거예요. 조조는 분위기를 깨는 신하의 말에 화가 나 그 자리에서 신하를 죽이고 맙니다. 눈치가 좀 없기는 했지만, 그자가 한 말이 틀린 건 아니었어요. 불길한 징조가 현실이 되어 나타날 순간이 다가오고 있었거든요.

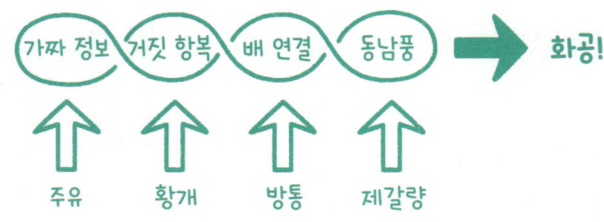

불타는 장강,
적벽대전

✦ 제갈량이 불러온 동남풍

 이제 한판 승부를 위한 모든 준비는 마쳤습니다. 조조는 빽빽하게 늘어선 군사들을 바라보았습니다. 방통의 말대로 연결한 배들은 좀처럼 흔들리지 않았어요. 군사들은 육지에서 싸웠을 때와 같이 늠름한 모습이었지요. 흐뭇한 미소를 짓는 조조 옆에서 책사 정욱은 화공을 걱정했습니다. 배들을 전부 연결해 놓았으니 한 척에만 불이 붙어도 전부 타 버리지 않겠냐는 거지요.
 조조도 그 생각을 하기는 했어요. 하지만 믿는 구석이 있었습니다. 조조가 믿은 것은 다름 아닌 계절풍이었어요. 화공을 쓰려면 바람이 필요합니다. 불을 붙인 화살이 바람을 타고 날아가야 하거든요. 그런데 겨울에는 내내 북서풍이 불었어요. 남쪽에 있는 손유 연합군이 아무리 불화살을 쏘아대도 화살은 북에서 불어오는 바람을 맞아 앞으로 날아가지 못하고 도로 그들에게 떨어질 터였습니다. 그러니 화공을 걱정할 필요가 없었지요.

이 말인즉슨 손유 연합군은 답답한 상황이라는 뜻이었습니다. 조조군의 배들도 엮어두었고, 황개의 거짓 투항도 받아들여졌으니 황개가 투항하는 척 접근하면서 화공을 개시하면 되는데 딱 하나 바람이 문제였던 것입니다. 동남풍이 불지 않으면 그동안 힘들게 준비한 전략이 말짱 꽝인 거예요. 하지만 그것만큼은 인력으로 해결할 수 없었어요. 그러니 주유는 절호의 기회를 놓칠까 봐 혼자 노심초사했습니다. 스트레스를 심하게 받아 쓰러지기까지 했어요. 전쟁이 한창인데 총사령관이 일어나질 못하니 다들 걱정이 이만저만이 아니었어요.

노숙은 제갈량을 찾아가 땅이 꺼지도록 한숨을 쉬었습니다. 이번에도 제갈량은 별일 아니라는 듯 웃었어요. 심지어 자기가 주유의 병을 고칠 수 있다고 합니다. 그러고는 주유를 찾아갔지요.

"동남풍이 불지 않아 생긴 병입니다."

누워 있던 주유는 제갈량의 말을 듣고 벌떡 일어날 뻔했어요. 무엇이든 훤히 꿰뚫어 보니 놀랍다 못해 이제 무서울 지경이었지요. 하지만 티를 내지 않으려고 애쓰며 조용히 말했습니다. "내 병의 원인을 아니 처방도 가능하겠구려." 제갈량은 고개를 끄덕이며 자기가 동남풍을 불러오겠다고 했습니다. 그러면서 제단을 하나 만들어달라고 해요. 모양, 높이, 방위까지 죄다 정해줌니다. 그곳에서 제사를 지내고 기도를 올려 사흘간 동남풍이 불어오게 하겠다고 장담하죠.

아니, 아무리 제갈량이 대단하다고 해도 어떻게 인간이 바람의 방향을 바꿀 수 있다는 걸까요? 제갈량이 신통한 모습을 보여왔지만 이건 믿기 어렵지 않았을까요? 하지만 주유는 아무것도 되묻지 않았습니다. 사흘이 아니라 단 하루만 불어도 족하다며 당장 제갈량이 말한 제단을 만들어주겠다고 해요. 아마 허무맹랑한 소리라고 치부하기에는 그간 제갈량이 보여준 능력도 있고, 지푸라기라도 잡고 싶은 심정이었던 탓도 있었을 것입니다.

이윽고 제단이 완성됐습니다. 제갈량은 깨끗이 목욕을 한 뒤에 머리카락을 다 풀어헤치고 맨발로 제단에 올라가 향을 피우고 기도를 올렸습니다. 무릎을 꿇은 채 입으로는 염불을 외듯 끊임없이 중얼거렸지요. 언뜻 보면 도사 같기도 하고, 신선 같기도 했어요. 정해진 시간에 맞춰 제갈량은 이 의식을 반복했습니다.

제갈량이 의식을 행하는 동안 주유는 출정 준비를 모두 마치고 바람을 기다리고 있었습니다. 황개 역시 투항할 때 끌고 갈 20척의 쾌속선에 화공 준비를 해두었고요. 동남풍이 불기만 하면 지체 없이 출전할 예정이었습니다. 주유와 노숙 그리고 모든 장수는 제갈량의 기도가 성공할지 실패할지 알지 못하는 상태로 초조함과 불안함을 견뎌야만 했습니다.

그날 해가 저물어 갈 때는 바람이 잠잠해져 바람 소리조차 들리지 않았습니다. 이윽고 밤 12시, 고요하던 하늘에 갑자기 바람 소리가 일기 시작했습니다. 주유군의 장막 주변에 서 있던 깃발들도 바람에 흔들렸지요. 남쪽에서 불어오는 바람에 깃발들은 모두 북쪽의 조조군을 향해 나부꼈습니다. 기적처럼 거센 동남풍이 불기 시작한 겁니다.

눈으로 보고도 믿을 수 없는 광경에 다들 놀라움을 감추지 못했어요. 주유는 기쁘면서도 한편으로는 제갈량을 향한 두려움에 몸이 떨릴 지경이었습니다. 절대 살려두어서는 안 된다는 생각이 다시금 밀려들었어요. 그래서 출정하기 전, 장수 두 명을 불러 제갈량을 암살하라고 지시합니다. 하지만 제갈량은 벌써 달아난 뒤였지요. 주유가 기어이 자기를 죽이려 들 거라는 사실을 예견하고 조자룡에게 와달라는 연락을 해두었거든요.

제갈량을 놓친 주유는 탄식이 절로 나왔습니다. 그러나 아쉬워하고 있을 시간이 없었어요. 조조와 승부를 내야 할 시점이었으니까요. 가장 먼저 황개가 조조군의 진영으로 출발했습니다. 아무것도 모른 채 황개가 온다는 소식을 들은 조조는 황개를 맞이하러 나갔어요. 승리가 손에 잡힐 듯한 느낌이었지요. 조조의 기대와 달리 황개가 끌고 온 수십 척의 배에는 유황과 기름, 마른 풀과 장작이 잔뜩 실려 있었습니다. 속았다는 사실을 먼저 알아챈 건 책사 정욱이었어요. "군량을 싣고 온다더니 배가 너무 가벼워 보입니다. 물속에 얼마 잠기지도 않았는 데다 속도가 지나치게 빠른 것 같습니다." 정욱의 말을 들은 조조는 황급히 소리쳤어요. "저 배들을 막아라!"

하지만 이미 때는 늦었습니다. 황개의 배에서 불화살이 날아와 조조군의 배 여기저기에 꽂혔습니다. 불길은 동남풍을 타고 삽시간에 번져갔어요. 어두웠던 하늘은 불길에 대낮처럼 밝아졌지요. 조조의 군사들은 아비규환이었습니다. 배들이 쇠사슬로 연결되어 있으니 이 배에서 저 배로 불이 빠르게 옮겨 붙는데, 모든 배가 묶여 있으니 어디 도망갈 곳도 없었지요. 그 와중에 기름과 장작을 잔뜩 실은 황개의 배들이 여기저기 충돌하면서 강 위부터 육지의 진영까지 모두 화마에 휩싸이기 시작했습니다. 적벽 주위의 장강이 마치 하나의 거대한 불꽃처럼 타올랐어요. 빠져나갈 길 없는 그 속에서 조조의 군사들은 싸워보지도 못하고 끔찍한 죽음을 맞았습니다. 불에 타 죽거나 강물에 빠져 죽어야 했지요. 지옥이 따로 없었습니다.

이렇게 80만의 조조군은 적벽에 수장됐습니다. 이 한 번의 승리를 위해 주유군은 정성을 쏟으며 작전을 준비해 왔습니다. 주유와 제갈량이 생각해 낸 화공 작전, 황개의 거짓 항복, 배를 쇠사슬로 연결하는 방통의 계책, 제갈량의 예측대로 방향을 바꾼 바람. 이 모든 책략이 모여 천하의 조조를 사지로 몰아넣은 것입니다. 조조는 얼마 남지 않은 군사들을 이끌고 간신히 도망쳤습니다. 하지만 그마저 여몽과 감녕, 능통 등 손권의 장수들이 펼친 추격전에 수가 점점 줄었어요. 완벽한 대패였습니다.

◆ 화용도에서 만난 관우와 조조

어렵게 목숨을 건진 조조는 다 죽어 가는 군사들과 함께 나무가 빽빽한 숲에 이르렀습니다. 형주로 돌아가는 길목이었던 그곳은 산세가 무척 험했어요. 그런데 난데없이 조조가 "크하하핫!" 하고 큰 소리로 웃기 시작했습니다. 울어도 부족할 판에 박장대소라니, 부하들은 영문을 알 수가 없었지요. 한참 웃고 난 조조는 이렇게 말했어요. "주유와 제갈량이 천재라더니 아직 부족한가 보구나. 군사를 숨겨두기 딱 좋은 장소인데 아무도 없지 않으냐?" 말이 끝나기가 무섭게 천지를 뒤흔드는 함성이 들려왔습니다. 숲속에 숨어 있던 조자룡이 군사들과 함께 튀어나온 것입니다. 조조는 다시 많은 군사를 잃고 달아났어요.

한참을 도망친 조조군 앞에 갈림길이 나타났습니다. 조조는 그중 한 곳을 택해 걷다가 또 웃기 시작했지요. 이전과 같은 이유였습니다. 군사들이 숨어 있을 만한 곳인데 조용하니 역시 주유와 제갈량은 한참 멀었다는 거예요. 껄껄대며 웃는 조조와 달리 부하들은 온몸에 소름이 돋았어요. 아까처럼 잠복군이 있는 건 아닐까 불안했던 겁니다. 아니나 다를까, 이번에는 장비가 군사들을 이끌고 나오더니 장팔사모를 휘두르며 덤벼들었습니다. 어떻게 이런 일이 가능한 걸까요?

동남풍을 불게 한 뒤 주유로부터 도망친 제갈량은 적벽대전에서 조조가 패하고 도망칠 거라는 사실을 예견했어요. 그래서 도주로가 될 만한 곳에 미리 군사들을 보내 지키게끔 합니다. 조자룡은 어디, 장비는 어디 하면서 군사를 길목마다 숨겨둬요.

그런데 최고의 무장이라 손꼽히는 관우에게는 아무 말도 하지 않습니다. 참다못한 관우가 따져 물었지요. 왜 자신에게는 임무를 안 주냐는 거예요. 제갈량은 웃으며 말합니다. 원래 관우에게 가장 중요한 길목인 화용도를 맡기려고 했는데 마음에 걸리는 게 있어서 못 보내겠다고요. 관우가 조조에게 항복했을 때 은

조조의 도주와 유비군의 공격

혜를 많이 입었다는 것이죠. "조조를 반드시 죽일 수 있겠습니까? 장군은 틀림없이 은혜를 잊지 못하고 조조를 놓아줄 겁니다." 이런 뜻이었어요. 이 말을 듣고 관우도 웃으며 답합니다. 자신은 원소의 장수들을 죽였을 때 이미 은혜를 다 갚았다는 거예요. 두 사람은 진짜 죽일 수 있느냐, 목을 들고 오겠다, 못 죽이면 어떡할 거냐, 그럼 날 처형해라 하면서 옥신각신했습니다. 말씨름 끝에 제갈량이 관우에게 말했어요. "그러면 군령장을 쓰십시오." 관우는 망설임 없이 군령장을 씁니다. 그러고는 곧장 화용도로 떠났어요.

제갈량의 예상대로 조조의 마지막 도주로는 화용도였습니다. 이번에도 조조가 웃었고, 그러자마자 관우가 나타났습니다. 이전과 똑같은 패턴이에요. 다른 게 있다면 조조가 더 이상 달아날 수 없다는 점이었지요. 조조군은 싸울 의지도, 기력도 없었습니다. 지칠 대로 지쳐서 손가락 하나 까딱할 수 없었어요.

관우를 상대로 전투를 벌이는 것은 불가능하다고 생각한 조조는 관우의 의리에 기대보려 합니다. 예전에 자신이 관우를 살려준 일, 유비에게 보내준 일, 유비에게 가겠다고 자신의 장수들을 죽인 일을 줄줄이 나열했어요. 관우는 무엇보다 의리를 중시하는 사람입니다. 예전에 조조에게 의탁했을 때도 의형제에 대한 의리를 지키기 위해 노력했잖아요? 이번에도 조조의 이야기를 들어보니 자신이 조조에게 받은 은혜를 다 갚진 못한 것 같은 거예요. 게다가 온갖 고생을 한 조조군이 눈물을 뚝뚝 흘리는 모습을 보니 마음이 약해졌죠. 결국 관우는 조조에게 길을 터주었습니다. 제갈량이 장담했듯이 조조를 살려준 거예요.

관우는 빈손으로 돌아갈 수밖에 없었습니다. 다른 장수들은 조조군에게서 말, 무기, 군량을 빼앗아 왔는데 관우만 아무것도 가져오지 못했지요. 이를 본 제갈량은 관우에게 조조가 화용도로 오지 않았냐고 물어요. 관우는 입이 열 개라도 할 말이 없었습니다. 고지식한 관우는 변명 한마디 하지 않아요. 어렵사리 입을 열어 "조조가 왔으나 내가 놓치고 말았소. 군령을 어겼으니 내 목을 베시오"라고 말할 뿐이었습니다.

제갈량은 노발대발합니다. 자신이 예견한 대로 예전에 입은 은혜 때문에 조조를 보내준 게 틀림없다며 군령장에 쓰인 대로 처형하겠다고 엄포를 놓지요. 관우의 목을 베겠다는 말이었습니다. 그러자 옆에 있던 유비가 이를 막아섰습니다. 관우가 죽으면 한날한시에 죽기로 한 나는 어떡하냐는 거예요. 유비의 설득에 제갈량은 못 이기는 척 관우를 살려줍니다.

사실 제갈량은 관우가 조조를 죽이지 못할 것을 알고 있었어요. 하늘을 보니 조조의 운명이 아직 다하지 않았거든요. 조조가 죽을 운명이 아니니 누가 가더라도 조조의 목을 베어 오지 못할 거라고 생각했어요. 다만 제갈량이 관우를 화용도로 보낸 것은 조조에게 진 빚을 갚게끔 하기 위함이었습니다. 관우에게 관계를 청산할 기회를 준 거지요. 그리고 이참에 관우의 생사여탈권을 쥐어서 고분고분하게 자신의 말을 따르게 할 기회로 삼으려 했던 겁니다. 이처럼 제갈량은 한 수뿐 아니라 두 수, 세 수 앞을 내다보는 사람이었어요.

수 싸움이 끊이지 않았던 적벽대전은 이렇게 끝이 났습니다. 군사를 대부분 잃은 조조는 힘이 많이 빠져 버렸어요. 이때 패배한 뒤로는 그의 생전에 더 이상 남벌을 시도하지 않았지요. 또 재정비에도 많은 시간을 쓰게 됩니다.

결과적으로 유비는 적벽대전의 최대 수혜자가 되었고, 제갈량은 천하삼분지계의 가능성을 입증했습니다. 그런데 사실 적벽대전에서 유비가 한 일은 많지 않습니다. 연합군이라고 해도 주요 전투는 손권 측이 다 하거든요. 군사도 손권의 군사였고, 전쟁 물자도 손권의 주머니에서 나왔어요. 유비는 손에 피 한 방울 묻히지 않고 손권을 움직여 자신의 적인 조조에게 치명타를 입혔습니다. 이것이 가능했던 것은 유비의 책사 제갈량의 협상력 덕분이었습니다. 그가 훌륭한 협상력을 발휘했기에 손유 동맹을 성사시켜 전쟁에서 이길 수 있었습니다. 그 덕에 유비는 제일 값진 승리, 싸우지 않고 이득을 보는 승리를 얻었고요.

책사란 그만큼 중요한 존재입니다. 큰 그림을 그리지 못하는 사람을 데리고는 천하를 논할 수가 없어요. 제갈량을 얻은 유비는 날아오를 준비를 마쳤습니다. 이제 곧 유비의 시대가 열리게 됩니다.

3장

절제하지 못하는 자의 최후

: 형주공방전부터 이릉대전까지

기회의 땅,
형주의 새로운 주인

◆ **형주공방전**

　관도대전이 골리앗 원소와 다윗 조조의 대결이었다면, 적벽대전은 골리앗이 된 조조와 다윗 손유 연합군의 대결이었습니다. 그런데 관도대전도 그렇고, 적벽대전도 그렇고, 대군을 이끌고 온 쪽이 당연히 이길 것이라 예상한 싸움에서 승리는 상대적 약자에게 돌아갔습니다. 삼국지의 매력은 여기서 나오는 거 같아요. 강한 자가 늘 이기는 것은 아니라는 점, 준비만 제대로 하면 약자도 기회를 잡을 수 있다는 점, 그리고 끝날 때까지 끝난 것이 아니라는 삶의 교훈을 일깨우잖아요.

　그럼 이제 적벽대전 이후의 상황으로 들어가 보시죠. 손유 연합군은 적벽대전에서 승리했지만, 유비와 손권 사이에는 한 가지 문제가 남아 있었습니다. 누가 형주를 가질 것인가 하는 문제였어요. 형주는 제갈량이 천하삼분지계를 이야기할 때 유비에게 꼭 차지해야 한다고 말했을 정도로 좋은 땅이었습니다. 앞서 말했던 것처럼 대륙 남쪽의 한가운데에 위치해 있다 보니 사통팔달의 자리였어요. 어디로든 나아갈 수 있는 전략적 요충지나 다름없었습니다.

적벽대전에 앞서 형주는 조조의 땅이 되었습니다. 그런데 적벽대전에서 손유 연합군이 이겼잖아요. 조조군이 크게 약해진 틈을 타 형주를 차지할 절호의 기회였습니다. 엄밀히 말하면 적벽대전의 승리자는 손권이에요. 그러니까 형주는 손권이 차지하는 게 맞지요. 하지만 유비도 형주를 포기할 수 없었습니다. 오랫동안 형주를 다스렸던 유표가 유비에게 형주를 넘겨줄 테니 맡아달라고 몇 번이나 부탁했었지요. 게다가 유비는 아직도 근거지가 없는 상황이니 쉽게 물러날 수 없는 형편이었습니다. 조조 역시 마찬가지였습니다. 형주는 아직 조조의 땅이었어요. 도망치면서도 형주를 지킬 전략을 구상했지요. 결국 형주를 놓고 치열한 삼파전이 벌어지게 되었습니다.

이 싸움은 형주의 주요 지역인 남군에서 시작됐습니다. 조조는 허도로 돌아가면서 친척인 조인에게 형주의 방어를 맡겼습니다. 중요한 임무를 믿을 수 있는 혈육에게 맡긴 거예요. 조인은 장수들에게 곳곳을 지키게 한 다음 남군에서 지휘하고 있었어요. 손권 입장에서는 이들을 가만 두고 볼 수 없었겠죠? 그래서 주유가 조인을 몰아내기 위해 남군 근처로 갔습니다. 그런데 유비도 군사를 끌고 온 거예요. 왜 왔느냐고 묻는 주유에게는 이렇게 둘러댔지요. "조인을 이기는 게 그리 쉽지 않을 테니 힘을 보태려고 합니다." 그 말에 주유는 자신만만하게 응수합니다. 혼자서도 문제없는데 괜한 걱정이라는 거예요. 그러면서 만약 자신이 실패하면 유비가 차지해도 좋다고 말해요.

주유 입장에서는 이렇게까지 말했으니 무조건 이겨야 했습니다. 그래서 말 그대로 죽기 살기로 싸웁니다. 그런데 주유의 예상과 다르게 혈투가 이어졌어요. 결국 전투 중에 가슴에 독화살까지 맞고야 말았지요.

주유는 절대 안정을 취해야 한다는 의원의 말에 며칠간 가만히 누워 요양을 했습니다. 조조의 장수들이 돌아가면서 찾아와 온갖 욕을 하고 도발해도 주유의 군사는 대응하지 않았어요. 주유의 상처가 제대로 아물지 않은 채 터지면 그때는 정말 저승행이었거든요. 고민하던 주유는 상황을 역이용하기로 합니다. 상처를 동여매고 나갔다가 조조군이 보는 앞에서 푹 고꾸라져 버려요. 그런 다음, 조조가 여포와 싸울 때 그랬던 것처럼 자신이 죽었다는 소문을 퍼뜨렸지요. 소문을 들은 조인은 성급하게 주유군 진영을 습격했다가 오히려 함정에 빠져 역습을 당하고 정신없이 도망쳤습니다.

승리를 거머쥔 주유는 부상의 고통도 잊고 위풍당당하게 남군성으로 나아갔어요. 그런데 기막힌 일이 벌어졌습니다. 성문이 굳게 닫혀 있고 웬 깃발이 잔뜩 꽂혀 있는 거예요. 성루에서 주유를 내려다보고 있는 사람은 다름 아닌 조자룡이었습니다. 대체 어떻게 된 일일까요?

주유가 조인을 쫓는 사이에 제갈량이 남군성으로 조자룡을 보낸 거예요. 조자룡은 비어 있다시피 한 남군성을 손쉽게 점령했습니다. 주유 입장에서는 독화살을 맞고, 죽는 연기까지 해가며 고생고생해서 얻은 성을 한순간에 도둑맞은 겁니다. 얼마나 분하고 억울했겠어요. 하지만 이미 벌어진 일이었습니다. 공격을 해보려고 해도 성 위에서 화살이 쏟아지는 통에 가까이 갈 수조차 없었어요.

제갈량이 손에 넣은 것은 남군성만이 아니었습니다. 형주성은 장비가, 양양성은 관우가 점령하고 있었지요. 형주에서 가장 중요한 중심지들을 어느새 유비가 차지한 거예요. 이것도 제갈량의 계략이었습니다. 제갈량은 위기에 처한 조인이 형주성과 양양성에 지원군을 요청한 것처럼 조조군을 속여 각각의 성을 비게 만들었어요. 그러고는 그 틈을 타 장비와 관우가 힘들이지 않고 형주성과 양양성을 차지하게 했지요.

끓어오르는 화를 참지 못한 주유는 결국 비명을 지르며 쓰러졌습니다. 상처가 터지고 만 거예요. 이후에도 유비는 형주 남쪽에 있는 네 개의 군을 차례차례 점령하며 형주 대부분을 손에 넣었습니다. 흰 눈썹 때문에 '백미白眉'라는 별명이 붙은 선비 마량, 백발백중의 활 솜씨로 유명한 노장 황충 등 뛰어난 지역 인재들까지 영입하면서 승승장구했어요.

그걸 지켜보는 손권은 속이 부글거렸습니다. 적벽에서 물자 쓰고 군사들을 잃어가며 조조를 쫓아낸 건 이쪽인데, 얻은 게 하나도 없잖아요. 죽 쒀서 개 준 것이나 마찬가지였습니다. 그렇다고 유비와 싸울 수도 없었어요. 조조가 북쪽에서 버티고 있는 만큼 동맹을 깨는 건 양쪽 모두에게 너무 위험한 일이었거든요. 여전히 손권과 유비가 손을 잡아야 조조를 상대할 수 있었습니다.

그러는 와중에 유표의 장남이 병으로 사망하게 됩니다. 유비와 제갈량은 그가 아버지의 땅을 되찾는 일을 돕는다는 명분을 내세워 형주를 점령해 나갔습니다. 유표의 장남이 죽자 유비 진영은 명분을 잃게 되었어요. 이를 놓치지 않고 손권은 노숙에게 문상을 가라 명합니다. 문상을 가는 김에 형주를 돌려달라는 의사도 함께 전하라는 것이었지요.

노숙은 마음이 편하지 않았습니다. 유비와 손잡으라고 한 사람도, 제갈량을 믿어줘야 한다고 한 사람도 모두 자신이었거든요. 그런데 이들이 기회를 틈타 형주를 차지하고 버티니 손권과 주유를 볼 낯이 없었을 거예요. 그래서 얼른 본론을 꺼냈습니다. "이제 유표의 아들이 세상을 떠났으니 형주를 돌려주실 때가 되었습니다."

그러나 제갈량은 눈도 깜짝하지 않았습니다. "유비 공은 황실의 후손이시고 황제의 숙부이시오. 유표도 황실의 후손이며 유비 공의 형님뻘이 되오. 게다가 그는 죽기 전에 형주를 유비 공께 부탁했소. 그러니 유비 공께서 형주를 취하는 것은 아우가 형님의 뜻을 잇는 일이 아니겠소? 그뿐만 아니라 적벽대전에서도 우리 장수들이 많은 공을 세웠고, 나 역시 동남풍을 불러왔으니 주유만의 승리라 할 수 없소이다" 하면서 유비가 형주를 차지하는 게 정당하다고 설명합니다.

노숙은 할 말이 없었습니다. 하지만 이대로 돌아갈 수도 없었지요. 노숙이 재차 이야기하자 제갈량은 이렇게 대답합니다. "그대의 처지가 많이 난처한 것 같으니, 이렇게 하면 어떻겠습니까? 우리가 형주를 잠시 빌려두고, 다른 근거지를 얻으면 그때 돌려주겠소." 그리고 노숙이 뭐라도 들고 돌아갈 수 있게 유비가 직접 그 약속을 적어서 문서로 만들어줍니다.

두 사람의 입장이 팽팽하게 맞설 때, 서로의 이익을 충돌할 때, 그때 필요한 기술이 외교술입니다. 저는 제갈량이 형주를 두고 '빌린다'라는 개념을 가져온 걸 보면서 정말 아트 외교라고 생각했어요. 형주에 관한 유비와 손권의 이해관계는 복잡하게 얽혀 있었습니다. 천하를 셋으로 나누어 서로가 서로를 견제하는 균형 상태로 만들려면 유비는 이번 기회에 꼭 근거지를 확보해야 했어요. 손권 역시 조조와의 싸움에 반대하는 신하들을 꺾고 이번 전쟁에 병력과 물자를 동원했기 때문에 형주를 이런 식으로 내줄 수 없었어요. 두 사람 모두 쉽게 물러설 수 없는 상황이었죠. 그렇다고 둘 다 지배권을 강하게 내세우며 '우리 땅이라 줄 수 없다'라는 단정적인 언어를 사용했다면 전쟁이 벌어질 상황이었습니다. 전쟁이 나면 균형 상태는 깨지게 될 테고요.

포기할 수도 싸울 수 없는 이 상황에서 제갈량이 내민 카드가 '빌리겠다'였습니다. 이 땅은 손권이 가져야 하는 땅인데, 우리가 이런저런 이유로 잠시 쓰고 다른 근거지를 확보하면 손권에게 돌려주겠다는 것이었죠. 유비와의 전쟁이 부담스러운 건 손권도 마찬가지이니, 형주를 임시로 내주되 언젠가 돌려받는다는 명분을 제갈량이 만들어준 거예요. '빌린다'라는 건 동맹도 깨지 않고 두 사람 모두의 이익도 보장하는 외교적 언어였습니다. 이로써 위태롭긴 했지만 동맹은 지속되었고, 제갈량은 형주도 얻고 세력을 재건할 시간도 얻었지요.

제갈량이 이렇게 나오니 별다른 방법이 없었던 노숙은 유비의 문서를 들고 돌아옵니다. 물론 주유는 머리끝까지 화가 났어요. 제갈량의 술수가 다 보였거든요. 유비가 언제 다른 땅을 공격할지, 그 공격이 성공하기는 할지 누가 알겠어요. 만일 성공한다고 해도 형주를 순순히 돌려줄지 의문이었지요. 그렇지만 달리 방법이 없었습니다. 이러지도 저러지도 못하니 유비를 향한 분노만 커졌어요. 처음부터 삐거덕거렸던 손유 동맹은 점점 틀어지기 시작했습니다.

◆ 묘책이 담긴 비단 주머니

어떻게 하면 형주를 되찾을 수 있을까 궁리하던 주유는 유비의 부인이 죽었다는 소식을 듣고 한 가지 아이디어를 떠올렸습니다. 결혼 동맹을 제안해서 유비를 강동으로 불러들일 작정이었지요. 손권에게 여동생이 있었거든요. 물론 두 사람을 정말로 결혼시킬 생각은 아니었어요. 유비가 오면 바로 가둬놓았다가 형주 땅과 맞바꿀 작정이었습니다. 주유의 거짓 결혼 아이디어를 들은 손권도 좋은 생각이라며 당장 추진하라고 합니다.

제안을 받은 유비는 고민이 많았습니다. 거절하자니 손권과의 동맹이 깨질 것 같고, 수락하자니 강동으로 가는 것이 위험한 일이었지요. 그래서 부인이 떠난 지 얼마 되지 않았다, 손권의 여동생이 너무 어리다 하면서 주저했습니다. 하지만 제갈량은 태연하기만 했어요. 한숨을 푹푹 쉬는 유비에게 "새 장가도 들고, 형주도 지킬 방법이 있습니다" 하면서 얼른 결혼하라고 권했지요. 이렇게 유비의 새 결혼을 두고 주유와 제갈량의 지략 대결이 시작됩니다.

제갈량은 강동으로 향하는 유비 곁에 조자룡을 붙여주었습니다. 그러고는 조자룡에게 비단 주머니 세 개를 건네주면서 말합니다. 첫 번째 비단 주머니는 도착하는 즉시 열어보고, 두 번째는 한 해가 저물어갈 무렵, 세 번째는 상황은 위급한데 방법이 없을 때 펼쳐보라고요. 절묘한 계책을 담은 이 **제갈량의 비단 주머니** 이야기는 지금도 정치인이나 리더들이 많이 인용하곤 하죠. 위기를 해결할 좋은 아이디어나 전략을 상징하게 되어서 오늘날까지도 위기 관리나 리더십에 영감을 주거든요.

강동에 도착한 조자룡은 첫 번째 주머니를 열었습니다. 거기에는 유비가 손권의 여동생과 결혼한다는 소문을 퍼뜨리라고 쓰여 있었습니다. 데리고 온 군사들을 풀어 결혼을 위한 물건을 사면서 이 결혼을 장안의 화제로 만들라는 겁니다. 제갈량의 말대로 군사들은 여기저기에 유비가 결혼을 하기 위해 왔다는 소문을 냈고, 소문은 날개 돋친 듯 퍼져나갔습니다.

이 소문은 태부인의 귀에까지 들어갔습니다. 태부인은 손권의 이모이자 계모입니다. 자매가 함께 손권의 아버지인 손견에게 시집을 갔거든요. 손권의 친모인 언니가 죽은 뒤로는 손씨 집안의 가장 큰 어른이 되었지요. 손권도 태부인을 어머님으로 깍듯이 공경하며 모셨어요. 유비와 거짓 결혼을 시키려는 손권의 여동생은 태부인이 낳은 딸이었습니다. 태부인 입장에서는 딸이 자신도 모르는 새에 결혼을 한다니 얼마나 황당하겠어요. 게다가 딸은 스무 살 남짓한데 유비는 쉰이 다 되었거든요. 이 황당무계한 일을 듣고 난리가 났지요.

태부인은 당장에 손권을 찾았습니다. 대체 이게 무슨 일이냐,

어떻게 나와 상의도 안 하고 이럴 수 있느냐, 언니가 너를 이렇게 키운 거냐 하면서 대성통곡했어요. 손권은 어쩔 줄을 몰랐습니다. 혼사는 그저 유비를 부를 핑계였는데, 여기저기 소문이 나 버렸으니 도리어 당황했지요. 할 수 없이 태부인에게 비밀을 털어놔야 했습니다.

자초지종을 들은 태부인은 더 화를 냈습니다. 자기 딸을 미끼로 그런 음모를 꾸미다니 용서할 수 없다는 거예요. 그러고는 유비를 직접 만나겠다고 나섰습니다. 그런데 막상 보니까 유비가 무척 마음에 들었던가 봐요. 그 자리에서 사위로 삼겠다고 못을 박아요. 대단한 효자였던 손권은 태부인의 말을 따를 수밖에 없었어요. 결국 여동생을 유비에게 시집보냈지요. 이번에도 유비 좋은 일만 해준 겁니다.

주유는 새로운 계책을 내놓았습니다. 이왕 이렇게 된 거 유비를 강동에 눌러앉게 하자는 것이었어요. 그러면 동생들과 멀어지고 형주를 지키는 데에도 관심이 없어질 거라는 계산이었습니다. 그래서 손권은 유비 부부가 머무는 곳을 화려하게 꾸며주고, 술과 음식, 보석에 미인들까지 보내며 온갖 향응을 제공합니다. 유비는 난생처음 경험한 쾌락에 푹 빠져버렸어요. 거기다 새 신부인 손부인과 장모 태부인의 보살핌까지 받으니 더없이 편안하고 안락한 생활에 심취하고 맙니다.

손권과 주유의 계략에 따라 유비가 달콤한 신혼 생활에 빠져 있는 동안 시간이 흘러 어느덧 한 해가 다 저물었습니다. 조자룡은 형주로 돌아갈 생각을 하지 않는 유비 때문에 걱정이 이만저만이 아니었습니다. 그러던 어느 날, 제갈량이 주었던 비단 주머니가 떠올랐어요. 두 번째 주머니를 열었더니 역시나 묘안이 들어 있었습니다. 주머니 속에 적힌 지시에 따라 조자룡은 유비를 찾아가 조조의 대군이 형주로 향하고 있다는 거짓말을 했어요. 퍼뜩 정신이 든 유비는 그제야 떠날 채비를 합니다. 손부인도 따라가겠다고 나섰어요. 이제 부부니까 당연히 함께해야 한다는 거예요. 두 사람은 방비가 허술한 틈을 타서 도망쳤습니다.

뒤늦게 이 사실을 안 손권은 화를 참지 못하고 옥벼루를 집어 던지며 씩씩댔습니다. 그러곤 당장 유비의 뒤를 쫓으라며 군사들을 보냈죠. 손권의 군사들은 빠르게 추격했습니다. 마침내 유비 일행을 따라잡은 손권의 군사들은 앞에서는 길을 막고, 뒤에서도 추격을 멈추지 않았습니다. 유비 입장에서는 그야말로 진퇴양난이었죠.

이때, 조자룡이 세 번째 주머니를 열어봅니다. 그리고 그 안의 글을 유비에게 건네죠. 제갈량이 적어둔 글을 읽은 유비는 손부인에게 그간의 일을 고백했습니다. "사실 우리의 혼사는 나를 없애려는 주유의 함정이었소"부터 시작해 강동을 벗어나기 위해 조조군이 쳐들어온다는 거짓 소식을 전한 것까지 눈물을 줄줄 흘리면서 사실대로 말하고는 도와달라고 사정했지요.

손부인은 충격을 받았지만, 오히려 괜찮다고 유비를 안심시키고 자신만 믿으라고 합니다. 그러고는 기세등등하게 다가오는 장수들에게 당장 비키라고 호통을 칩니다. 손부인은 소문난 여장부였거든요. 어릴 적부터 무술을 배우고 시녀들에게도 무기를 들게 하는 사람이었어요. 어머니인 태부인이 허락한 일인데 막는다니 반역이 아니냐면서 "너희는 주유는 무섭고, 나는 무섭지 않더냐!" 소리를 지르고 호랑이 같은 장수들을 마구 몰아붙입니다. 결국 장수들도 못 이기는 척 물러서고 말았습니다. 손권조차 태부인에게 쩔쩔맸잖아요. 태부인의 딸이자 손권의 동생인 손부인을 한낱 장수들이 어떻게 험하게 대할 수 있겠어요.

유비는 털끝 하나 다치지 않고 강동과 형주의 경계를 이루는 강까지 왔어요. 아니나 다를까 제갈량이 배를 몰고 와서 두 사람을 기다리고 있었습니다. 주유가 뒤늦게 직접 수군을 이끌고 추격해 왔지만, 제갈량은 얼른 강을 건너 형주 땅에 닿은 다음 준비해 둔 말과 수레에 유비와 손부인을 태워 도망쳤습니다. 수군만 데리고 왔기 때문에 육상 전투는 주유에게 크게 불리했어요. 그럼에도 주유는 형주 땅에 상륙해 맹렬하게 추격했습니다. 이번에 놓치면 끝이라고 생각했던 거지요. 그때 숨어 있던 관우의 군사들이 사방에서 튀어나왔습니다. 주유와 군사들은 크게 패한 채 정신없이 강으로 돌아왔지요.

간신히 배에 오른 주유는 분을 이기지 못하고 소리쳤어요.

"아아, 또 실패로구나!" 어떤 꾀를 내도 제갈량에게 읽히니 답답하기 그지없었습니다. 형주도, 손부인도 내준 셈이니 손권을 볼 낯도 없었죠. 울화가 너무 치민 탓일까요? 겨우 나아가던 상처도 다시 터져 배 위에서 쓰러지고 말았어요. 주유의 수난은 좀처럼 끝나지 않았습니다.

◆ 제갈량의 라이벌, 주유의 죽음

유비를 놓친 손권은 노발대발했습니다. 계획대로 된 것이 하나도 없었으니까요. 손권도, 주유도 머릿속엔 형주를 쳐서 유비에게 패배를 되갚을 생각밖에 없었습니다. 하지만 신하들이 손권을 말립니다. 조조도 호시탐탐 적벽의 패배를 씻을 기회만 노리고 있는데 유비와 싸워서는 안 된다는 거예요. 그러니 오히려 조정에 사람을 보내 유비를 형주를 다스리는 관리인 형주 목사로 임명해 달라고 청하라 조언합니다. 그렇게 하면 조조는 손유 동맹이 굳건한 줄 알고 함부로 움직이지 않을 것이고, 유비는 고마운 마음에 손권에게 죽을 뻔한 사실을 눈감아줄 테니 일거양득이라는 거예요. 과연 일리가 있는 말이었지요.

손권이 조정에 사신을 보냈을 때, 조조는 동작대 완공 기념식을 하고 있었어요. 제갈량이 조조가 주유의 아내를 데려와 놀기를 바란다고 속였던 그 대형 누각이 비로소 완성됐던 거예요. 동작대는 엄청나게 웅장하고 화려했습니다. 지금은 터만 남아 있지만, 기록에 따르면 산처럼 높이 솟아 있었대요. 그 위에 앉아 자기에게 고개를 조아린 많은 신하를 보고 있자니 조조의 기분은 날아갈 듯 가벼웠습니다. 흥이 올라서 시를 한 수 짓겠다며 붓을 딱 들었는데, 때마침 손권의 사신이 도착한 거예요.

그는 유비와 손권이 사돈이 되었다는 소식과 함께 유비가 형주의 주인이 되었으니 목사로 임명해 달라는 손권의 청을 전달했습니다. 조조는 청천벽력 같은 소식을 듣고 붓을 떨어뜨리고 말았습니다.

"유비는 용과 같은 인물이지만 노닐 수 있는 물이 없었다. 이제 용이 바다로 들어간 셈이로구나!"

근거지를 갖지 못해 유랑하던 유비가 이제 땅을 가졌으니 돌이킬 수 없다는 생각에 조조는 탄식했습니다. 이를 들은 책사 정욱은 새로운 계책을 내놓았습니다. 유비를 형주 목사로 추천한 것은 사이좋은 척하기 위함일 뿐 사실은 손권이 이를 갈고 있을 테니, 오히려 주유를 형주에 있는 남군의 태수로 임명하라고 알려줍니다. 그러면 양쪽이 분명 싸우게 된다는 거예요.

정욱의 예상대로 주유는 태수 자리가 달갑지 않았습니다. 남군을 비롯한 형주 땅이 전부 유비의 손안에 있는데 그곳 관리에 임명된 게 무슨 소용이겠어요. 게다가 주유 입장에서 남군은 남군성을 빼앗겨 형주를 도둑맞게 된 뼈아픈 기억이 있는 곳이잖아요. 주유는 손권에게 상소를 올려 유비에게 빌려준 형주를 되

찾아야 한다고 닦달했습니다.

결국 노숙이 유비를 만나기 위해 형주로 떠났어요. 자기에게 책임이 있으니까 직접 해결하겠다는 거였지요. 사실 제갈량의 화려한 활약을 강조하느라 매번 당하는 사람으로 묘사되곤 하지만, 노숙이야말로 자신만의 천하삼분지계를 구상하고 지키려 애쓴 사람이었어요. 손권과 유비의 동맹이 굳건해야 조조를 상대할 수 있다는 점을 손권의 신하 중에서 누구보다 정확하게 보고 있었습니다. 그래서 제갈량과 주유 사이에서 이렇게나 고생을 한 거예요.

유비를 찾아간 노숙은 점잖게 이야기를 꺼냈습니다. "익주는 언제 치실 겁니까? 이제 형주를 돌려주셔야 하지 않겠습니까?" 그런데 노숙의 말을 들은 유비는 다짜고짜 울기 시작했어요. 그러자 제갈량이 나타나서는 한숨을 푹 쉬면서 설명합니다. 익주는 유장이 다스리고 있는데, 유비의 아우뻘 되는 황실의 후손인지라 함부로 공격했다가는 손가락질을 받는다는 거예요. 익주는 형제의 땅이라 치기 어렵고, 형주는 손권에게 돌려줘야 하고, 유비로서는 울지 않을 수 없다는 것이었습니다. 그러면서 조금만 더 시간을 달라고 합니다. 마음이 약한 노숙은 더 이상 독촉하지 못하고 발길을 돌렸습니다.

이럴 때마다 주유는 가슴을 쳤어요. 제갈량이 노숙을 가지고 노는 게 다 보였거든요. 답답했던 주유는 "당신들이 익주를 칠 수 없다면 우리가 직접 치겠소"라고 전합니다. 익주 땅을 빼앗아서 결혼 예물로 줄 테니까 형주와 바꾸자는 것이었어요. 대신 길을 빌려달라고 하지요. 강동에서 익주로 가려면 형주를 거쳐서 가야 했거든요. 실은 익주 공격을 빌미로 형주를 지나다가 유비를 쳐서 사로잡는 게 주유의 진짜 목적이었어요. 이러한 계책을 '가도멸괵假道滅虢'이라고 합니다. 가도멸괵은 다른 나라의 길을 빌려 지나가는 척하다가 그 나라를 쳐서 없앤다는 뜻이에요. 현대에는 정치와 외교 분야에서 속셈을 감추고 상대를 안심시킨 뒤에 공격하는 모습을 일컬을 때 사용되곤 하죠.

주유의 제안을 전해 들은 제갈량은 단번에 그 속셈을 눈치챘습니다. 하지만 아무것도 모르는 척 길을 빌려주겠다고 해요. 소식을 들은 주유는 드디어 제갈량을 속였다며 싱글벙글합니다. 그러곤 얼른 수만 명의 군사를 일으켜 형주성으로 진격했죠. 아니나 다를까 형주성에 도착하자마자 함정에 빠지고 말았습니다. 상황을 제대로 파악하기도 전에 관우, 장비, 황충의 군사들이 사방에서 밀려들었어요. 또다시 제갈량에게 당한 거지요. 그 사실을 깨달은 주유는 피를 토하며 쓰러졌습니다. 화살에 맞은 상처가 세 번째로 터진 거예요.

제갈량은 누워 있는 주유에게 편지를 보냈어요. 그 편지에는 주유가 어째서 익주를 점령할 수 없는지 적혀 있습니다. 익주의 지형이 험하고, 유장은 보기만큼 나약하지 않으며, 조조가 강동을 계속 노리고 있으니 관두는 게 낫다는 거예요. 구구절절 맞는 말이었어요. 주유는 아무 말 없이 편지를 읽어 내려갔습니다. 평소라면 화가 치밀었을 텐데, 한탄만 나올 뿐이었어요. '이제 일어날 수 없겠구나!' 죽음을 직감한 주유는 있는 힘을 다해 몸을 일으켜 손권에게 올리는 유서를 쓰고는 하늘을 향해 이렇게 외쳤습니다.

"하늘이시여, 주유를 세상에 내놓고 어찌 또 제갈량을 내놓은 것입니까!"

탄식하던 주유는 결국 눈을 감고야 말았습니다. 주유에게 제갈량은 아무리 발버둥 쳐도 넘을 수 없는 산이었어요. 매번 무력감을 안겨주는 존재였지요. 주유는 마지막까지 제갈량을 이기지 못하고 죽습니다. 주유의 죽음을 읽을 때마다 참 안타까운 마음이 듭니다. 하늘에 대고 소리 칠 정도로 컸던 그의 좌절감이 절절하게 느껴지거든요.

주유는 강동에 손씨 정권이 자리 잡을 수 있게 만든 무척 뛰어난 인물이었어요. 하지만 제갈량이 항상 그를 앞섰지요. 영원한 2인자의 비극을 담은, 삼국지 최고의 라이벌 이야기가 그렇게 탄생했어요. 죽을 때 주유의 나이는 서른여섯이었습니다. 본인은 물론, 손권에게도 지나치게 이른 죽음이자 돌이킬 수 없는 손실이었지요. 역사에 '만약'이란 없다지만, 주유가 더 오래 살았다면 삼국의 향방이 조금은 달라졌을지도 모르겠습니다.

◆ 봉추 방통의 합류

주유는 손권에게 올린 유서에 자신의 후임으로 노숙을 추천했습니다. 그 이야기를 들은 노숙은 혼자서 해낼 수 없다며 방통을 또 추천했어요. 방통이 적벽대전에서 조조의 배를 엮어 주유를 도운 인물이고, 그가 곧 봉추라는 사실을 알았던 손권은 노숙의 말에 반색합니다. 그런데 막상 만나고 나서는 탐탁지 않게 여겨요. 방통의 생김새가 너무 볼품없었거든요. 《삼국지연의》에 따르면 용모가 추하고, 수염은 짧고, 키가 작았대요. 아주 직설적인 묘사지요.

잔뜩 기대하고 있었던 손권은 외모도 별로인데 자신의 말에 대답도 시원찮게 하는 방통을 무시합니다. '와룡과 봉추'로 방통과 함께 언급되는 제갈량을 보았을 때 느꼈던 기품이 전혀 보이지 않았거든요. 방통도 실망한 건 마찬가지였습니다. 손권의 마음을 눈치채고 별다른 말 없이 물러났지요. 노숙이 다시 설득했지만, 손권은 고개를 저었어요. 방통 역시 자신을 붙잡는 노숙의 손을 놓으며 "조조에게나 가볼까 합니다" 하고 우스갯소리를 합니다. 그러자 노숙은 펄쩍 뛰면서 차라리 유비를 찾아가라고 해요. 아예 추천서까지 써줍니다. 유비 밑에서 일하게 된다면 손권과의 동맹을 더욱 단단히 다지도록 도와달라는 말도 잊지 않았지요.

그러나 유비를 만난 방통은 노숙이 써준 추천서를 보여주지 않았습니다. 누구의 도움도 없이 자기 모습 그대로 면접을 보고 싶었던 거예요. 유비가 어떤 인물인지 가늠해 보고 싶은 마음도 있었겠지요. 마침 방통을 잘 아는 제갈량은 형주의 여러 고을을 살피러 가서 자리에 없었습니다. 그런데 아무 정보 없이 방통을 맞은 유비 역시 그를 그리 반가워하지 않았어요. 그래서 가까이 두지 않고 뇌양현이라는 조그만 마을의 현령으로 보내버립니다. 조선 시대 사또와 비슷한 직책을 준 것이니 방통에게는 너무나 작은 자리였지요.

뇌양현으로 간 방통은 아무 일도 하지 않았습니다. 매일 술만 퍼마셨어요. 그 소식을 들은 유비는 잔뜩 화가 났습니다. 작긴 해도 자리를 내줬더니 백성을 살피지는 못할망정 술이나 마시고 있었으니까요. 백성 사랑이 끔찍한 유비가 이를 두고 볼 리 없죠. 그래서 장비를 불러 직접 가보라고 일렀습니다. 아니나 다를까, 장비가 뇌양현에 도착했지만 방통은 술에 취해 늦잠을 자고 있었습니다. 장비는 방통을 불러 "일을 하라고 벼슬을 줬더니 대체 이게 무슨 꼴이냐?" 하고 버럭 소리를 질렀습니다. 그럴 만도 했어요. 방통이 옷도 제대로 못 입고 부축을 받아야 할 정도로 취해 있었거든요. 그런데 웬걸, 방통은 피식 웃기만 했습니다. 덩치가 산만 한 장수들도 벌벌 떨게 하는 장비 앞에서 전혀 기죽지 않았어요. 오히려 이런 촌구석 일은 금방 해낼 수 있다며 밀린 일거리를 모두 가져오라고 큰소리를 칩니다.

방통 앞에 송사 관련 문서들이 차곡차곡 쌓이기 시작했어요. 송사에 얽힌 사람들도 마당을 가득 채웠지요. 방통은 억울함을 주장하는 사람들의 사연을 들으면서 문서를 읽고, 그와 동시에 판결을 내렸어요. 귀와 눈, 입이 한꺼번에 일을 한 거예요. 거의 컴퓨터 같은 속도로 일을 처리하면서도 어찌나 깔끔하게 문제를 해결하는지 누구 하나 토를 달지 않고 만족하며 물러났습니다. 몇 달간 쌓여 있던 업무가 몇 시간 만에 끝나버렸어요. 방통은 말했습니다. "조조와 손권의 마음과 생각도 손금 보듯 훤히 보이는데, 이런 작은 고을의 일이야 뭐가 어렵단 말이오?"

일을 떡 벌리고 지켜보던 장비는 방통에게 사과했습니다. 방통은 그제야 노숙의 추천서를 꺼내 들었어요. "이걸 왜 이제야 보여주십니까?" 장비가 묻자, 그저 실력만으로 인정받기를 원했다고 대답합니다. 방통의 말에 장비는 거듭 감탄했어요. 우리가 이런 인재를 몰라봤다니 하면서 그날 있었던 일을 유비에게 빠짐없이 전했습니다.

장비의 이야기를 듣고 노숙의 추천서를 읽은 유비는 외모만으로 사람을 판단한 점을 깊이 반성했습니다. 고을들을 살피고 돌아온 제갈량도 방통의 우수함을 추켜세우며 크게 써야 한다고 힘을 실어주었습니다. 유비는 방통을 다시 형주성으로 불러들였어요. 방통이 도착했다는 말을 듣고서는 버선발로 뛰쳐나가 반겼지요. 방통은 그렇게 유비의 사람이 되었습니다.

수경 선생 사마휘는 유비에게 와룡과 봉추 중 한 명만 있어도 천하를 얻을 수 있을 거라고 했습니다. 그런데 두 사람이 모두 곁에 있으니 유비는 벌써 천하를 얻은 듯한 기분이었어요. 비록 조조나 손권이 가진 넓은 땅은 없었으나 유비에게는 사람이 있었습니다. 충성을 다하는 장수와 뛰어난 책사 그리고 유비를 따르는 백성이 늘 함께했지요. 이것이 바로 유비의 가장 큰 재산이었습니다.

익주 점령으로 실현된 천하삼분

◆ **유비의 다음 목적지, 익주**

　형주를 손에 넣은 유비는 조조가 말한 대로 바다로 들어간 용처럼 상승세를 탔다고 해도 과언이 아닙니다. 형주를 근거지로 삼았으니 다음은 익주를 손에 넣어야 했어요. 형주는 손권과 얽혀 있기도 하고, 형주에만 안주해서는 천하를 손에 넣을 수 없었거든요. 그러니 유비의 시선은 자연히 형주의 서쪽 땅, 익주로 향하게 되었습니다.

　중국 음식 중에 사천요리가 있는데요, 이 요리들은 고추와 향신료를 많이 써서 향이 강하고 매운 것이 특징입니다. 요즘 즐겨 먹는 마라로 만든 요리들이 대표적이에요. 그 사천 지방이 현재 중국의 서쪽 내륙 깊숙이에 있는 쓰촨성입니다. 중국 지도를 보면 서쪽은 온통 높은 산맥과 광활한 고원인데 태풍의 눈처럼 동

그렇고 거대한 분지가 하나 보일 거예요. 거기가 쓰촨성입니다. 이 쓰촨 분지가 익주의 중심 지역이었어요.

이 분지와 관련된 또 다른 특징은, 주변이 아주 험한 산맥으로 둘러싸여 있다는 것입니다. 그 틈으로 난 길도 무척 좁아서 주요 관문만 틀어막으면 안으로 쉽게 드나들 수가 없었어요. 험준한 산 안에 숨어 있는 거대한 분지는 그래서 하늘이 내린 요새, 천혜의 근거지였습니다. 머나먼 변방이라 할 수도 있지만 틀어박혀서 세력을 키우기엔 이만한 땅이 없었어요. 형주를 차지한 유비와 제갈량이 익주로 눈을 돌린 이유였지요.

익주
험준한 산악 지대, 거대한 분지
천하삼분의 한 축
삼국지 후반부의 주무대

익주를 말할 때는 한중을 함께 살펴봐야 해요. 한중은 익주 북부에 붙은 작은 분지 지역인데 여기도 위치가 기가 막혔어요. 북쪽 산맥을 통과하면 옛 수도 장안, 그러니까 조조의 땅으로 갈 수 있고, 남쪽으로 가면 익주, 동쪽으로 가면 형주였거든요. 정치적으로나 군사적으로나 사방의 길목을 차지하는 굉장히 중요한 땅이었지요. 유비의 먼 조상이자 한나라를 건국한 유방도 이곳

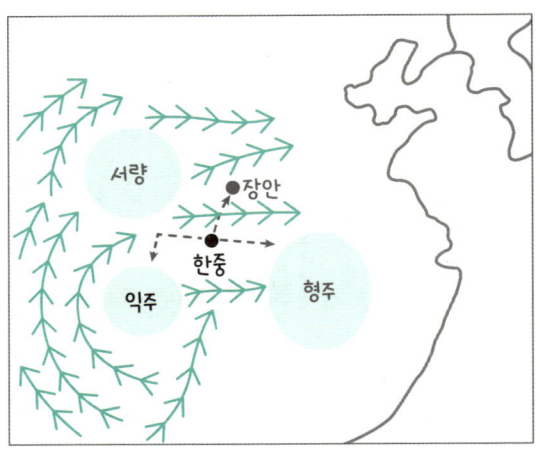

산으로 둘러싸인 익주와 한중

한중에서 힘을 길러 천하를 차지했습니다.

익주를 차지하는 사람이라면 반드시 한중을 가져야 하는 이유가 바로 여기에 있습니다. 한중은 길이 험한 익주로 드나드는 출입문 같은 곳이었어요. 익주를 기반으로 힘을 길러 중원에서 조조를 몰아내고 천하를 통일하려면 한중을 꼭 손에 넣어야만 했습니다.

이때 한중을 다스리는 사람은 장로라는 인물이었습니다. 한중은 워낙 험한 산지로 둘러싸여 있는 데다가 중원과 거리도 멀어서 외부의 간섭을 별로 받지 않았어요. 조정에서도 장로를 태수로 임명해 그 지배를 인정하고 공물을 받는 정도로 타협한 상태였지요. 그런데 조조가 서량을 평정하며 다시 힘을 키우기 시작하자 장로는 위기의식을 느끼기 시작했습니다. 서량과 한중의 거리가 가까우니 곧 한중에도 쳐들어오겠구나 싶었던 거예요. 그래서 먼저 익주를 차지한 다음, 한중왕이 되어 조조와 맞서겠다고 결심합니다.

장로가 공격을 준비한다는 첩보가 익주에 전해지자, 익주 목사 유장은 긴급회의를 열었습니다. 이때 장송이라는 사람이 나섰어요. 자기가 조조를 찾아가 선물을 바치면서 한중을 공격하라고 권하겠다는 거예요. 그러면 장로가 조조를 막느라 급급해 익주로 쳐들어올 수 없을 테니까요. 장송은 큰 꿈을 품고 허도로 길을 떠났지만 조조를 만나는 일은 쉽지 않았습니다. 조조의 지위가 워낙 높아지기도 했고, 여러 지역을 평정하며 오만해지기도 했거든요. 아무나 만날 수 있는 사람이 아니었습니다. 결국 장송은 뇌물까지 써가면서 겨우겨우 조조를 만납니다. 그런데 설득은커녕 매만 실컷 맞고 쫓겨나요. 조조의 비위를 맞춰도 모자랄 판에 너무 사실만 말해서 오히려 조조를 무시하고 아픈 곳을 찌르는 말들을 했거든요. 오만방자해진 조조는 장송이 예의가 없다며 화를 내고 쫓아버렸습니다.

계획이 틀어진 것을 걱정하던 장송은 조조 대신 유비는 어떨지 한번 확인해 보기로 합니다. 유비의 인품이 어질다는 소문이 자자했으니 조조와 비교해 보고 싶었던 거예요. 역시나 유비는 장송을 엄청나게 환대했어요. 제갈량과 방통이 함께 나와서 인사를 하고, 술과 산해진미를 마련해 잔치를 벌이고, 헤어질 땐 아쉽다며 눈물도 흘립니다. 이들은 장송이 조조에게 어떤 일을 겪었는지, 왜 유비를 찾아왔는지 다 알고 있었지만, 익주에 대해서는 한마디도 하지 않았어요. 장송도 유비에게 익주가 필요하리라 짐작하고 있었지요. 환대에도 감격했지만, 전혀 욕심을 드러내지 않는 유비에게 더욱 감탄했습니다. 자신이 모시는 유장은 나약해 익주를 이끌 수 없다는 생각도 품고 있었고요.

결국 장송은 유비에게 익주를 바치기로 마음먹었어요. 유비가 "그래도 어떻게 같은 황실의 후손인 유장과 싸우겠소?" 하면서 한발 물러서니 기회를 놓치지 말라는 말과 함께 거듭 설득하고는 익주 지도까지 주고 갑니다. 당시에 지도를 준다는 건 일급 군사 기밀을 넘기는 거나 마찬가지였어요. 지금처럼 인터넷으로 전 세계의 지리를 파악할 수 있는 시대가 아니었으니까요.

익주로 돌아온 장송은 유장에게 유비와 손을 잡아야 한다고 주장합니다. 아예 유비를 익주로 불러오자고도 해요. 유장도 바로 찬성했습니다. 그러자 신하들의 반대가 이어졌습니다. 유비가 오면 익주를 빼앗으려고 할 게 분명하다는 거예요. 그래도 유장은 고집을 꺾지 않아요. 유비에게 편지를 보내 기어코 익주로 불러들입니다. 유장도 도움이 절실했고, 다른 이보다는 종친이자 형님뻘인 유비를 믿을 수 있다고 본 거예요.

이로써 유비가 5만 명의 군사를 이끌고 익주로 향합니다. 조조와 손권이 빈틈을 노릴지도 모르니 형주에는 제갈량, 관우, 장비, 조자룡이 남아 지키기로 하고, 익주로 가는 유비 곁에는 방통과 다른 장수들이 따랐습니다. 유장도 군사를 이끌고 익주의 중심지인 성도에서 멀리 떨어진 성까지 마중을 나왔습니다. 드디어 만난 유비와 유장은 형제의 정을 나누며 사이를 돈독히 했습니다.

속이 타는 건 양쪽의 부하들이었습니다. 의심을 거두지 않은 유장의 부하들은 틈만 나면 유비는 위험하다고 고했고, 얼른 대사를 치르고 싶은 유비의 부하들은 기회가 있을 때 유장을 없애야 한다 난리였어요.

이 와중에 잠잠하던 한중의 장로가 가맹관에 쳐들어왔습니다. 가맹관은 한중과 익주를 오가는 길목을 지키는 중요한 관문이었어요. 유비가 가맹관을 지키겠다고 자처해 떠나자, 유장의 부하들은 유비가 그곳에서 익주를 차지하려 들지도 모른다며 우려했습니다. 결국 유장은 성도로 돌아가면서 가맹관 근처 요충지에 장수들을 보냈어요. 유비가 성도로 향할 때를 대비해 군사를 배치한 거지요.

가맹관에 머무는 동안 유비는 익주의 민심을 공략했습니다. 항상 민심부터 얻는 게 유비의 방식이었어요. 종친을 공격할 수 없다고 하면서도 결국은 익주를 쳐야 한다는 걸 알고 있었던 거예요. 그리고 마침내 익주 정벌을 결심합니다. 방통의 계책에 따라 우선 형주로 돌아가는 척하다가 유장의 군사들이 방심한 틈을 타 성도를 공격하기로 전략을 세웠죠.

그런데 예상치 못한 곳에서 일이 터집니다. 유비가 형주로 돌아간다는 소식을 들은 장송이 그게 속임수인 줄도 모르고 안절부절못한 거예요. 마음이 급해져서 유비에게 지금 돌아가면 안 된다, 얼른 성도를 공격해야 한다는 내용의 편지를 썼지요. 하필 그때 장송의 형이 찾아옵니다. 장송은 얼른 편지를 소매 안에 숨기고 형과 술을 마셔요. 얼마나 마음이 불편했겠어요. 소매자락이 신경 쓰였겠죠. 한 잔 두 잔 마시다 보니 점점 취기가 올랐고 몸가짐이 흐트러지자 그만 편지가 흘러나오고 말았습니다. 이런 걸 보면 정말 술이 문제죠.

편지를 발견한 장송의 형은 편지를 유장에게 가져갔습니다. 역모를 꾀했던 걸 들키면 온 집안이 망할 테니 동생과 선을 그어야겠다고 생각했나 봐요. 하지만 화가 난 유장은 장송 일가를 모조리 처형해 버렸어요. 익주의 모든 관문에는 유비군을 통과시키지 말라는 명령을 내립니다. 익주를 손에 넣으려는 유비, 익주를 지키려는 유장. 이 둘 사이의 싸움이 시작된 것입니다.

✦ 낙봉파에서 맞은 방통의 죽음

충성스러운 장수들의 활약 덕분에 유비는 유장과의 싸움에서 연이은 승리를 거두었습니다. 익주의 여러 지역과 요충지를 차례로 손에 넣으며 익주의 중심지 성도로 나아갔어요. 유비의 파죽지세에 유장의 장수와 신하가 연이어 항복해 오고, 익주의 인재들도 유비에게 합류했습니다.

한창 좋은 분위기가 이어질 무렵 제갈량의 편지가 도착했어요. 천문을 보니 흉조가 있다, 아무래도 조심해야 할 것 같다는 내용이었습니다. 하지만 서신의 내용을 들은 방통은 제갈량의 의도를 오해합니다. '제갈량이 혹여 내가 공을 세울까 견제하는 것은 아닌가. 그렇다면 내 실력을 보여줘야겠군' 하는 생각을 한 것이지요. 그래서 얼른 공을 세우고 싶은 마음에 진군하자고 유비를 재촉합니다.

이제 유비군의 다음 목표는 낙성이었어요. 낙성은 이전에 익주를 다스리던 중심지였을 정도로 중요한 곳이었고, 성도에서 매우 가까웠습니다. 낙성이 함락되면 그다음은 성도였어요. 유장도 낙성을 지키는 데 사활을 걸었지요. 이곳으로 가는 길은 두 가지였습니다. 북쪽에 있는 큰길로 가면 낙성의 동문으로, 남쪽에 있는 좁은 길로 가면 낙성의 서문으로 도착하게 되어 있었지요. 두 갈래 길로 동시에 전진해 낙성에서 한꺼번에 공격하는 것이 작전이었습니다.

유비는 자신이 남쪽의 좁은 길로 가겠다고 나섰습니다. 그쪽이 훨씬 험했거든요. 하지만 방통은 큰길에 분명 매복이 있을 테니 유비가 군사를 이끌고 가서 처리해 달라고 합니다. 결국 유비가 북쪽의 큰길로, 방통이 남쪽의 좁은 길로 향하기로 결정했지요. 유비는 꺼림칙한 느낌을 지울 수가 없었어요. 게다가 떠나기 전, 작은 사고까지 일어났습니다. 방통의 말이 갑자기 날뛰는 바람에 방통이 말에서 떨어진 거예요. 마음이 편치 않았던 유비는 자기가 타고 다니던 백마를 건넸어요. 방통의 말이 이상한 낌새를 보이니 좋은 말인 자신의 말을 타라는 것이었죠. 그렇게 두 사람은 말을 바꿔 탄 뒤에 헤어졌습니다.

남쪽의 좁은 길을 한참 가던 방통은 문득 이상한 느낌을 받습니다. 갑자기 등 뒤가 서늘한 느낌이 들 때가 있잖아요, 방통이 딱 그랬던 거죠. 그래서 익주 지리를 잘 아는 군사에게 물었어요. "이곳의 지명이 무엇인가?" 그러자 낙봉파落鳳坡라는 대답이 돌아왔습니다. 봉황이 떨어지는 언덕이라는 뜻이지요. 방통의 또 다른 이름인 봉추가 봉황의 새끼라는 뜻이라고 했죠? 그러니 방통이 얼마나 놀랐겠어요. "내가 여기서 죽으려나 보구나!" 하면서 탄식했습니다. 그제야 너무 성급하게 움직였다는 생각이 들었습니다. 아니나 다를까, 남쪽 길에는 유장의 군사들이 숨어 있었어요. "저기, 유비가 타고 다니는 백마다!" 하는 외침과 함께 한 무더기의 화살이 한곳을 향해 쏟아졌습니다. 백마를 탄 방통을 유비로 착각한 겁니다. 결국 봉추라 불리던 방통은 마치 운명처럼 봉황이 떨어지는 낙봉파에서 숨을 거두었습니다.

◆ 마초와 익주를 얻다

익주 정벌 전략을 세우고 이끌던 방통을 잃었으니 유비는 상심이 컸습니다. 뒤늦게 방통이 전사했다는 소식을 듣고는 통곡하며 슬퍼했지요. 하지만 이대로 슬퍼하고만 있을 수는 없었습니다. 유비는 형주로 서신을 보내 제갈량을 불러들였습니다. 낙성을 돌파하기에는 힘도 부족했어요. 그래서 유비의 서신을 받은 제갈량은 장비, 조자룡을 비롯한 여러 장수와 신하를 이끌고 익주로 가기로 했습니다.

형주를 지휘하던 제갈량이 떠나니 누군가는 제갈량을 대신해 형주를 맡아야 했습니다. 제갈량은 관우에게 그 책임을 맡겨요. 그러면서 온몸을 바쳐 형주를 지켜야 한다고 신신당부합니다. 절대 형주를 잃어서는 안 된다며 북으로는 조조를 막고 동으로는 손권과 화친해야 형주를 지킬 수 있다는 말을 전했어요. 그리고 이를 꼭 명심하라 합니다. 관우도 제갈량의 당부를 가슴에 새기겠다 답했지요. 제갈량은 관우를 중심으로 형주를 지킬 수 있도록 만반의 준비를 마친 뒤 익주로 향했습니다.

마침내 제갈량을 비롯한 지원군을 만난 유비는 슬픔을 딛고 일어나 격전 끝에 낙성을 함락했어요. 성도로 가는 길이 열린 거지요. 유비는 군대보다는 마음으로 익주를 얻으라는 신하의 조언에 따라 곧장 성도로 진격하지 않고 유장에게 항복하라는 서신을 보냈습니다. 낙성을 잃고 발등에 불이 떨어진 유장은 할 수 없이 한중의 장로에게 도움을 요청했지요. 유장과 앙숙이었던 장로는 처음에는 거절했지만 승리하면 익주 땅을 조금 떼어주겠다고 제안하니 금세 마음을 바꿨습니다. 이때 장로의 명을 받고 출정한 사람이 마초라는 장수였습니다.

마초의 아버지는 마등이라는 인물인데, 그는 유비와 마찬가지로 황제의 혈서를 보고 조조를 처단하는 비밀 결사대에 이름을 올렸던 사람입니다. 마등은 한중과 가까운 서량에서 세력을 떨쳤어요. 서량은 허도에서는 멀리 떨어져 있었기 때문에 조조 암살 계획이 발각되었을 때 살아남을 수 있었지요. 한중의 장로가 익주를 공격하려 결심했던 게 조조가 서량을 정복했기 때문이었다는 점, 기억하시나요? 바로 이때 마등은 조조의 서량 정벌에 맞서다 함정에 빠져 목숨을 잃었지요. 마초는 조조에 대한 적개심에 타오릅니다. 그래서 조조가 서량을 공격할 때 목숨을 걸고 싸웠어요. 하지만 결국 조조에게 패해 방랑을 하게 됐고, 이때는 장로에게 의탁하고 있었습니다. 이 기회에 공을 세워 보답하려고 출정을 자처했지요.

마초의 등장에 유비군은 잠시 주춤했어요. 장비가 나서도 마초의 출중한 무예와 날카로운 기세를 꺾을 수 없었습니다. 마초의 활약을 보고 유비는 그에게 반합니다. 자신의 사람으로 만들고 싶었죠. 이를 위해 제갈량이 교묘한 꾀를 냈습니다. 장로에게 사람을 보내 "마초를 회군시키면 황제의 숙부인 이 유비가 황제께 청해 그대를 한중왕으로 만들어주겠소"라는 말을 전하게 한 것입니다. 동시에 장로가 신임하는 신하 하나를 매수했어요.

제갈량의 생각대로 한중왕이 될 욕심과 옆에서 부추기는 신하의 달콤한 말에 사로잡힌 장로는 잘 싸우고 있는 마초에게 철수하고 돌아오라고 명합니다. 내막을 모르는 마초는 끝까지 싸우겠다는 의지를 보였습니다. 그러자 장로의 신하가 마초를 음해합니다. 마초가 다른 마음을 품어서 돌아오지 않고 공을 세우려 한다는 거예요. 신하의 말에 흔들린 장로는 마초에게 무리한 요구를 합니다. 공을 세우고 싶다면 한 달을 줄 테니 첫째로 익주를 취하고, 둘째로 유장의 목을 베어 오며, 마지막으로 유비군을 전부 몰아내라는 것이었습니다. 제아무리 마초라도 불가능한 임무였지요.

마초는 장로의 태도가 심상치 않음을 느끼고 할 수 없이 철군을 결정했습니다. 그런데 이번에도 그 신하가 마초를 모함합니다. 마초가 한중으로 돌아오는 건 명령 때문이 아니라 모반을 꾀하고 있어서라는 거예요. 장로는 또 그 말을 믿습니다. 그래서 마초가 오는 길목을 다 막아버렸어요. 제갈량의 계략대로 갈 곳이 없어진 마초는, 아버지 마등처럼 유비와 함께 역적 조조를 치자는 말에 설득되어 유비의 장수가 되었습니다.

거칠 것이 없어진 유비는 성도에 대한 포위망을 좁혀나갔습니다. 유장은 항전 의지를 완전히 잃었어요. 자신을 도우러 온 마초까지 유비 편에 서서 항복을 권하자 결국 익주를 포기합니다. 익주를 완전히 평정한 유비는 곧바로 유장을 형주 땅으로 보내버리고는 스스로 익주 목사가 되어 신속하게 체제를 정비해 나갔어요. 가진 것이 아무것도 없었고, 다른 군웅에 늘 뒤처졌던 유비가 마침내 형주에 이어 익주의 주인이 된 거예요.

돌이켜 보면 참 놀라운 일입니다. 유비는 늘 명분을 중요하게 여겼던 터라 다른 사람들이 모두 세력을 잡고 승승장구할 때도 떠돌이 생활을 면치 못했어요. 익주 평정 과정에서도 처음에는 명분과 민심을 우선시했지요. 하지만 본격적으로 정벌에 나

천하삼분의 실현

선 뒤로는 익주를 확실하게 장악해 나갔습니다. 어쩌면 이 한 번의 실리를 택하기 위해서 지금까지 명분이라는 카드만을 선택해왔는지도 몰라요. 물론 익주 정벌을 이끌며 자신의 목숨까지 바친 방통의 영향도 컸겠지만, 결국 최후의 결정은 유비의 것이었습니다. 이 결정 덕분에 조조, 손권과 겨룰 만한 기반이 생기면서 유비는 명실상부 삼국의 한 축이 됩니다. 제갈량이 그렸던 천하삼분이 실현되는 순간이었습니다.

조조와 유비의 대격돌, 한중 전투

◆ **왕위에 오른 조조**

적벽대전에서 패했으나 그 직후부터 차근차근 재정비를 해온 조조는 이제 자신이 황제인 양 권력을 휘두르고 있었습니다. 황제 앞에서는 누구든 종종걸음으로 움직여야 했지만, 조조는 예외였어요. 칼을 차거나 신발을 신고 황제를 만나는 것도 조조에게만 허락됐지요. 이런 특권들을 멀리해야 한다고 조언하는 충신들도 있었지만 조조는 그들을 내쳤습니다. 오랜 시간 곁을 지키며 조조의 두뇌 역할을 해온 책사 순욱도 바른말을 하다가 내쳐져 자결했어요. 그의 조카인 순유 역시 바른말을 해도 듣지 않는 조조 때문에 화병을 얻어 죽고 말았죠. 이 두 사람은 조조의 가장 중요한 책사로 무수한 공을 세웠지만 한순간에 버림받았습니다.

브레이크를 걸어줄 사람들이 사라지니 조조는 폭주하기 시작했습니다. 횡포를 보다 못한 황후가 조조를 암살하려는 계획을 세웠고, 이 계획이 밝혀지자 조조는 황후와 그 일족, 계획과 연루된 사람들을 모조리 죽이고 황후가 낳은 황자 둘까지 살해했어요. 헌제가 통곡하며 황후를 보호하려 했지만 아무 소용이 없었습니다. 그러고는 후궁이었던 자신의 딸을 황후 자리에 앉혔어요. 후한 조정은 완전히 조조 손에 들어간 것이나 마찬가지였지요.

조조의 다음 타깃은 한중의 장로였습니다. 진짜 목표는 유비와 손권이었지만, 우선 한중을 취한 뒤에 익주로 밀고 들어갈 작정이었어요. 장로에게는 조조의 대군을 상대할 만한 힘이 없었습니다. 끝까지 싸우려는 장수들도 있었지만, 장로는 오래 버티지 못하고 항복했어요. 조조는 어렵지 않게 한중을 평정할 수 있었지요.

"기세를 몰아서 익주로 쳐들어가시지요." 순욱과 순유의 죽음 이후 조조를 가까이에서 보좌하게 된 책사 사마의가 말했어요. 유비가 익주에 완전히 자리 잡기 전에 쳐야 한다는 뜻이었지요. 그런데 조조의 반응은 신하들의 예상과 달랐습니다. 방금 한중을 차지했는데 어찌 또 익주를 치러가자고 하느냐며 반대의 의견을 보이죠. 재차 청하는 신하들의 말에 익주의 지형이 험하고 군사들이 지쳐서 안 되겠다고 거절합니다. 일단 한중에서 군사를 정비하며 익주까지 칠 수 있을지 살피자고 해요. 조조도 유비가 맞수가 될 만한 인물이라고 경계해온 만큼 뿌리내리기 전에 제거하고 싶었을 거예요. 하지만 어느덧 예순이 된 조조는 무작정 서두르지 않았습니다.

유비는 조조가 한중을 차지했다는 소식에 위기를 느꼈습니다. 강대한 적이 코앞에 있으니 불안할 수밖에요. 제갈량은 조조를 물러나게 할 방법이 있다면서 강동에 사람을 보냈습니다. 손권에게 형주 동쪽에 있는 세 개의 군을 돌려주겠다는 말을 전하기 위해서였습니다.

사실 유비가 익주를 차지한 뒤에 손권은 이제는 정말 때가 되었다며 유비에게 형주를 돌려달라고 요청했어요. 하지만 그때도 제갈량은 아직 형주 전체는 줄 수 없고 우선 절반인 세 개의 군만 돌려주겠다며 대화를 일단락지었습니다. 그것도 약속만 하고 실제로 주진 않았어요. 그런데 이번에는 그 세 개의 군을 진짜 돌려주겠다는 거예요. 그러면서 이렇게 덧붙입니다. 장차 나머지 지역도 다 돌려주려 하는데 그러면 형주에 있는 관우가 갈 곳이 없다고요. 그러니 강동에서 중원으로 북상하는 길목에 있는 요충지 합비를 공격해 달라고 제안합니다. "합비를 공격해 주시지요. 조조가 합비로 가면 그 틈을 타 우리가 한중을 점령하고, 그곳으로 관우를 보내겠습니다. 그 뒤에 남은 형주 땅을 모두 돌려드리지요." 손권은 이 또한 계책임을 알면서도 합비와 형주를 차지하고 싶은 마음에 제안을 받아들였습니다.

합비는 조조와 손권의 군대가 자주 맞붙는 곳이었습니다. 손권이 중원을 치려면 합비를 반드시 빼앗아야 했어요. 게다가 지금은 조조가 머나먼 한중에 가 있으니 손권에게도 놓칠 수 없는 기회였죠. 제갈량의 생각대로 손권의 공격이 시작되자 조조는 한중에서 군사를 돌려 합비로 갈 수밖에 없었어요. 이것이 바로 천하삼분지계의 묘미였습니다. 어느 한쪽의 힘이 강해도, 나머지 둘이 손을 잡고 견제할 수 있기 때문에 균형이 쉽게 무너지지 않는 거예요.

익주를 향한 조조의 위협은 조조군이 합비로 향하면서 사라졌지만 합비에서의 싸움은 아뿔싸, 손권의 패배로 끝나고 맙니다. 끈질기게 공격하며 계속해서 치열한 전투를 벌였지만 많은 병력을 잃고 교착 상태에 빠지고 말았죠. 결국 손권은 조조에게 매년 공물을 바치는 선에서 이번 전쟁을 마무리지었습니다. 유비에게서 형주의 절반을 돌려받았지만 조조와의 싸움에서 입은 피해가 상당했지요.

조조의 위세에는 막힘이 없었습니다. 허도로 돌아온 조조는 마침내 위국이라는 제후국의 왕, 위왕의 자리에 올랐습니다. 실상은 황제를 협박해서 얻어낸 결과였습니다. 조조는 황제의 조서를 세 번이나 거절하며 어쩔 수 없이 받아들이는 척했지만, 막상 왕이 되자 황제만 쓸 수 있는 관을 쓰고, 황제만 입을 수 있는 옷을 입었어요. 한번 행차할 때마다 음악을 연주하는 악대와 함께 수많은 신하들이 줄줄이 뒤따랐습니다. 천자가 아니라면서 천자의 권세를 모두 누린 셈이지요.

◆ 황충의 활약, 정군산 전투

조조와 손권이 합비에서 맞붙는 동안 익주에서 군대를 정비한 유비는 한중을 공격하기 시작했습니다. 한중은 유비에게도 매우 중요한 곳이었어요. 조조가 한중을 발판 삼아 익주로 가려 했듯, 익주에서도 한중을 거쳐야 중원으로 갈 수 있었거든요. 험준한 산악 지대인 익주에 반드시 필요한 교통의 요지였죠. 결국 유비와 조조는 한중에서 맞붙을 수밖에 없었습니다. 북쪽에서는 조조가 내려왔고 남쪽에서는 유비가 치고 올라갔지요. 이때 한중 일대에서 벌어진 크고 작은 전투들을 묶어 한중 전투라고 합니다.

양측 진영은 한중을 놓고 승패를 주고받으며 팽팽하게 맞섰습니다. 높고 험한 산과 골짜기를 무대로 요새와 관문, 길목을 차지하기 위한 공방전이 치열하게 벌어지는 동안 한발 나아갔다가 한발 물러서는 일진일퇴를 거듭했지요.

이 일련의 전투에서 가장 빛나는 활약을 한 인물은 단연 노장 황충입니다. 황충은 조조군의 맹렬한 공격을 받고 위기에 처한 가맹관을 구하라는 유비의 명에 따라 가맹관으로 갔습니다.

한중에서 익주로 들어오는 길목을 방어하던 가맹관을 역습에 나선 조조군이 노렸거든요. 그런데 황충이 도착했을 때 가맹관 사람들의 반응은 좀 못마땅했어요. 가맹관을 지키고 있던 유비의 장수들은 모두 익주 출신으로 최근에 합류한 사람들이었습니다. 그러니 황충이 어떤 사람인지 잘 몰랐지요. "이런 요충지에 늙은 이를 보내다니 천하의 제갈량도 실수를 하는구먼" 하면서 쑥덕거리고 과소평가했습니다. 아주 터무니없는 말은 아닌 것이 그때 황충의 나이가 일흔에 가까웠어요. 지금도 정년퇴직을 할 나이이니, 당시에는 정말 고령이었습니다. 하지만 황충은 노익장을 발휘했어요. 거짓으로 연이어 패한 척하며 물러나 적을 깊숙이 끌어들이고 교만하게 만든 뒤 갑작스럽게 공격을 퍼부어 단숨에 조조군을 무찔렀지요.

패배한 조조군은 말도, 군량도, 마초도 챙기지 못한 채 허겁지겁 도망쳐야 했습니다. 한수 근처까지 내몰린 조조의 장수들은 여기서조차 밀리면 한중을 넘기는 것과 마찬가지라며 맞서 싸우기로 의기투합합니다. 황충은 개의치 않습니다. 곧장 쫓아와 전열을 가다듬을 틈도 주지 않고 이들을 덮쳤지요. 결국 장수들은 한중의 중심지 근처인 정군산에 주둔하며 조조군을 총지휘하고 있던 하후연에게로 달아나 버렸습니다. 기세를 탄 황충은 거침없이 조조군을 몰아붙였습니다.

황충의 승리에 힘입어 유비는 직접 10만 명의 군사를 이끌고 성도를 떠나 한중으로 진군했습니다. 이 기세를 타고 한중을 차지해서 승리를 확정지어야 할 순간이라고 판단한 거예요. 물론 조조도 반격을 준비합니다. 한중이 위태롭다는 소식을 들은 조조 역시 40만 대군을 이끌고 장안을 거쳐 한중으로 들어왔습니다. 유비와 조조는 이전에도 맞붙은 적이 많았지요. 끝내 유비가 지고 탄식하며 도망가는 그림이 반복됐습니다. 하지만 유비가 제대로 된 근거지를 갖추고 대대적으로 격돌한 건 이번이 처음이었어요. 조조가 우려한 대로 근거지를 확보한 유비는 이전과 달랐습니다.

황충과 하후연이 대치하고 있던 정군산에서 한중 전투의 2라운드가 시작됐습니다. 정군산은 한중 지역의 중심지를 지키는

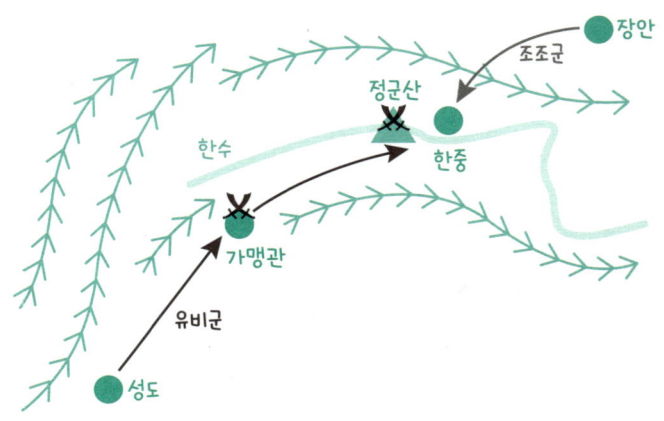

한눈에 보는 한중 전투

최후의 보루 같은 곳이었어요. 한중 방어를 책임지고 있었던 하후연이 이곳에 있었던 것도 그 때문이었죠. 이곳에서도 황충의 활약은 계속되었습니다. 하후연의 군사가 지치길 기다렸다가 기회를 놓치지 않고 북을 치고 함성을 지르며 일제히 돌격했어요. 하후연의 군사들은 제대로 싸울 태세도 갖추지 못한 채 가을바람에 떨어지는 나뭇잎처럼 쓰러졌습니다. 하후연도 달아날 틈이 없긴 마찬가지였어요. 황충은 기회를 놓치지 않고 단칼에 하후연을 베어 죽였습니다. 대장이 죽자 정군산을 지키던 조조군은 완전히 무너졌습니다.

하후연은 조조와 함께 가문을 일으키고 수십 년간 함께 싸워 온 사이였어요. 신뢰하는 장수를 잃은 조조는 크게 슬퍼했습니다. 한쪽 팔을 잃었다면서 소리 내 울었지요. 하후연의 장례를 치른 뒤에는 복수를 다짐하며 전투를 준비합니다. 하지만 도리어 조자룡에게 크게 패하고 말았어요. 조조의 대군은 유비군에게 번번이 당하기만 했습니다.

◆ 계륵 같은 한중

혼전을 거듭하던 조조의 고민은 깊었습니다. 나가서 싸우자니 유비군의 기세가 대단했고, 그렇다고 돌아가자니 세상이 뭐라 떠들어댈지 신경 쓰였죠. 조조의 마음은 흔들리고 있었습니다. 이런 고민이 드러난 일화가 있습니다. 하루는 조조군의 저녁

메뉴로 닭고기가 나왔습니다. 식사를 마친 조조는 남은 닭 뼈를 한참 쳐다보고 있었어요. 그러던 중 오늘 밤 군사들 사이의 암호를 묻는 장수의 말에 이렇게 답합니다. "오늘 암구호는 계륵鷄肋이라고 하라!"

계륵은 닭의 갈비예요. 먹자니 살이 별로 없고, 그냥 버리자니 아까운 부위입니다. 하지만 결국엔 버릴 수밖에 없는 부위죠. 조조에게는 한중이 딱 그랬어요. 연이어 패배를 해서 손실이 큰 데다 군사를 주둔시키고 전투를 이어가며 앞으로 들일 비용까지 생각하면 득이 될 게 없었거든요. 그렇다고 포기하면 유비에게 중원으로 향하는 통로를 내주는 것이나 다름없었지요. 계륵은 한중에 대한 조조의 마음이 반영된 암구호였습니다.

그런데 그날 밤 암구호를 들은 조조의 부하 양수가 군사들에게 짐을 싸라고 했습니다. 이 양수라는 인물은 머리도 좋고 눈치도 빨랐어요. 남들은 모르는 조조의 뜻도 빠르게 알아차렸는데, 그걸 숨기지 않고 매번 드러내는 통에 조조의 미움을 샀었지요. 이번에도 계륵이라는 말만 듣고 이러지도 저러지도 못하고 있던 조조의 의중을 눈치챈 거예요. '허도로 돌아가고 싶으시구나!' 하고는 명령이 내려오기도 전에 철수를 준비한 거지요.

잠이 오지 않아 괜히 영채를 둘러보던 조조는 군사들이 철수 준비를 하고 있는 것을 발견합니다. 도대체 무슨 영문인지 알아보니 양수가 자신의 뜻을 해석해 군사들을 준비를 시켰다는 것을 알게 됐죠. 조조는 불같이 화를 냅니다. 군대에는 명령 체계라는 게 있잖아요. 아무리 속내를 파악했다 하더라도 상관의 명령도 없이 앞서나가서는 안 됐죠. 팔로워로서 리더의 의중을 파악하는 건 중요한 일이지만 양수처럼 혼자 앞서나갔다간 오히려 팀워크를 해치고 피해를 불러올 수도 있습니다. 계속 패하는 와중에 짐까지 싸게 했으니 군사들의 마음이 어땠겠어요. '다행이다. 살아서 집에 가는구나' 했겠지요. 이들에게 다시 싸울 마음을 먹게 할 수 있겠어요? 늘 앞서기를 좋아하던 양수가 섣불리 행동했다가 조조군의 팀워크를 흐트러뜨린 거예요. 전쟁의 중요한 국면에서 있을 수 없는 일이 벌어진 것이지요.

결국 조조는 생각합니다. '양수는 언제나 나의 속마음을 먼저 드러내 군심을 어지럽혔다. 가만두면 언젠가 화를 초래할 것이다.' 결국 조조는 양수에게 군심을 어지럽혔다는 명목으로 참수형을 내립니다.

이 이야기에서 오늘날에도 많이 쓰는 '계륵'이라는 단어가 유래했습니다. 이익은 적은데 버리기에는 아까운 무언가를 들고 있을 때 계륵이라는 단어가 딱 맞다는 생각이 들죠? 조조는 누구보다 한중을 계륵이라고 생각했지만 양수의 말에 괜히 반감이 생겼는지 유비와 계속 싸우겠다고 결정합니다. 하지만 예상했던 대로 결과는 좋지 않았어요. 공격을 재개한 바로 그날, 유비군의 장수가 쏜 화살을 맞아 크게 다치고 말았습니다. 장수들이 곧바로 달려오지 않았다면 목숨까지 잃었을 겁니다. 그제야 조조는 한중을 포기하고 철수하기로 합니다.

살다 보면 조조처럼 계륵 같은 존재를 손에 쥐고 이러지도 저러지도 못할 때를 마주하게 됩니다. 어떤 결정을 내려야 하는지, 무엇을 선택을 해야 할지 고민이 되지요. 하지만 한중이 중요한 지역임에도 계륵처럼 느끼게 된 건 조조가 거듭 패하며 기회를 놓쳤기 때문입니다. 계륵이 무심코 입에서 나왔을 땐 이미 가슴으로는 철수해야 한다는 걸 알고 있었던 거예요. 자신도 받아들이지 못하는 속내를 양수가 드러내 버리니 죽일 정도로 분노한 거고요.

조조는 마음의 소리와 달리 한중을 취하려 진군을 했다가 몸까지 상하고서야 결정을 내렸습니다. 이처럼 계륵이라고 느낄 때는 생각보다 답이 정해져 있는 경우가 많습니다. 그러니 무엇을 선택하느냐의 고민에서 벗어나 왜 이런 고민을 하는 상황이 됐는가를 살펴보세요. 그러다 보면 진정으로 자신이 바라는 결정이 무엇인지, 자신에게 이익이 되는 선택이 무엇인지 깨닫게 될 것입니다.

◆ **한중왕이 된 유비**

조조가 물러남에 따라 한중 전투는 유비군의 대승으로 막을 내리게 되었습니다. 유비 입장에서는 오래도록 기다린 통쾌한 승리였어요. 조조가 직접 이끌고 온 군대를 상대로 처음부터 끝까지 단독으로 맞붙어 최종적으로 승리를 거둔 건 이때가 처음이었지요. 적벽대전이나 다른 전투에서도 조조를 궁지에 몬 적이 있었지만 결국은 지거나, 다 이긴 전투를 마무리하는 과정에 가까웠잖아요.

이로써 형주와 익주에 이어 한중까지도 유비의 손에 들어갔습니다. 맨주먹으로 시작해 천하의 3분의 1을 차지했으니 인생 역전이라 할 수 있지요. 비로소 제갈량이 구상한 천하삼분지계의 1단계가 마무리되었습니다. 천하를 셋으로 나눠 균형을 맞추는 데 성공했으니 이제는 힘을 길러 조조를 타도하고 한 황실을 부흥시키는 것이 유비의 다음 목표가 되었지요.

제갈량은 조조가 황제를 대신해 권력을 쥐고 마음대로 휘두르고 있기 때문에 백성들이 믿고 따를 주인이 없는 것이나 마찬가지가 되었다고 말해요. 그러니 황실의 후손인 유비가 황제에 올라 백성들을 살피기를 청합니다. 늘 명분을 중시하는 유비는 황위에 오르는 것은 반역이라며 이번에도 한사코 거절합니다. 아직 헌제도 살아 있었으니까요. 조조도 황제가 되진 않았죠. 그러자 부하들이 한중왕에라도 오르라고 청합니다. 황제의 명 없이 스스로 왕이 되는 것도 명분이 없다며 여러 차례 거절하지만, 부하들의 거듭된 요청에 받아들였습니다. 조조가 위왕이 되어 선례를 남긴 것도 명분이 되었어요.

한중왕이 된 유비는 아들 유선을 왕세자로 삼고, 가장 공이 크고 용맹한 장수 관우, 장비, 마초, 황충, 조자룡을 오호대장군으로 임명했습니다. 이때가 219년이었습니다. 도원결의를 하고 35년이 흐른 뒤였어요. 어느덧 유비도 59세가 되었지요. 그토록 긴 시간을 버티고 버텨 마침내 전성기를 맞이한 겁니다.

유비의 다섯 호랑이, 오호대장군

- **관우**: 유비 진영의 2인자, 형주의 지배자
- **장비**: 홀로 만인을 대적한 장판교의 전설
- **조자룡**: 유비의 아들을 구한 일당백의 맹장
- **황충**: 정군산 전투의 영웅, 노익장의 상징
- **마초**: 조조를 향한 복수의 화신, 서량의 명장

손권의 배신과
관우의 죽음

◆ 호랑이의 딸과 개의 자식

조조는 유비가 한중왕이 되었다는 사실을 인정할 수가 없었습니다. 그렇다고 당장 유비를 공격할 수도 없었어요. 관도대전 이전의 조조와 원소처럼 두 사람이 천하를 나누고 있다면 복잡하지 않아요. 상대만 생각하면 될 테니까요. 하지만 강동에 손권이 있잖아요. 유비를 치려면 손권과 손을 잡든지 아니면 그 사이에 손권이 공격해 오지 않도록 조치를 취해야 했죠. 조조의 책사 사마의도 이 점을 강조했어요. 형주의 지배권 문제는 손유 동맹의 화약고였습니다. 조조와 한중을 두고 다투기 시작할 무렵, 유비는 형주의 절반을 손권에게 돌려줬어요. 나머지 절반은 한중을 차지한 뒤에 돌려주겠다고 했지만, 정작 한중을 차지한 이후에도 여전히 관우가 지키고 있었죠. 사마의는 이걸 이용해 서로 싸움을 붙이자고 해요.

사마의의 말을 들은 조조는 손권에게 사람을 보내 이렇게 제안합니다. "우리 사이가 이토록 나빠진 것은 중간에 유비가 끼어들면서부터요. 그러니 그대가 형주를 공격하고 내가 한중을 공격해 함께 유비를 치는 것이 어떻겠소? 유비의 땅을 절반씩 나눠 갖고 그 이후 다시는 서로 공격하지 말기로 합시다." 양쪽에서 공격을 하면 관우와 유비가 서로 도울 수 없으니 이번 기회에 유비를 처단하자는 제안이었어요.

손권은 고민에 빠집니다. 형주를 돌려준다는 약속을 지키지 않는 유비가 괘씸했지만, 유비의 손을 놓으면 조조를 견제할 수 없다는 사실도 알고 있었기 때문입니다. 손권의 갈등을 눈치챈 손권의 신하가 한 가지 아이디어를 냈어요. 관우에게 딸이 있으니 혼담을 넣어보자는 것이었습니다. 손권에게도 아들이 있었거든요. 관우가 수락하면 함께 조조에 맞서고, 거절하면 조조의 제안에 응하자는 것이었습니다.

손권의 신하는 혼담을 들고 형주로 찾아가 관우를 만났습니다. 그런데 관우의 딸과 손권의 아들을 결혼시키자는 이야기를 들은 관우가 마구 화를 내요. 그러면서 엄청난 실언을 합니다. "호랑이의 딸을 어찌 개의 자식과 맺어주겠는가?"라고 하거든요. 자신은 호랑이이고 손권은 개라는 말이지요. 이 말이 삼국지 최대의 파란을 일으킨 말이 아닐까 생각합니다. 이는 손권과 그의 아들은 물론이고, 손권 집안 전체를 모욕한 언사였습니다. 안 그래도 취약하던 연합의 근간을 뒤흔드는 말이었어요.

관우에게도 이렇게까지 대응한 나름의 이유는 있었어요. 예전에 유비가 익주에서 유장과 싸울 때, 손권이 어머니가 위독하다는 거짓말까지 하면서 손부인을 강동으로 불러들였거든요. 형주 문제가 해결이 안 되니까 여동생을 인질 삼아 전투 중인 유비를 압박한 겁니다. 유비에게 그런 짓을 해놓고 관우에게 또 사돈을 맺자고 하니까 관우 입장에서는 "지금 장난해?"라는 말이 나올 법도 하죠. 물론 그렇다 해도 이 대응이 옳았다는 것은 아닙니다. 오만하고 경솔한 처사였어요. 관우의 말에 손권은 완전히 돌아섰습니다. 흔들리던 손유 동맹이 마침내 붕괴된 것입니다.

제갈량이 형주를 관우에게 맡기고 익주로 떠날 때 신신당부한 건 딱 하나였어요. 북쪽의 조조를 막고, 동쪽의 손권과 친하게 지내라는 것이었습니다. 적벽대전 이후에도 조조는 절대 강자였어요. 힘의 균형을 유지하기 위해서는 약자인 손권과 유비가 손을 놓으면 안 됩니다. 관우는 제갈량의 말을 가슴 깊이 새기겠다고 해놓고도 혼담을 들고 온 사신을 그렇게 대했던 겁니다. 이 결혼은 개인과 개인 사이의 일이 아니었습니다. 겉으로는 관우의 딸과 손권의 아들의 결혼이긴 했지만, 이는 두 세력의 결속을 다지는 일이었습니다. 거절하더라도 그런 방식으로 해서는 안 되었죠.

하지만 관우는 그저 무장이었어요. 원래부터 자존심도 매우 강했습니다. 게다가 초라한 시절을 떠올릴 수 없을 만큼 출세했지요. 천하의 3분의 1을 차지한 유비 세력의 2인자로 명성을 떨치며 형주 땅 절반을 관리하게 되어 그런지 오만한 모습을 보입니다. 위기는 항상 초심을 잃는 순간에 찾아와요. 관우에게는 이때가 그랬던 겁니다.

◆ 번성 전투

혼담을 거절한 무례한 관우의 태도에 손권은 분노합니다. 본래도 형주를 공격하고 싶은 마음이 컸는데, 관우까지 이렇게 나오니 이제 꺼릴 것도 없었습니다. 결국 제갈량이 힘겹게 외교로 연결해 놓은 끈이 툭 끊어지며 전쟁으로 넘어가게 됩니다.

손권은 조조에게 연합하겠다는 서신을 보냅니다. 대신 형주의 북부 지역인 양양과 번성에 조조의 장수가 주둔하고 있으니 형주를 먼저 공격하자고 제안해요. 조조는 기쁜 마음으로 수락합니다. 손권과 조조가 합심해 형주를 치려 한다는 소식은 곧 유비의 귀에도 들어갔습니다. 제갈량은 오히려 관우가 번성을 선제공격하게 하자고 합니다. 북쪽에서 형주로 내려오는 길목에 번성이 있었거든요. 번성을 뺏으면 길이 막힌 조조군이 더 이상 진격하지 못하리라는 계산이었어요.

여전히 대단한 무력을 과시했던 관우는 손쉽게 양양을 손에 넣은 다음 북쪽에 있는 번성으로 갔습니다. 양양과 번성은 조조가 여러 번 주요 지역의 방어를 맡겼던 혈육 조인이 지키고 있었는데, 관우의 적수가 되지 못했어요. 그러자 조조는 다른 장수들을 지원 보내 관우와 맞서게 합니다. 과연 새로 온 장수들은 관우와 대적할 만했어요. 쉽게 승부가 나지 않는 접전이었지요. 하지만 승리는 관우에게 돌아갔습니다. 며칠 동안 쏟아진 가을비를 활용해 강둑을 터뜨려 적군을 수몰시켰거든요. 범람한 하천은 번성까지 침수시킵니다. 조인을 비롯한 조조군은 번성에서 꼼짝할 수 없었지요.

관우는 재빨리 번성을 포위했습니다. 그러다가 치명적인 부상을 입어요. 성에서 날아온 독화살을 한쪽 팔에 맞았거든요. 시간이 지나자 팔을 쓸 수 없을 정도로 위험한 상황이 되었습니다. 번성을 함락하는 일이 눈앞에 있는데 제대로 움직일 수 없으니 답답한 일이었지요. 그런데 이때 화타라는 의원이 관우의 상처를 치료하겠다고 찾아왔습니다. 관우의 아들 관평은 깜짝 놀라며 기뻐했어요. 화타는 의술이 무척 뛰어나 병을 신통하게 잘 고쳐서 신의神醫로 불리던 사람이었거든요. 지금도 중국에서는 전설의 명의라고 하면 화타를 꼽습니다. 그 시절에 외과 수술을 했으니까 더 말할 것도 없지요.

관평이 화타를 데리고 갔을 때, 관우는 바둑을 두고 있었습니다. 자신이 아파서 누워 있으면 군사들이 동요할까 봐 짐짓 괜찮은 척을 한 거예요. 화타는 관우의 상처를 살펴보더니 살을 가르고 뼈에 스민 독을 긁어내야 한다고 했어요. 그러면서 고통이 너무 심해 몸부림을 칠 테니 몸을 기둥에 묶자고 해요. 그렇게 해야 수술을 견딜 수 있다면서요. 하지만 관우는 아랑곳하지 않고 술을 몇 잔 들이켠 뒤 계속 바둑을 둡니다. 화타의 걱정과 달리 살을 째고, 드러난 뼈를 득득 긁어내고 살을 다시 꿰맬 때까지 눈썹 하나 까딱하지 않아요. 오히려 이를 지켜보던 부하들의 얼굴이 창백해졌죠. 관우의 담력이 드러나는 유명한 이야기입니다. 관우의 목숨을 구한 화타는 상처가 아물 때까지 격노하는 일이 없도록 하라고 당부하고는 홀연히 사라졌습니다.

◆ 손권의 형주 공격, 관우의 최후

관우의 무용담은 늘어만 갔습니다. 신의라 불리는 화타가 나타나 관우를 살렸다는 소문까지 퍼지면서 거의 신처럼 추앙받았지요. 조조는 관우가 형주 북부를 돌파하고 수도인 허도에 쳐들어올까 두려워 수도를 옮기는 것까지 고려했습니다. 책사 사마의가 아직 패배하지 않았고, 손권에게 사신을 보내 군사를 일으켜 뒤에서 관우를 치게 하면 된다고 침착하고 냉정하게 달래니 겨우 진정했지요. 마음을 다잡은 조조는 손권에게 사람을 보내고, 자신도 반격에 나설 준비를 했습니다.

조조의 서신을 받은 손권은 군사를 일으킬 준비를 합니다. 이번에는 그동안 형주를 칠 군사를 모으고 훈련시켜 온 경험 많은 장수 여몽 대신 육손이라는 새 인물을 내세워 형주 방면의 군사를 맡겼어요. 손권의 책사인 육손은 주유처럼 지략이 뛰어났지만, 강동 바깥에는 아직 널리 알려지지 않은 인물이었습니다. 나이도 젊었어요. 이러한 결정은 모두 관우를 속이기 위함이었습니다. 여몽과 육손 그리고 손권은 육손처럼 알려지지 않은 젊은 장수가 앞장서야 관우가 더욱 방심할 거라고 생각했습니다. 관우의 오만함을 간파한 거죠. 육손은 자신을 낮추고 관우를 높이는 내용의 서신과 선물까지 보내 관우의 경계심을 늦췄습니다. 적장 관우의 특성을 고려한 치밀한 준비였지요.

예상은 정확히 맞아떨어졌습니다. 관우는 오로지 번성을 돌파하고 조조를 칠 생각뿐이었어요. 노련한 여몽이 사령관이라면 긴장을 좀 했을 텐데, 육손이라는 무명의 젊은 장수가 부임했다고 하니 안심하고 형주의 군사를 절반 넘게 번성으로 불러들였어요. 물론 공격이 없을 거라 생각한 것은 아닙니다. 다만 육손이 공격을 해와도 쉽게 이길 수 있다고 생각한 거죠. 공격이 시작되면 빠르게 대응할 수 있게 번성으로 원정을 떠나기 전 봉화대를 잘 갖춰두고 침입이 있을 경우 곧바로 신호를 하도록 준비해 두었습니다. 하지만 충분한 대비는 아니었어요. 상대인 육손을 얕보고 형주를 지키던 군사를 추가로 동원하는 것 자체가 치명적인 실수였기 때문입니다. 잔뜩 오만해진 관우가 얼마나 상황을 제대로 보지 못했는지, 얼마나 자만하여 적에게 스스로 허점을 드러냈는지 알 수 있는 대목이죠.

손권은 재빨리 여몽을 총사령관으로 삼고 강동의 모든 군사를 거느리게 했습니다. 첫 목표는 관우의 봉화대였어요. 여몽이 이끄는 정예 군사들은 장사꾼으로 변장한 채 쾌속선을 타고 관우가 떠난 형주로 침투했습니다. 그리고 봉화대 근처에 배를 대고 잠시 쉬어가는 척하다가 밤이 깊어지자 조용히 나와서 기습을 감행했지요. 봉화대를 지키는 군사들이 모조리 붙잡혔습니다. 여몽은 선물을 안겨주면서 포로들을 설득했어요. "가족들이 형주성에 있지 않은가? 그러니 성문 지키는 군사들을 잘 속여보게. 성문이 그냥 열리면 아무도 안 다치고 얼마나 좋은가?" 여몽의 말에 넘어간 포로들은 밤중에 성으로 가 성문을 열어달라고 청했습니다. 아군이 문을 열어달라고 하니 형주성 군사들이 성문을 열어주고 말았어요. 그 틈에 여몽의 군사가 밀고 들어가 형주성을 쉽게 점령합니다. 작전이 통한 것입니다. 이 방법이 먹힌 데는 관우의 성격도 한몫했어요. 평소 군사들에게 너무 엄격했거든요. 관우가 봉화대를 못 지킨 사실을 알면 죽일 테니 차라리 적에게 협조하자 했던 거예요.

관우가 부하들에게 맡긴 지역도 같은 방식으로 차례차례 함락됐습니다. 관우가 혹독하게 질책했던 장수들이 연달아 항복하면서 주요한 성들이 저항 없이 넘어가기도 했어요. 여몽은 항복한 장수들의 가족을 보호하고 군사들이 민가를 약탈하지 않도록 각별히 신경 썼습니다. 여몽군의 한 군사는 형주 백성의 삿갓 하나를 빼앗았다고 처형을 당했어요. 그러니까 아무도 백성들에게 함부로 하지 못했지요. 배고픈 사람이 많다 하면 식량을 풀고, 아픈 사람이 많다 하면 약을 풀었어요. 그러니 다들 좋아할 수밖에 없었습니다.

관우는 여몽이 형주성을 함락시키고 나서야 형주가 공격받았다는 사실을 알게 되었어요. 믿었던 봉화대가 피어오르지 않으면서 소식이 차단됐기 때문이지요. 관우는 조조를 공격하는 일을 멈추고 형주로 돌아가 싸우려 했습니다. 졸지에 근거지를 공격받고 앞뒤로 적을 맞아야 했으니 얼마나 마음이 급했겠어요. 하지만 군사들은 빠르게 전의를 상실해 갔습니다. 회군하는 과정에서 거듭 조조군의 기습을 받아 큰 피해를 입었고, 이미 형주 대부분이 넘어갔다는 걸 알게 되었거든요. 예상보다 더 심각한 상황이라는 걸 알게 된 관우는 격노했고 독화살에 맞았던 상처까지 다시 터져버렸어요.

관우군의 상황은 갈수록 악화되었습니다. 한 명, 두 명 도망치기 시작하더니 이제는 아예 수십 명씩 사라지곤 했지요. 대체 어떻게 된 일일까요? 문제는 향수병이었어요. 관우가 형주에 보냈던 사신이 돌아오면서 군사들에게 이런저런 소식과 편지를 전해 줬거든요. "가족들은 다 무사하고 먹고살기도 괜찮다고 하오. 여몽이 백성들을 잘 보호한다더군." 이런 소문이 퍼지면서 안 그래도 고향의 가족을 걱정하던 군사들이 형주로 달아나기 시작한 거예요. 나중에는 탈영병이 기하급수적으로 늘어나 군대를 유지할 수 없을 지경이었다고 합니다.

결국 관우와 아들 관평은 조그만 성에 숨어 구원병을 기다려야 했습니다. 그러나 아무도 오지 않았어요. 다들 몸을 사리고 있거나 이미 항복한 뒤였지요. 앞에서는 조조군이 다가오고, 뒤에서는 손권군이 쫓아오니 관우는 점점 고립됐습니다. 남은 군사가 거의 없어서 싸울 수도 없었어요. 고민 끝에 익주로 가기 위해 성을 빠져나왔지만, 도주로에는 손권의 장수들이 매복해 있었습니다. 결국 천하의 관우는 손권의 군사들에게 사로잡혀 손권 앞으로 끌려가야 했습니다.

사로잡혀 온 관우 부자를 보며 손권은 크게 기뻐합니다. 그러면서 관우에게 항복을 권해요. 천하의 명장인 관우를 자기 사람으로 만들고 싶었던 겁니다. 하지만 관우의 기세는 전혀 꺾이지 않았습니다. 오히려 손권에게 한바탕 욕을 퍼부었죠. 곁에 있던 신하들도 고개를 저을 정도였어요. 한 신하가 나서서 조조가 관우의 마음을 돌리려고 갖은 애를 썼지만 실패했던 일을 상기시켰습니다. 무슨 수를 써도 마음을 얻을 수 없을 거라는 뜻이었지요. 결국 손권도 마음을 접습니다. 결국 관우는 관평과 함께 목이 잘리고 말았습니다.

삼국지의 대표적인 영웅이자 도원결의를 맺은 의형제의 둘째 관우는 이렇게 죽음을 맞이합니다. 형주도 손권에게 빼앗기고, 조조도 처단하지 못한 채로요. 관우가 그 자신의 죽음을 자초한 측면도 있어요. 자신의 힘만 믿고 나섰다가 일을 그르치고야 말 았잖아요. 욕심을 제어하지 못하고 겸손함을 잃어버리면 자신도 모르는 새에 지금까지 이룬 성공을 모두 무너뜨릴 일을 불러오게 마련입니다. 수많은 사람이 두려워하던 관우가 결국 모든 것을 잃고 죽음을 맞이한 것도 절제하지 못했기 때문이에요. 그래서 높이 올라갈수록, 힘이 강해질수록 더욱더 '절제할 줄 아는 능력'을 갖추기 위해 노력해야 합니다. 저는 삼국지가 이러한 절제의 중요성을 알려주기 위해 쓰인 소설이 아닌가 하는 생각을 했어요. 돌이켜 보면 관우뿐만 아니라 많은 인물의 죽음이 절제하지 못하는 순간에 벌어졌거든요.

자신만만하게 나섰다가 덫에 걸려 죽음에 이르고만 관우. 그의 죽음은 그저 개인의 죽음으로 끝나지 않았습니다. 관우의 죽음으로 인해 천하는 크게 요동칩니다. 손권과 유비의 동맹이 완전히 깨져버렸거든요. 유비는 전성기를 맞이하자마자 한날한시에 죽기로 한 형제 관우를 잃었습니다. 또다시 큰 전쟁의 어두운 그림자가 서서히 드리워지고 있었지요.

천하를 다툰 영웅들의 퇴장

◆ **위왕으로 죽은 조조**

관우의 목을 베고 형주를 손에 넣은 손권은 기뻐하며 잔치를 열었습니다. 뜻밖에도 승리를 축하하는 이 잔치가 아수라장으로 끝나고 말았어요. 장수 여몽이 관우에게 빙의라도 된 것처럼 "네 이놈! 이 관운장이 너를 가만두지 않을 것이다!" 하고 소리를 버럭버럭 지르다가 쓰러진 거예요. 쓰러진 여몽은 피를 철철 흘리며 죽었습니다.

큰 충격을 받은 손권은 그제야 상황을 다시 보게 되었습니다. 손권도 유비와의 동맹이 중요하다는 걸 너무나도 잘 알고 있었습니다. 그런데 형주만 빼앗으면 될 것을 관우까지 죽였으니, 제 손으로 같은 하늘을 이고 살 수 없는 원수지간으로 만든 셈이었죠. 유비와의 전쟁은 불 보듯 뻔했습니다. 이를 깨달은 손권은 관우의 목을 벤 걸 크게 후회했어요. 그때 손권의 책사가 묘수를 냅니다. 관우의 머리를 조조에게 보내라는 것이었습니다. 그러면 조조가 손권에게 관우의 목을 쳐서 바치라고 한 것처럼 보이잖아요. 책임을 조조에게 떠넘겨서 유비가 손권이 아닌 조조를 공격하게 만들자는 것이었습니다.

그리하여 낙양에 머물고 있던 조조에게 나무 상자 하나가 배달되어 옵니다. 신하들이 손권의 사자가 관우의 머리를 가지고 왔다고 알렸지요. 그 말에 조조는 말로 표현하기 어려운 감정을 느낍니다. 그토록 흠모하고 욕심냈던 장수이자 시대를 풍미한 영웅이 죽었으니 얼마나 슬프고 허망했겠어요. 한편으로는 속이 시원하기도 했습니다. 호시탐탐 자신을 노렸던 탓에 수도 이전까지 생각하게 만들었던 인물인데 더 이상 두려워할 필요가 없었으니까요. 그의 죽음으로 손유 동맹도 돌이킬 수 없게 되었고, 한중에서 승리하며 기세등등해진 유비도 한 팔을 잃었으니 기뻐할 만도 했죠.

손권의 의도를 눈치챈 사마의는 유비의 원한을 피하기 위해 관우의 장례를 잘 치러줄 것을 청합니다. 조조도 그에 동의했어요. 그러곤 관우의 머리가 든 상자를 열어봅니다. 막상 관우의 얼굴을 보니 측은한 마음이 들어 "어쩌다 머리만 온 것이오?" 하는 말이 나왔지요. 그러자 머리뿐인 관우가 눈을 번쩍 뜨더니 형형한 눈동자로 조조를 노려봤습니다. 조조는 놀라서 까무러쳤어요. 여몽의 사망 소식까지 듣자, 온몸에 소름이 돋았습니다. "아무리 생각해도 관우는 보통 인간이 아니야. 신이다, 신!"이라는 말이 절로 나왔습니다.

관우의 장례식은 낙양에서 성대하게 치러졌습니다. 조조는 아주 값비싼 향나무를 깎아서 관우에게 몸을 만들어주라고 명령했어요. 나무로 만든 몸은 관우의 머리에 붙여 관에 넣어주었고요. 조조의 여러 신하도 참석해 예의를 갖추고, 장례가 끝난 뒤에는 조조가 몸소 절하며 제사까지 올렸습니다.

하지만 관우가 죽은 이후로 조조의 심신이 무척 약해졌어요. 밤마다 관우의 망령을 보고 악몽을 꿨습니다. 걱정한 신하들이 새로 전각을 지어서 거처를 옮기자고 해요. 조조도 그러자고 했지요. 그러던 어느 날, 새 전각을 짓는 데 쓸 나무가 아무리 베도 베어지지 않는다는 괴이한 보고가 들어옵니다. 그 말을 들은 조조는 직접 가서 칼을 휘둘렀어요. 그런데 칼날이 나무에 부딪힌 순간, 붉은 피가 솟구쳤습니다. 피를 뒤집어쓴 조조는 혼비백산해서 도망쳤어요.

기이한 일이 반복되어서인지 그 후로 조조는 극심한 두통에 시달렸습니다. 두통은 평생 조조를 괴롭혔지만, 이전과 비교할 수 없을 만큼 심한 통증이었어요. 침을 놓고, 뜸을 뜨고, 약을 먹어도 전혀 차도가 없었지요. 조조의 부하들은 수소문 끝에 관우의 독화살 상처를 치료했던 의사 화타를 불러왔습니다. 화타에 따르면 조조의 병은 뇌의 문제였어요. 치료하려면 두개골을 열어야 한대요. 그러니까 조조가 펄쩍 뜁니다. 돌팔이가 자기를 죽이려고 한다면서 당장 가두라고 난리를 쳤어요. 결국 화타는 감옥에 갇혀 그곳에서 세상을 떠나고 말았습니다.

조조는 이제 곧 자신의 삶이 끝나리란 것을 깨달았습니다. 그리고 운명을 받아들이기로 합니다. 신하들을 불러 모아 뒤를 부탁하고, 살아 있는 네 아들 중 첫째인 조비를 후사로 정했습니다. 자신에게 악감정을 품고 있는 사람들이 무덤을 파낼 것을 두려워해 가짜 무덤을 72개를 만들어 자기가 어디에 묻혔는지 모르게 하라고도 부탁했죠. 모든 유언을 마친 조조는 그렇게 세상을 떠났습니다.

관도대전에서 승리하며 중원을 차지하고, 적벽대전의 패배를 빠르게 만회하며 위왕이 된 조조. 간사한 꾀가 많아 흔히 간웅이라 불린 조조는, 한편으로는 냉정하게 기회를 놓치지 않았고 때로는 잔혹한 일도 서슴지 않으며 막강한 권력과 군사력을 휘두르는 황제 이상의 권력자가 되었습니다. 위왕의 지위에까지 오르며 사실상 헌제에게서 황제 자리를 넘겨받는 일만을 남겨두고 있었지요. 말년에는 조조의 부하들도, 심지어 손권조차도 후한의 명이 다했으니 황제에 오르시라 할 정도였어요.

하지만 조조는 죽음이 다가오는데도 손안에 들어온 황제 자리를 취하지 않았습니다. 아직 때가 아니라 여겼는지 다음 대의 일로 남겨두지요. 함부로 황제를 자칭했다가 천하를 적으로 돌리고 비참하게 죽었던 원술을 떠올려 보면 비교되는 선택입니다. 대세를 이루었고 자신에게 시간이 얼마 남지 않았다 해도 때가 무르익지 않았다면 일생의 대업이라도 취하지 않는 것, 그것이 조조의 절제였습니다. 삼국지의 여느 영웅과 달리 조조는 끝까지 절제와 냉정함을 잃지 않고 마지막 선을 지켰습니다. 그래서일까요? 간웅이라는 평가도 있지만 조조를 진정한 삼국지의 영웅이자 리더로 보는 평가도 많습니다. 중원을 평정하고 절대 강자가 된 다음, 죽을 때까지 단 한 번도 우세함을 놓치지 않았던 조조. 그의 영광은 마지막 선을 지키는 절제로부터 나왔던 것이 아닐까 합니다.

◆ 황제가 된 유비

그렇다면 유비는 관우의 죽음을 알고 어떤 반응을 보였을까요? 우선은 소식 자체를 너무 늦게 접했습니다. 관우의 소식을 전하는 사람들이 익주에 뒤늦게 도착했거든요. 관우가 손권의 혼담을 거절했다, 양양과 번성에서 승리하고 있다, 형주를 잃었다, 구원병을 청한다 하면서 몇 발짝 늦은 보고가 계속 올라오죠. 불안해하던 유비는 결국 관우 부자가 손권에 의해 죽임을 당했다는 소식을 듣고는 공황에 빠졌어요. 기절하고 깨어나기를 몇 번이나 반복하며 대성통곡합니다. 그러는 동안 수염과 머리카락이 하얗게 셌지요. 형제를 잃은 충격과 고통이 그만큼 심했던 거예요. 가까스로 정신을 차린 유비는 당장 강동으로 쳐들어가겠다며 들고 일어섭니다. 그런 유비를 제갈량은 한사코 말렸어요. 유비가 손권을 치는 것이야말로 조조가 가장 바라는 일일 테니까요.

시름에 잠겨 세월을 보내던 유비에게 연달아 비보가 날아들었습니다. 한나라가 멸망했다는 소식이었습니다. 조조 사망 이후 뒤를 이어 위왕이 된 조비는 무력시위까지 해가며 헌제에게 황제의 자리를 내놓으라고 압박했어요. 헌제는 울며 겨자 먹기로 황위를 내어줬습니다. 황위를 물려주며 그 정당성을 안팎으로 선포하는 의식을 거창하게 치렀지만, 실은 조비의 압박과 신하들의 닦달에 못 이겨 억지로 한 결정이었지요. 조비가 황제에 오르고 위나라를 건국하면서 400년간 이어져 온 한나라는 역사의 뒤안길로 사라지게 되었습니다.

이어진 소식은 더욱 놀라웠어요. 황제 자리에서 쫓겨난 헌제가 조비가 보낸 자객에게 목숨을 잃었다는 겁니다. 유비는 또다시 통곡했어요. 거의 앓아눕습니다. 하지만 유비가 슬퍼하는 사이 제갈량은 바쁘게 움직였어요. 한중왕 유비를 황제로 만들기 위한 준비를 했던 것입니다. 헌제가 죽었으니 한나라 황실의 핏줄인 유비가 그 계보를 이어야 한다는 것이었습니다.

역시나 유비는 사양했어요. 어찌 자신을 역적 무리와 같은 짓을 하는 사람으로 만들려고 하냐며 화를 내고 자리를 박차고 나가버리죠. 유비의 거절에 제갈량은 머리를 싸매고 드러누웠습니다. 유비가 황위에 오르지 않으니 근심이 깊어 일어날 수 없다는 거예요. 병문안을 온 유비는 제갈량에게 그동안 숨겨왔던 속내를 털어놓습니다. 황위에 오르기 싫은 것이 아니라 이 일을 두고 사람들이 무슨 얘기를 할지 두렵다는 것이었습니다. 제갈량은 대의와 명분이 모두 유비에게 있는데 누가 뭐라 하겠냐며 황제에 오르라고 다시 한번 간곡히 설득했어요. 결국 유비는 설득이 됩니다. 마침내 유비의 입에서 "알았소"라는 말이 나왔죠. 그러자 제갈량은 누워 있던 방 안의 병풍을 젖혀버렸습니다. 그와 동시에 신하들이 만세를 외쳤어요. 다들 몰래 병풍 뒤에 엎드려 두 사람의 말을 듣고 있었던 거예요. 그 많은 사람 앞에서 황위를 수락했으니 이제 무를 수도 없게 되었습니다. 이 역시 제갈량의 술수였지요.

이 모습을 보면서 유비가 사실은 원칙주의자가 아니라 내면에 '착한 사람 콤플렉스'가 있는 사람이 아니었을까 하는 생각을 했어요. 다른 사람들이 나를 나쁘게 평가할지도 모른다는 두려움이 판단의 근거가 되는 모습이 여기서 드러나죠. 이런 두려움이 겉으로는 명분을 중시하는 모습으로 나타났을지도 모릅니다. 그래서 자기가 결정하게 된 진짜 이유를 잘 살펴봐야 해요. 겉으로는 비슷하게 표현될지라도 그 뿌리는 여러 가지가 있을 수 있거든요. 유비의 경우 이제야 그 뿌리를 발견한 것일 수도 있고요. 어쨌든 지금까지 이런 유비의 모습이 사람들에게 호감을 산 것은 맞습니다. 결국 그의 착한 모습에 이끌려 사람들이 모였고 결국 황제로까지 추대되었으니까요.

유비가 세운 나라의 이름은 '한'이었습니다. 한나라를 계속 이어가겠다는 의미이자 의지의 표현이었습니다. 자신이 헌제의 정통성을 이은 황제임을 강조하기 위한 것이기도 했지요. 익주 지방이 아주 오래 전부터 촉이라고 불렸기 때문에 사람들은 유비가 세운 한나라를 '촉한'이라고 불렀습니다. 조비가 세운 위나라와 훗날 손권이 세울 오나라도 비슷한 이유로 '위'와 '오'가 되었지요. 한국사에서도 비슷한 사례를 쉽게 찾아볼 수 있어요. 고구려를 따서 고려라고 짓고, 고조선을 가져와 조선이라고 지은 것처럼요. 유비가 촉한을 건국하면서 이제 한나라 땅에는 위, 촉, 오 삼국의 지형이 그려지기 시작했습니다.

◆ 관우의 복수를 준비하던 장비의 죽음

황제가 된 유비가 가장 먼저 한 일은 형제의 원수 손권과의 전쟁을 준비하는 것이었습니다. 군사를 일으켜서 손권을 치겠다는 것이 황제로서의 첫 명령이었어요. 그러자 신하들이 줄줄이 반대합니다. 조자룡은 이렇게 말해요. "아우의 원수를 갚는 것은 사적인 일이고, 천하의 역적을 잡는 것은 공적인 일입니다." 개인적인 원한 때문에 손권을 공격하지 말고 한나라를 멸망시킨 한 황실의 원수 조비를 공격해야 한다는 뜻이었습니다.

하지만 황제가 될 무렵의 유비는 관우 이야기라면 눈에 보이는 것이 없었습니다. 유비 입장에서는 관우가 죽었을 때 곧바로 손권을 쳐서 복수하고 싶었지만, 상황도 여의치 않고 제갈량과 신하들이 강하게 만류한 터라 이미 한번 참았어요. 그러는 사이 관우가 죽은 지 2년이나 지났고, 그동안 아우를 죽인 손권과 관우의 죽음에 관여한 자들을 모조리 처단해야 한다는 생각이 점점 커져서 원한과 복수심에 사로잡혀 있었지요. 더 이상은 참을 수 없었습니다. 그래서 황제가 되자마자 손권을 치겠다고 나선 거예요.

그러니 논리가 통하지 않았습니다. 역시나 도원결의가 문제였어요. 형제간의 맹세도 물론 중요합니다. 그런데 유비는 평범한 개인이 아니잖아요. 수많은 신하와 백성을 이끌어야 하는 사람이거든요. 그럼에도 사사로운 감정을 다스리지 못했어요. 천하를 손에 넣는 것보다 관우의 복수를 하는 것이 더 중요하다는 말까지 서슴지 않으며 손권을 공격할 것을 명합니다. 대단한 오판이었지요. 역시나 신하들의 반대가 줄지어 계속됐습니다.

한편 익주의 요충지를 지키고 있던 의형제의 셋째 장비도 관우가 죽었다는 소식을 들은 뒤로 매일 술을 퍼마셨어요. 주사도 더 심해졌습니다. 잔뜩 취하고 나면 울분을 참지 못했어요. 조금이라도 잘못을 저지른 자가 있으면 혹독하게 매질을 가했지요. 장비는 유비의 손권 공격에 찬성하는 유일한 사람이었습니다. 유비가 있는 성도로 달려가서는 왜 빨리 손권을 치지 않느냐고 따졌어요. "형님은 황제가 되더니 우리의 맹세를 잊으셨단 말이오? 형님이 안 하면 나 혼자서라도 관우 형님의 원수를 갚겠소!" 장비가 이렇게 세게 나오니 신하들의 반대에 잠시 주춤했던 유비도 다시 의지를 불태웁니다.

자신감을 다스리지 못해 오만함으로 이어진 관우는 손권과의 연합을 소홀히 하고 결국 목숨을 잃었어요. 복수심을 다스리지 못한 유비와 장비도 손권과의 전쟁을 불사합니다. 유비는 마음을 굳혔어요. 반대하는 신하를 끌어내 옥에 가두고, 만류하는 제갈량의 서신마저도 내팽개쳐 버리죠. 그러면서 선언합니다. "내 뜻을 세웠으니 더 이상 아무도 토를 달지 말라."

유비와 장비는 각자 군사를 이끌고 합류한 다음 손권이 빼앗은 형주로 쳐들어가자고 약속했어요. 형주로 가는 길은 멀고도 험했습니다. 익주를 가로지르고, 거친 산악 지대를 통과해 형주로 흘러드는 깊고 거대한 장강의 협곡을 따라서 가야 했지요. 유비는 이번 전쟁을 반대하는 제갈량과 조자룡 같은 이들은 데려가지 않았습니다. 대신 그들에게 촉나라에 남아 촉의 방어와 전쟁의 보급을 맡을 것을 명했지요.

유비는 자신이 맡은 지역으로 돌아가는 장비에게 늘 하던 당부를 합니다. 술을 너무 많이 마시지 말고, 부하들에게 폭력을 쓰지 말라는 것이었어요. 하지만 장비는 돌아오자마자 부하들을 닦달했습니다. 관우의 원수를 갚기 위한 전쟁이니까 모두 상복을 입고 출정해야 한다는 거예요. 그러면서 사흘 안에 흰 깃발과 흰 갑옷을 준비하라고 명령합니다.

그런데 명을 수행하던 두 장수가 장비를 찾아와 조금만 더 시간을 달라고 했어요. 기계가 있는 것도 아닌데, 1만이나 되는 군사에게 입힐 갑옷을 어떻게 사흘 만에 마련할 수 있겠어요. 그럼에도 장비는 일말의 고려도 없이 그들을 모질게 벌했습니다. 살이 터지고 피가 흐를 만큼 매질을 했지요. 그러고는 처음에 지시한 대로 준비를 끝마치라고 합니다. 말도 안 되는 억지였지요.

두 사람은 속이 탔어요. 명령을 이행하지 못하면 죽을 게 뻔했으니까요. 이렇게 궁지에 몰리면 사람이 안 하던 생각을 하기 시작합니다. 쥐도 궁지에 몰리면 고양이를 문다고 하잖아요. 이 두 장수도 마찬가지였어요. 이들은 차라리 먼저 장비를 죽이는 게 낫겠다는 극단적인 결론에 다다랐습니다. 상황이 이런 것도 모르고 장비는 늘 그랬듯 술을 잔뜩 마시고 코를 골며 자고 있었어요. 두 장수가 가까이 다가가도 전혀 눈치채지 못했습니다. 두 사람은 어렵지 않게 장비를 살해한 뒤, 장비의 머리를 들고 강동으로 가서 손권에게 항복했습니다. 장비는 그렇게 세상을 떠났어요. 참으로 허탈한 죽음이었지요.

군사를 이끌고 나선 유비는 얼마 가지 않아 장비의 소식을 들었습니다. 장비의 맏아들 장포가 흰 갑옷을 입고 울면서 달려왔거든요. 장비마저 잃은 유비는 애통한 마음을 이기지 못하고 쓰러집니다. 잠시 뒤, 관우의 둘째 아들 관흥도 흰 갑옷을 입고 원정군에 합류하기 위해 유비를 찾아왔어요. 상복을 입고 아버지의 원수를 갚겠다고 달려온 조카들의 모습을 보았으니 유비의 마음이 찢어졌겠지요. 세 사람은 부둥켜안고 꺼이꺼이 웁니다. 그리고 이를 갈며 행군을 시작해요. 장강의 협곡 지대를 따라가면 한중을 거치지 않고 익주에서 형주로 바로 진입할 수 있었습니다. 하지만 돌아가지 않는 대신 무척 험난한 길을 통과해야 했어요. 길을 가로막는 산과 고개, 바위가 많았거든요. 그럼에도 불구하고 유비와 의형제의 자식들은 이를 뚫고 없는 길도 만들어가며 형주로 갑니다. 엄청난 집념이었지요.

제갈량이 천하삼분지계를 통해 제시한 밑그림은 삼국이 세력 균형을 이루는 것이었습니다. 서로 견제하고 균형을 이루며 힘을 기르다가 때가 오면 천하통일에 나선다는 것이었죠. 그전에 삼국의 균형이 깨지면 다 끝나는 것과 다름없었어요. 제갈량을 제외하면 유비가 이를 가장 잘 이해하고 있었을 거예요. 삼고초려부터 제갈량과 공유해 온 전략이니까요. 균형을 맞추려면 과한 욕심이나 사사로운 감정을 다스리는 일이 필수적이겠죠. 정세를 늘 냉철하게 판단해야 합니다. 하지만 복수심을 다스리지 못한 유비는 이를 내팽개쳤어요. 결국 유비도 수많은 영웅을 죽음으로 이끈 그 실수를 저지르고 말았습니다. 유비의 선택은 결국 자신뿐 아니라 촉한이라는 나라의 운명까지 위태롭게 만들었어요. 이것이 바로 비극의 씨앗이었습니다.

연합의 붕괴, 이릉대전

◆ **복수로 시작된 전쟁**

　손권은 조조, 유비와 함께 삼국지의 한 축을 담당하는 인물이지만, 조조와 유비의 캐릭터가 워낙 강해 상대적으로 부각되지 않는 편입니다. 그러나 언제나 형세를 조망하며 천하삼분의 세력 균형을 맞추는 데 결정적인 역할을 했어요. 유비와 손잡고 적벽대전을 승리로 이끌어 거침없이 천하를 평정해 가던 조조를 멈춰 세웠고, 관우와 사돈을 맺기를 청해 마지막까지 유비와의 전쟁을 피하려 했었지요. 제 생각에는 삼국지의 영웅들 중에 자신의 상황과 분수를 가장 잘 파악해 그에 걸맞은 판단을 내린 인물 같아요. 나이는 유비와 조조보다 훨씬 어린데도 그들과 어깨를 나란히 한 것을 보면 조용한 고수라 할 수 있지요.
　그런 손권도 유비가 쳐들어온다는 소식을 듣고는 잔뜩 긴장했습니다. 원한 갚기에 사활을 건 유비가 무려 70만의 군사를 이끌고 진군하고 있었거든요. 이런 위기 상황에도 일단 손권은 해결책을 모색하려 애썼습니다. 우선 유비에게 사신을 보내 갈등을 해결해 보려 했어요. 하지만 유비는 완전히 다른 사람이 되어 있었지요. 손권 자신은 모르는 일이었고 여몽의 독단적인 결정으로 관우를 죽인 거라는 변명에도, 손부인을 돌려보내고 형주를 반환하겠다는 제안에도 싸늘한 반응이었습니다. 오히려 전쟁만이 답이라며 미친 듯이 화를 냅니다. 손권의 사신은 아무런 소득 없이 돌아와야 했어요.

유비와의 대화가 실패로 돌아가자, 손권은 위나라 조비에게 표문을 보냈어요. 표문은 신하가 임금에게 적어 올리는 글입니다. 조비 앞에서 자신을 신하로 낮춘 거지요. 손권이 원하는 그림은 조비가 한중을 공격해 형주로 향하던 유비가 한중으로 말머리를 돌리는 것이었습니다. 하지만 조비는 신하를 자처한 손권을 오나라의 왕으로 책봉한다는 조서만 내리고 실질적인 도움은 주지 않았어요. 촉나라와 오나라가 서로 싸우다가 한쪽이 망하면 그때 나머지 하나를 정복하는 게 가장 이롭다고 판단했기 때문입니다. 결국 손권은 유비의 공격에 직접 대응할 수밖에 없었습니다.

촉군은 산과 고개를 뚫고 넘어가며 형주로 진입하는 길목에 있는 이릉까지 밀고 들어왔습니다. 손권은 자신의 종친인 손환

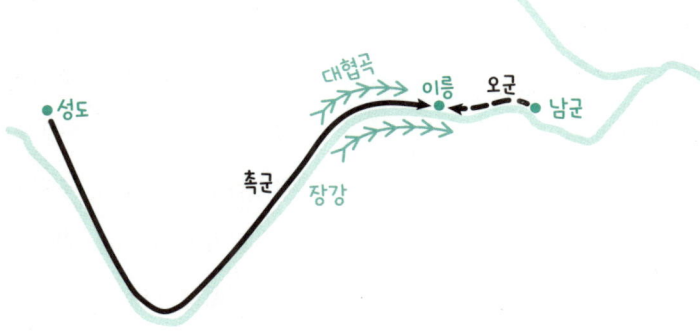

촉군과 오군의 이릉 대치

을 보내 이들을 막게 했지만, 손환은 관흥과 장포의 맹활약으로 번번이 패하고 심지어는 이릉성에 갇히고 말았어요. 위기에 처한 손환을 구하기 위해 손권은 주요 장수들을 이릉성으로 보냈지만 유비의 군세가 막강해 지원을 간 장수들도 속수무책으로 당할 수밖에 없었지요. 촉군은 승리를 거듭했고, 관우를 배신하고 오나라 장수가 되어 출정한 자들을 모조리 죽이거나 사로잡는 데 성공했습니다.

　유비는 끌려온 배신자들을 모두 죽여 관우의 제단에 바치고 그 넋을 달랬어요. 너그럽고 어질던 모습은 온데간데없어졌지요. 상황이 이렇게 되자 손권은 유비의 마음을 조금이라도 달래보려고 장비를 죽이고 투항한 두 장수를 산 채로 묶어 유비에게 보냅니다. 두 사람이 가져왔던 장비의 머리도 함께 보냈지요. 장비의 원수들은 아들 장포가 직접 처리하고 제를 올려 아버지에게 바쳤습니다.

어느 정도 원한이 해소된 듯하자 흰 눈썹을 가진 신하 마량이 유비를 달래기 시작했습니다. 마량은 마씨 형제들 중에 가장 뛰어난 인물이었는데, 그의 눈썹이 희어서 '백미白眉'라고도 불렸지요. 여럿 가운데서 제일 뛰어난 사람이나 훌륭한 물건을 비유적으로 이르는 말인 '백미'가 바로 그에게서 유래했습니다.

마량은 이제 돌아가야 할 때가 되었다는 것을 알았어요. 관우와 장비의 원수를 갚았으니 이쯤 하고 회군하기를 청했습니다. 형주와 손부인을 돌려받고, 다시 손권과 손을 잡아 위나라에 맞서자고 했지요. 하지만 유비는 무슨 소리냐며 발끈합니다. 진짜 원수는 손권이니까 끝까지 오나라를 치겠다는 거예요. 마량은 어떤 방법으로도 상황을 되돌릴 수 없다는 사실을 깨달았습니다. 이제는 정말 이 전쟁에서 이기기 위해 노력하는 수밖에 없었어요.

강동에 있는 손권도 같은 생각을 합니다. 더 이상 관계를 회복할 방법이 없었지요. 이제는 정면으로 맞붙어 결말을 지어야 했습니다. 손권은 관우를 죽이는 데에 공을 세웠던 육손을 대장으로 삼고 촉나라와의 전쟁을 맡깁니다. 한때 동맹이었던 촉과 오의 대결이 본격적으로 시작된 거지요.

✦ 뼈아픈 패배

　유비와의 전면전이 시작되었지만 오군을 이끄는 육손은 어쩐 일인지 진영을 지키고만 있었습니다. 촉군이 가까이 오든 싸움을 걸든 장수들을 내보내지 않았어요. 이릉성에 갇힌 손환을 구하러 가지도 않았습니다. 답답해진 장수들이 출정을 요청하자, 아직은 때가 아니라고 할 뿐이었어요. 승리를 거듭한 촉군의 기세가 날카로우니 함부로 움직이지 말고 험난한 골짜기 지형을 활용해 요충지를 지키라고 엄명을 내려요. 전쟁터에서 잔뼈가 굵은 베테랑들은 젊은 육손의 명령을 받는 것이 불편한 데다 기다리라는 말만 반복하니까 도무지 믿음이 가지 않아 불만을 터뜨렸지요.

　전쟁이 벌어진 지도 어느덧 1년이 되어가고 무더위가 극심한 여름이 되었습니다. 촉나라 군사들은 더위에 지쳐갔어요. 방법을 찾던 유비는 물가의 우거진 숲속으로 영채들을 옮기라고 명했지요. 촉나라 부대들이 기나긴 장강 협곡을 따라 한 일一자로 자리를 잡았습니다. 부대를 마흔 개로 나누고 죽 늘어서서 주둔하게 했는데 그 길이가 무려 700리에 달했지요. 700리면 대략 270킬로미터 정도 돼요. 여러분이 보기에도 너무 길지 않나요? 지형 때문에 어쩔 수 없는 부분도 있었겠지만 병력이 지나치게 줄지어 분산됐죠.

　옆에서 지켜보던 마량은 불안한 마음이 들었습니다. 그래서 익주에서 조비의 공격에 대비하고 있던 제갈량에게 조언을 구하자고 청해요. 그런데 유비는 그런 문제 제기가 탐탁지 않았나 봐요. "나도 전쟁을 해볼 만큼 해보았고 병법에 관해서도 잘 아는데 제갈량의 확인이 필요한가?"라는 식으로 답했어요. 그래도 마량은 여러 사람의 의견을 들어보는 것이 좋다는 말로 유비의 허락을 얻어내 제갈량에게 갑니다.

제갈량을 만난 마량은 영채의 배치 상황을 그린 도면을 내밀었습니다. 이를 보고 제갈량은 깜짝 놀라서 묻습니다. "누가 이렇게 배치했단 말인가? 그자의 목을 베어야 하오!" 마량이 놀라 유비의 명령이라 하니 크게 탄식했지요. 본래 고원과 습지, 험준한 지형에 영채를 세우는 것은 병법에서 꺼리는 일이었습니다. 자칫하면 물러날 길이 끊기니까요. 게다가 숲에 진을 치면 불 공격에 취약해져요. 또 많은 군사를 좁은 지역에 길게 줄 세우면 싸움에 불리합니다. 적들이 영채를 하나씩 차례로 각각 격파할 수 있게 돼 수로 밀어붙일 수 있는 많은 병력의 우위가 사라지거든요.

대패를 예견한 제갈량은 반드시 영채를 옮기라는 조언과 함께 이미 졌을 경우 후퇴할 전략까지 알려줍니다. 놀란 마량은 제갈량의 말을 전하기 위해 얼른 말을 달렸지만 돌아갈 길이 너무 멀었습니다. 제갈량은 곧바로 패배를 수습하고 유비를 구할 준비에 들어가요.

촉군의 배치를 파악하고 때가 왔음을 느낀 육손은 화공 작전을 개시했습니다. 각 부대에 식량을 휴대하게 해서 밤낮으로 추격할 준비까지 갖췄지요. 깊은 밤, 육손의 명을 받은 군사들이 은밀하게 배를 타고 가 촉군 진영에 도착했습니다. 그러곤 마흔 개의 영채에 하나 건너 하나씩 불을 붙여 총 스무 군데에 불을 질렀어요. 불길은 골짜기 바람을 타고 나무와 풀로 옮겨붙어 순식간에 번졌습니다. 여기저기서 "불이야!" 외치는 소리가 들렸습니다. 해가 진 밤이었지만 타오르는 불길 때문에 사방은 대낮같이 밝았습니다.

혼란에 빠진 수십만 군사들이 한꺼번에 튀어나와 서로 부딪치고 넘어지며 비명을 질러댔어요. 좁고 험한 골짜기에서 불길이 덮쳐오고 대혼란이 벌어지니 빠져나갈 수도 없었지요. 여기저기 촉군의 시체가 쌓여갔습니다. 오나라의 군사들도 때를 놓치지 않고 공격을 퍼부었어요.

기습에 놀란 것은 유비도 마찬가지였습니다. 유비는 달리 대적할 방법을 찾지 못하고 진영을 겨우 빠져나와 쉬지 않고 도망쳤어요. 육손의 부대들에게 집요하게 추격당해 생사의 고비를 넘나들었지요. 다행히 후방을 지키고 있던 조자룡이 재빨리 출동해 유비를 구출했습니다. 유비는 진격해 왔던 길을 되돌아가 촉나라와 오나라의 국경지대에 있는 백제성이란 곳에 이르러서야 안정을 취할 수 있었습니다. 유비와 함께 도망친 군사들은 백 명 남짓

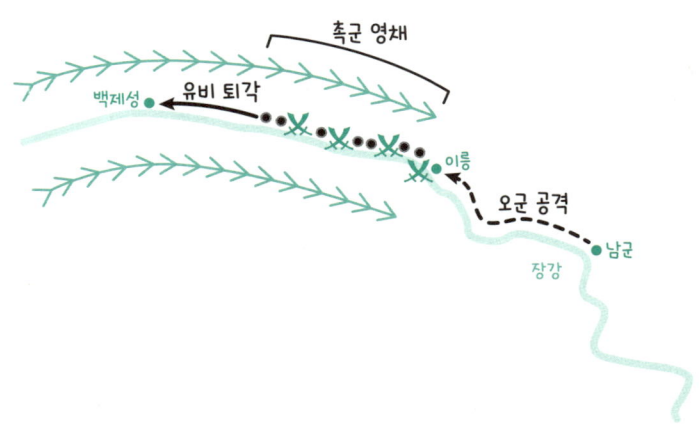

한눈에 보는 이릉대전

이었어요. 촉군이 거의 전멸했다고 봐도 무방할 정도였지요.

한편 유비를 추격하던 육손은 어느 강기슭에 다다라 말을 멈추었습니다. 꼭 군사들이 숨어 있는 듯한 느낌이 들었거든요. 하지만 강가에는 돌무더기만 수십 개 쌓여 있었어요. 근방에 사는 백성이 말하길, 얼마 전 제갈량이 그 돌들을 쌓았다는 거예요. 자세히 보니 돌무더기는 아무렇게나 쌓여 있는 것이 아니었습니다. 여덟 방향으로 문이 나 있는 진형을 이루고 있었지요. 이걸 팔진도라고 하는데, 예전에 조조의 장수 조인이 만들었던 팔문금쇄진처럼 한번 들어가면 나오기 어려운 일종의 함정이었어요. 아무것도 모르고 안쪽을 살펴보던 육손은 바람이 불고 돌들이 굴러다니는 통에 나갈 곳을 찾을 수가 없었습니다. 미로에 갇혀버린 것이었죠.

그때, 한 노인이 나타났습니다. 한눈에 봐도 예사롭지 않은 인물이었어요. 살려달라는 육손의 말에 노인은 웃으면서 고개를 끄덕였지요. 육손과 부하들은 노인의 안내에 따라 간신히 그곳을 빠져나올 수 있었습니다. 알고 보니 그 노인은 제갈량의 장인이었어요. "우리 사위가 오군 대장을 절대 구해주지 말라고 했는데…"라고 하면서도 위험에 빠진 사람을 그냥 지나칠 수가 없었던 거예요. 제갈량이 자신보다 한 수 위임을 깨달은 육손은 촉군을 쫓지 않고 돌아가기로 합니다. 여기서 더 깊숙이 추격하면 위나라가 뒤를 칠 수 있다는 점도 고려해야 했지요.

221년 여름부터 1년 동안 이어진 이릉대전은 오나라의 대승으로 끝이 났습니다. 이 전쟁의 결과로 촉나라와 오나라의 국경선이 확정되고 위, 촉, 오 세 나라의 구도가 완성됐습니다. 이 같은 분기점이 되었기 때문에 이릉대전은 관도대전, 적벽대전과 함께 삼국지의 3대 대전으로 꼽히게 됩니다.

삼국지의 3대 대전

- 관도대전: 원소 vs 조조 → 조조의 중원 제패
- 적벽대전: 조조 vs 손권·유비 → 천하삼분의 출발
- 이릉대전: 유비 vs 손권 → 위촉오 구도 완성

221년 봄에 유비가 나라를 세우고 황제가 되었으니 유비가 황제로서 빛을 발한 시기는 겨우 한 계절뿐이었던 셈입니다. 이 전쟁으로 유비는 인생의 마지막 기회를 소진했고 형주를 완전히 잃어버렸습니다. 유비 이후에도 촉나라는 다시 형주로 세력을 뻗지 못했어요.

삼국지를 절제에 관한 이야기라 본다면, 이 영웅들의 대서사시는 결국 '절제하는 자'와 '절제하지 못하는 자'의 대결 구도로 볼 수 있어요. 관도대전에서는 조조와 원소가, 적벽대전에서는 손권·유비와 조조가, 이릉대전에서는 손권과 유비가 그러했지요. 모두 절제하는 자가 승리를 거뒀습니다. 그밖에 원술, 관우, 장비 같은 영웅들도 절제하지 못할 때 목숨을 잃었고요. 아무리 강한 세력을 거느렸거나 인생의 정점에 섰다 해도 절제하지 않는 순간 몰락이 시작됩니다. 이것이 삼국지가 전하는 핵심 메시지 아닐까요?

물론 절제하는 삶이 쉬운 것은 아닙니다. 일생을 수련하듯이 자신의 마음을 다잡으며 산다는 것이 이상적인 이야기처럼 들릴지도 모르겠어요. 하지만 매번 성공하지는 못하더라도 의식적으로 노력할 필요가 있습니다. 내 삶이 정도에 지나치지 않게 균형을 잘 유지하고 있는지 수시로 돌아보고, 지나친 것이 있다면 제한하거나 조정해야 상황과 때에 맞는 판단을 내릴 수 있을 테니까요. 스스로를 다스리지 못하게 된 유비가 잘못된 판단을 내려

잃은 것이 무엇인지를 떠올려 보면 절제의 중요성이 더욱 크게 느껴집니다.

◆ 유비의 죽음

백제성으로 몸을 피한 유비는 성도로 돌아가지 않고 그곳에 머물렀습니다. 너무 창피하고 면목이 없었거든요. 신하들이 그렇게 말렸는데 자신이 우겨서 시작한 전쟁이었으니까요. 게다가 그 전쟁으로 무수히 많은 사람이 죽었고 극심한 피해를 입었습니다. 얼굴을 볼 자신이 없었겠지요. 결국 유비는 병으로 앓아누웠습니다. 피붙이보다 더 가까웠던 관우와 장비를 연달아 잃고, 이릉대전으로 회복하기 어려운 타격을 입으며 심신이 완전히 지쳤던 거예요.

유비의 병세는 시간이 지날수록 악화됐습니다. 죽음을 예감한 유비는 제갈량을 불러들입니다. 백제성을 지키고 있던 조자룡과 유비의 아들들도 모두 유비 앞에 엎드렸습니다. 유비의 맏아들 유선은 총명하지 못했어요. 어떤 사람은 갓난아기 시절 조자룡이 적진에서 구출한 유선을 유비가 바닥으로 던졌을 때 머리를 다쳐서 그런 거라고 말하기도 했지요. 그런 말이 나올 만큼 부족한 모습을 보였던 거예요. 그 사실을 잘 알았던 유비는 제갈량에게 뜻밖의 유언을 남겼어요. "유선이 황제 노릇을 잘할 것 같으면 보좌하고, 도저히 안 되겠다 싶으면 그대가 촉을 맡아주시오."

어떻게 보면 유비도 참 무서운 사람이죠? 여기서 제갈량이 "그렇게 하겠습니다"라고 대답하면 역모가 되는 거잖아요. 물론 제갈량을 향한 유비의 깊은 신뢰를 드러낸 말일 수도 있습니다. 하지만 제갈량의 충심을 시험해 본 것일 수도 있지요. 어느 쪽이 진짜인지는 알 수 없습니다. 어쨌거나 제갈량은 극구 사양했어요. 눈물을 펑펑 쏟으면서 "목숨을 다하는 날까지 충성할 것입니다"라고 대답합니다.

유비 사후의 삼국 구도

제갈량의 대답을 들은 유비는 조자룡에게도 아들을 잘 보살펴 달라는 부탁을 남기고 세상을 떠났습니다. 그의 나이 63세였습니다. 패배하고, 도망치고, 울면서 보낸 세월에 비해 유비의 전성기는 너무 짧았습니다. 그래서 허망하지만, 어쩌면 잠깐이었기 때문에 더 강한 인상을 남긴 것인지도 모릅니다.

이로써 삼국지의 시작부터 등장했던 천하 영웅들이 모두 죽고, 이야기는 다음 세대로 넘어갑니다. 오나라의 손권은 살아남았지만, 위나라와 촉나라의 주인은 조비와 유선으로 바뀌었어요. 이후에도 천하를 손에 넣기 위한 다툼은 끝나지 않았습니다. 이제 유비의 뜻을 이어가기 위한 제갈량의 싸움이 삼국지의 마지막을 장식하게 됩니다.

4장
완수된 천하통일의 대업

: 제갈량의 북벌부터
  삼국통일까지

북벌에 나서는 제갈량의 출사표

◆ **제갈량의 남방 원정**

　유비의 사망 이후 제갈량이 최우선으로 한 일은 손권과의 관계를 회복하는 것이었습니다. 가장 위협이 되는 적은 여전히 위나라였기 때문에 촉과 오는 다시 손을 잡아야 했어요. 손권은 위나라 황제 조비에게 오나라 왕으로 책봉되어 겉으로는 신하로서 관계를 맺고 있었지만 신의가 돈독하진 않았습니다. 이릉대전이 끝났을 때도 둘의 관계를 보여주는 일이 벌어졌어요. 전쟁이 끝나자마자 조비가 대군을 보내 오나라를 정벌하려 들었거든요. 육손이 이긴 김에 촉나라로 밀고 들어가서 오나라가 텅 빌 줄 안 거지요. 하지만 육손이 촉군을 더 쫓아가지 않고 적당할 때 돌아왔기 때문에 조비는 별 성과 없이 물러났습니다. 손권은 촉나라가 없으면 오나라도 망한다는 걸 또 한 번 실감했겠죠. 그래서 동맹을 맺자는 제갈량의 제안을 반갑게 맞이합니다. 무너졌던 촉오 동맹이 다시 성사되었지요.

외교적으로 안정을 취하니 성도는 평화로웠어요. 제갈량이 밤낮으로 일하며 정사를 챙긴 덕에 모든 게 풍족해졌지요. 자연히 인심이 넉넉해지고 치안도 좋아졌습니다. 그런데 이때 촉나라 남쪽에서 반란이 일어났어요. 남쪽의 오랑캐인 남만이 촉나라의 경계를 침범한 것입니다.

중국에서는 고대부터 주변 이민족을 오랑캐로 취급했는데, 편의상 방위에 따라 동이, 서융, 남만, 북적이라고 불렀어요. 남만은 오늘날의 윈난성을 포함한 중국 남부, 미얀마와 베트남 일부 지역에 사는 사람들을 가리키는 말이었습니다. 당시에는 촉나라 남부 지방 일부와 그 남쪽에 광범위하게 걸쳐 있는 지역이었는데, 워낙 오지여서 촉나라가 통제하기 어려운 곳이었습니다.

제갈량은 이번 기회에 남쪽 오랑캐를 토벌해 안정을 취하고, 그다음 북쪽으로 나아가 중원을 칠 계획이었습니다. 유비가 남긴 뜻을 이루겠다는 것이었지요. 그래서 남만 정벌을 위해 조자룡과 장수 위연을 데리고 출정합니다. 이번 정벌은 쉬운 일이 아니었어요. 우선 남쪽이니 날씨가 너무 덥고 습하잖아요. 군사들은 낯선 기후에 적응하기 어려웠고, 풍토병이 돌면서 고생을 했습니다. 그럼에도 제갈량이 이끄는 촉나라 군대는 차근차근 오랑캐들을 토벌해 나갔습니다.

하지만 반란을 일으킨 남만의 우두머리 맹획을 굴복시키는 일은 꽤 까다로웠습니다. 맹획이 끈질기게 저항했거든요. 처음에 촉군은 맹획을 금방 사로잡았습니다. 남만의 군사들은 바로 항복하고 풀려났어요. 그런데 맹획은 자기들이 대대로 이 땅에 살았는데 이게 무슨 반란이냐며 큰소리를 칩니다. 실수로 잡힌 거라 항복할 수도 없다고 해요. 그 말을 들은 제갈량이 "내게 복종할 마음이 없는가? 만일 내가 풀어준다면 어떻게 할 텐가?" 하고 물었어요. 맹획은 "제대로 준비해서 한판 붙어볼 테다! 만일 또 잡힌다면 그때는 항복하겠다!"라고 대답합니다. 이에 제갈량은 정말로 맹획을 풀어줬어요. 곁에 있던 장수들은 '이게 뭐야 무슨 일이야?' 했겠죠. 우두머리를 잡았으니 이제 남쪽이 평정되나 싶었는데 그냥 풀어주니까 얼마나 힘이 빠지겠어요.

제갈량은 모두 뜻한 바가 있었습니다. "맹획이 진심으로 항복해야 남만을 진정으로 정벌했다고 할 수 있소." 이는 마속의 의견이기도 했습니다. 백미 마량의 동생 마속은 형이 죽은 뒤 남만에 와서 제갈량을 돕고 있었어요. 마속은 어떻게 해야 남만을 평정할 수 있을까 고민하던 제갈량에게 마음을 굴복시켜야 한다고 말했습니다. 말뿐인 항복을 받아봤자 촉군이 성도로 돌아가고 나면 말짱 도루묵일 거라는 뜻이었지요. 제갈량도 마속과 같은 생각이었습니다.

풀려난 맹획은 다시 군사를 모아서 공격을 시작했어요. 그러다 또 잡힙니다. 그런데 약속과 달리 항복하지 않아요. 이번에는 부하들이 배신해서 잡힌 것이지 제갈량이 잘해서 잡힌 게 아니라 항복을 못 하겠대요. 세 번째 잡혔을 때는 동생이 일을 망쳐서 잡힌 거라고, 네 번째 잡혔을 때는 제갈량이 속임수를 써서 잡힌 거라 못 하겠다고 합니다. 그때마다 제갈량은 그래그래 하고 풀어줬지요. 이런 일이 계속 반복됐습니다.

일곱 번째 잡혔을 때, 마침내 맹획은 진심으로 항복합니다. 일곱 번 잡고 일곱 번 풀어주는 일은 전무후무한 일이니 더 이상 댈 만한 핑계도 없고 풀어달라고 할 염치도 없다는 것입니다. 그러면서 촉을 따르겠다고 약속해요. 제갈량은 결국 원하던 결과를 얻은 셈입니다.

이 일화에서 **칠종칠금七縱七擒**이라는 말이 나왔어요. 일곱 번 잡았다가 일곱 번 놓아주는 것을 뜻하는 말로, 오늘날에는 비즈니스 협상이나 인간관계에서 사람의 마음을 얻기 위해 강압과 회유를 끈기 있게 반복하는 일을 비유하기도 합니다. 지금까지 전해져 활용될 정도로 인상 깊은 이 일화에서 우리는 제갈량의 현명한 리더십을 엿볼 수 있습니다. 다른 때처럼 무력을 앞세워 맹획의 목을 쳤다면 촉은 오히려 남만을 굴복시키지 못했을 거예요. 끊임없이 기회를 주면서 맹획이 마음에서 우러나 항복하도록 만들었기 때문에 제갈량은 남쪽을 걱정할 필요 없이 자신의 진정한 목표였던 북벌에 집중할 수 있게 됩니다.

♦ **출사표**

　북벌은 원래 유비의 뜻이었어요. 한 황실의 회복을 위해 북쪽의 위나라를 기필코 정벌하겠다는 것이었죠. 촉나라는 한나라를 계승한다는 명목으로 세운 나라이기 때문에 한나라를 멸망시킨 위나라를 그냥 둘 수가 없었어요. 말 그대로 역적이 세운 나라잖아요. 제갈량은 유비의 뜻을 이어받아 위나라를 정복하려 했던 겁니다. 무려 5년간 준비한 일이었지요.

　위나라는 조비가 마흔의 나이로 죽고 그의 아들 조예가 황제에 오른 상황이었어요. 그러자 조조에 이어 조비까지 곁에서 보필한 사마의가 자원해서 서쪽으로 떠났습니다. 서량과 그 이웃인 옹주를 지킬 사람이 없었거든요. 사마의의 소식을 들은 제갈량은 근심하기 시작했어요. 사마의는 제갈량도 경계할 정도로 뛰어난 전략가였고, 익주 바로 위가 옹주였거든요. 이렇게 되면 중원으로 가기가 힘들어져요. 익주가 비는 순간, 사마의가 쳐들어올 수 있으니까요.

　이때 책사 마속이 좋은 계책을 떠올렸습니다. 사마의가 모반을 꾀한다는 소문을 퍼뜨리자는 것이었지요. 사마의는 조조에게도 의심을 샀던 인물이에요. 조조는 사마의가 무척 뛰어나다고 생각했지만, 한편으로는 야심이 크다며 꺼렸습니다. 누구 밑에 오래 있을 사람이 아니라는 평가를 한 적도 있어요. 그러다 보니 새로운 황제 조예 또한 소문을 듣고 '사마의가 정말 역모를 일으키려나?' 하고 의심하게 됐지요. 결국 사마의는 관직을 빼앗기고 낙향했어요. 드디어 북벌을 시도할 기회가 온 것입니다.

사마의

삼국지 후반 제갈량의 라이벌
은밀한 야심, 출중한 지략가
삼국통일의 발판

출병 전, 제갈량은 촉한의 황제 유선에게 출정의 뜻을 담은 상소문을 올렸습니다. 그 유명한 **출사표**^{出師表}입니다. 요즘도 어떤 일을 시작하기 전에 '**출사표를 던지다**'라는 표현을 자주 사용하죠? 그 출사표의 시작이 바로 제갈량입니다. 이 글이 정말 명문이에요. 이후 중국에서는 출사표를 읽고 눈물을 흘리지 않으면 충신이 아니라는 말까지 생겼습니다. 그만큼 문장이 아름답고 내용도 감동적이지요.

"신 제갈량 아룁니다"라는 문장으로 시작하는 출사표에는 충성을 다하겠다는 제갈량의 맹세와 황제 유선에게 하는 당부, 북벌의 필요성과 그에 임하는 결연한 각오가 들어 있어요. 첫 문단은 이렇습니다.

> 선제께서 창업의 뜻을 절반도 이루지 못하고 돌아가셨습니다. 지금은 천하가 셋으로 나뉘고 익주는 피폐하여 나라의 운

명이 위급한 시기입니다. 폐하를 모시는 신하들이 안에서 부지런히 일하고, 충성스러운 장수들이 밖에서 몸을 아끼지 않는 것은 선제의 특별한 은혜를 추모하고 그것을 폐하께 보답하고자 하기 때문입니다. 폐하께서는 마땅히 귀를 크게 열고 그들의 충언을 들으시어 선제가 남기신 덕을 빛내시고 뜻있는 사람들의 기상을 널리 펼쳐주셔야 합니다. 스스로 재주가 변변치 못하다고 여기시거나 뜻을 잘못 헤아려 대의를 잃고 충성스러운 간언의 길을 막는 일이 없도록 하시옵소서.

제갈량은 이제 남쪽을 평정했으니 북으로 나아갈 때라면서 그것이 "선대 황제께 보답하고 폐하께 충성하는 일"이라고 합니다. 그러니까 명령을 내려달라, 그리고 만일 실패하면 나를 벌해달라 하는 것이 제갈량의 요청이었어요. 제갈량의 출사표를 받은 유선은 그의 뜻대로 북벌을 명합니다.

현실적으로 보면 위나라와의 전쟁은 촉나라에게 불리한 싸움이었어요. 병력은 물론이고, 병력을 유지하는 데 필요한 인구와 물자 역시 위나라에 비하면 한참 부족했거든요. 하지만 제갈량은 천하를 통일해 다시 한나라를 일으킨다는 꿈을 실현하기 위해 나섭니다. 유비는 세상을 떠났지만, 유비의 뜻은 사라지지 않았음을 보여주려 했던 것입니다.

거듭되는 패배로
실패한 1차 북벌

◆ **강유를 얻다**

228년, 제갈량은 마침내 첫 출정에 나섭니다. 30만의 대군을 이끌고 한중을 통해 위나라로 향했지요. 제갈량은 첫 출정에서 연이어 승리를 거두었습니다. 한중에 인접한 위나라의 중요한 여러 길목과 지역을 점령해 나갔습니다. 위나라에서는 한중 전투 때 조조군을 지휘했던 하후연의 아들 하후무가 나섰지만, 번번이 지기만 했어요. 오호대장군 중에서 유일하게 살아 있던 조자룡이 노익장을 발휘하며 활약한 덕분이었습니다. 하후무는 결국 촉군에게 생포됩니다.

하지만 제갈량도 타격이 없었던 것은 아닙니다. 위나라의 강유라는 장수에게 쓰라린 패배를 겪었습니다. 강유는 제갈량의 계략을 꿰뚫어 볼 만큼 똑똑했습니다. 무예도 뛰어나서 조자룡에게 맞설 정도였지요. 제갈량은 강유가 너무나 탐났어요. '내 후계자로 삼을 만하지 않은가!' 하는 생각까지 합니다. 그리고 강유를 포섭하기 위해 아이디어를 짜내지요. 어떻게든 데려오려고 뒷조사도 해요. 그 결과 강유가 굉장한 효자라는 사실을 알아냈습니다.

제갈량은 장수 위연에게 강유의 어머니가 살고 있는 곳을 치는 척하라고 했어요. 소식을 들은 강유는 헐레벌떡 군사를 이끌고 그곳으로 달려갔지요. 위연은 제갈량이 일러준 대로 강유와 싸우지 않고 후퇴했습니다. 강유는 어머니가 무사하다는 사실을 확인한 다음, 성안에 들어가 문을 걸어 잠갔어요. 그 뒤로는 더 이상 나와서 싸우지 않고 그곳을 지키고만 있었지요.

제갈량은 붙잡아 둔 하후무를 데려와 "살고 싶다면 강유를 설득해서 데려오라"라고 합니다. 하후무는 그 제안을 냉큼 받아들이고 길을 떠났습니다. 그런데 지나가는 백성마다 강유가 이미 촉군에 항복했다고 하는 거예요. 다른 꿍꿍이를 품고 있던 하후무는 강유에게 가지 않고 그대로 다른 위나라 장수들이 있는 곳으로 가 이 소식을 전합니다. 이야기를 들은 위나라 장수들은 '강유는 그럴 사람이 아닌데?' 하면서 설마설마했어요. 그날 밤, 강유가 촉군과 함께 위군을 공격해 왔습니다. 하후무는 사실을 확인하고 배신감에 몸을 부들부들 떨었지요.

하지만 이 모든 것은 제갈량의 계략이었어요. 사실 강유는 하후무를 공격하지 않았어요. 계속 어머니가 계신 성을 지키고 있었거든요. 어떻게 된 일일까요? 강유가 성안에 틀어박혀 있는 동안 제갈량이 강유가 항복했다는 거짓 소문을 퍼뜨리고, 강유와 닮은 사람을 찾아내 하후무를 속인 거예요. 아무것도 모르는 하후무와 위나라 장수들은 이후 진짜 강유를 만나자마자 씩씩대며 소리쳤습니다. "이 배신자!" 강유는 영문도 모른 채 욕을 먹고 아군에게 공격을 당해야만 했지요.

할 수 없이 달아나 혼자 장안으로 향하는데, 그 틈에 촉군이 나타나 강유를 포위했습니다. 제갈량은 강유에게 항복을 권하고, 갈 곳이 없어진 강유는 그 권유를 받아들입니다. 제갈량이 따스하게 맞아주니까 결국 마음을 열고 충성을 다짐했어요. 전부 제갈량의 시나리오대로 되었지요.

◆ **눈물을 흘리며 마속을 베다**

상황이 불리해지자, 위나라 황제 조예는 사마의를 다시 불러들였습니다. 사마의가 출정하자 전세가 역전됐어요. 촉의 장수들이 사마의의 전략에 보기 좋게 당한 거예요.

북벌 전투에서 가장 중요한 격전지는 가정이라는 곳이었습니다. 한중과 그 북쪽에 있는 위나라 땅 사이에는 높고 험한 산맥이 있습니다. 북벌을 하려면 산맥 사이사이의 좁은 골짜기와 교통로를 지나야만 했어요. 가정은 그 길목에 있는 요충지였습니다. 촉군이 군량과 물자를 보급받기 위해 반드시 지켜야 할 곳이었지요. 이곳을 잃으면 북벌을 계속할 수 없었어요. 제갈량은 사마의라면 반드시 가정을 칠 것이라고 예상했지요.

제갈량이 가정을 지킬 사람을 찾자, 남만 정벌 때부터 제갈량 곁에서 좋은 계책을 내온 책사 마속이 자청했습니다. 뜻밖에도 제갈량은 금방 허락하지 않았어요. 사마의는 보통 사람이 아니라 당해내기 어렵다는 말만 했습니다. 마속을 아끼면서도 아주 미덥지는 않았나 봐요. 유비도 생전에 마속에 대해 "말은 잘하는데 능력은 그보다 못하니 크게 쓰지 마시오"라고 한 적이 있거든요. 자존심이 상했는지 마속은 자신이 실수를 한다면 목을 내놓겠다는 내용의 군령장까지 쓰면서 꼭 가겠다고 합니다. 고민하던 제갈량은 결국 마속에게 임무를 맡기면서 가정의 중요한 길목을 장악해 적들이 지나가지 못하게 막으라고 신신당부했어요.

가정에 도착한 마속은 영채를 세울 만한 장소를 물색했습니다. 그런데 제갈량의 말을 듣지 않아요. 길목을 막는 대신 산꼭대기에 진을 칩니다. 높은 데에 있어야 전체적인 형세를 읽을 수 있다는 이유였어요. 이 말이 틀린 것은 아닙니다. 싸울 때는 높은 곳에 있는 쪽이 유리하거든요. 다만 전제 조건이 있어요. 그곳에 물이 확보되어야 합니다. 문제는 마속이 택한 장소의 물길을 끊기 쉽다는 점이었습니다. 마속은 하나만 알고 둘은 몰랐던 거예요.

사마의의 둘째 아들 사마소는 아버지의 명령을 받아 촉군의 진영을 염탐하고 돌아갔어요. 그리고 자기가 본 대로 이야기를 전했지요. 아들의 말을 들은 사마의는 얼씨구나 하고 촉군이 있는 산을 포위한 다음, 물길을 끊어버려요. 하루가 지나자 마속의 군사들은 벌써 마실 물이 없다고 난리였어요. 갈증은 시간이 지날수록 심해졌고, 하나둘 산을 내려가 위나라군에게 항복하기도 했지요. 설상가상으로 사마의가 불까지 지르자, 마속은 속수무책이었습니다. 겨우 도망쳤지만 사마의에게 가정을 빼앗기고 말았어요. 제갈량이 우려했던 대로 중원으로 향할 기회가 날아간 것입니다.

가정을 차지한 사마의는 기세를 몰아 촉군이 군량을 쌓아둔 서성이란 곳으로 향했습니다. 서성을 빼앗고 장차 제갈량이 차지한 땅도 회복하러 나설 계획이었죠. 촉군 입장에서는 보급로도 끊겼는데 군량까지 잃으면 싸우기도 전에 굶주림으로 쓰러질 판이었습니다.

소식을 들은 제갈량도 얼른 서성으로 가서 사마의를 막을 준비를 했어요. 하지만 제갈량 곁에는 내세울 만한 장수가 하나도 없었습니다. 모두 전투에 나갔거나 자기가 맡은 지역을 지키러 갔거든요. 성안에 있는 군사도 2,500명뿐이었습니다. 그러나 제갈량은 흔들리지 않고 명령을 내리기 시작했어요. 성 위에 있는 깃발은 전부 내리고, 성을 드나드는 사람도 없도록 했습니다. 군사들을 시켜 성문 앞을 깨끗하게 쓸라고도 했지요. 그런 다음, 모든 성문을 활짝 열었어요. 제갈량은 혼자 거문고를 들고 성루에 올랐지요.

사마의는 15만 대군을 이끌고 성 앞에 도착했습니다. 성루에 제갈량이 보였어요. 학창의라고 하는 소매가 넓은 흰옷을 입고, 머리에는 비단으로 만든 두건을 두르고 있었습니다. 사방이 고요한 그곳에서 제갈량은 거문고를 연주하기 시작했습니다. 마치 신선 같은 모습이었어요. 그 모습이 도무지 믿기지 않아 사마의는 도열해 있는 대군의 맨 앞으로 가서 제갈량을 유심히 바라보았습니다. 제갈량의 연주는 더없이 단아하고 평온했습니다.

그 모습을 보던 사마의는 말머리를 돌렸습니다. "성이 비어 있는 듯한데 왜 돌아가십니까?" 아들 사마소가 물었어요. 사마의가 생각하는 제갈량은 준비성이 철저한 사람이었습니다. 그런 사람이 어서 들어오란 듯이 성문을 열어두고 너무나 태연하게 거문고를 연주하니까 분명 어딘가에 군사들을 숨겨놓았다는 생각이 든 거예요. 그래서 진격하지 않고 돌아간 것입니다. 제갈량의 계책에 넘어간 것이죠.

이는 제갈량의 허장성세였습니다. 장판교 위에서 장비가 혼자 조조군에 맞섰을 때처럼 실제로는 대항할 힘이 없었지만 기세로 상대방을 압도해 속이려 한 거예요. 워낙 제갈량이 허투루 행동하는 법이 없고, 늘 예상치 못한 지략을 펼치니 이런 모험이

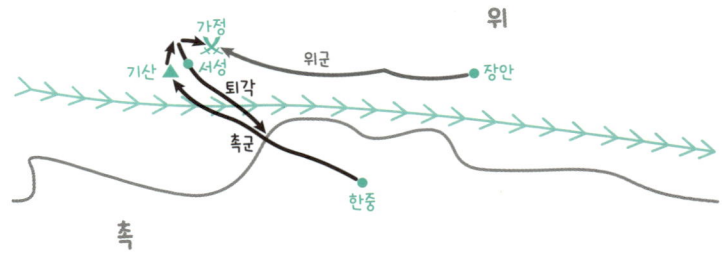

제갈량의 1차 북벌, 가정 전투

먹혀들어 간 것입니다. 결국 사마의는 이에 속아 빈 성을 두고 후퇴했습니다.

위기는 넘겼지만, 이로써 제갈량의 1차 북벌은 실패로 돌아갔습니다. 마속은 스스로 몸을 묶고 와서 무릎을 꿇었어요. 군령장까지 쓰고 출정했으니 처형을 면할 길이 없었습니다. 마속도 살려달라는 말을 하지 않았어요. 본인의 잘못을 너무나 잘 알았던 거지요. 그 모습을 본 제갈량은 마속을 크게 쓰지 말라던 유비의 말을 떠올렸습니다. 자신이 마속을 아끼는 사사로운 마음으로 그 말을 듣지 않아 유비가 남긴 대업을 그르치고 말았다고 자책하지요. 제갈량은 마속을 죽이고 싶지 않았지만, 군사를 이끌기 위해선 엄격하게 본보기를 보여야 했습니다. 그래서 하염없이 눈물을 흘리며 마속을 베라고 명령했어요.

여기에서 나온 고사성어가 **읍참마속**泣斬馬謖이에요. 눈물을 흘리며 마속을 베었다는 말로, 원칙을 위해 자기가 아끼는 사람을 버린다는 뜻입니다. 제갈량은 리더였기 때문에 개인의 감정보다 집단의 원칙을 우선으로 한 거예요. 조직을 이끌어 가려면 따스한 마음만큼이나 차가운 머리가 필요합니다. 때로는 공과 사를 냉정하게 구분하고 고통스러운 결정도 내려야 하는 것이 리더의 역할이자 책임이지요. 제갈량의 눈물에서 배울 교훈은 이것이 아닐까 합니다.

오장원에서 저문
와룡의 꿈

◆ **마지막 북벌**

  첫 번째 북벌에 실패한 제갈량은 유선에게 승상의 자리에서 물러나겠다는 사직서를 냅니다. 그러면서 벼슬을 세 단계 낮춰 달라고 해요. 패전의 책임을 지겠다는 거지요. 유선은 제갈량의 청을 들어줬습니다. 승상의 자리에서 내려온 제갈량은 한중에 머물며 두 번째 북벌을 준비했어요.

  기회는 생각보다 빨리 찾아왔습니다. 오나라와 위나라 사이에 갈등이 심화됐거든요. 오나라는 위나라 군대를 함정에 빠트려 대승을 거뒀습니다. 손권은 촉나라로 사자를 보내 은근히 자랑하는 한편 제갈량에게 위나라를 칠 것을 제안합니다. 공격 타이밍을 알려주는 듯했지만, 실은 촉과 위가 싸우다가 양쪽 다 지치면 자기들이 중원을 차지하려는 속셈이었어요.

어쨌거나 제갈량은 또 한 번 출사표를 올리고 출정합니다. 그는 촉나라에 의한 삼국통일을 일생의 목표로 삼았어요. 그것이 삼고초려로 유비를 처음 만났을 때부터 함께 만들어온 큰 뜻이었으니까요. 제갈량은 약 7년간 총 다섯 차례 북벌을 시도했습니다. 《삼국지연의》에서는 육출기산六出祁山이라고 해서 여섯 번 기산으로 나갔다고 표현해요. 기산은 한중에서 위나라로 가는 길목에 있는 매우 중요한 지역이었으니 적어도 여섯 번은 북벌에 나섰다는 이야기죠. 판본에 따라서는 제갈량의 북벌 시도가 열한 번으로 늘어나기도 합니다. 촉나라와 위나라의 국경에선 크고 작은 전투가 자주 벌어졌는데, 그중 일부를 북벌로 치느냐 마느냐 후대의 의견이 갈리기도 했거든요. 이야기를 더 흥미롭고 디테일하게 만들기 위한 장치이기도 했고요. 중요한 건 제갈량이 북벌에 대한 꿈을 포기하지 않고 계속 시도했다는 점입니다.

제갈량과 사마의는 한중 북쪽 지역을 두고 끊임없는 두뇌 싸움을 펼칩니다. 제갈량은 매번 다양한 경로와 전략으로 공격을 시도했어요. 어떻게든 이 지역을 돌파하고 위나라를 타도해 북벌을 완수하고자 했지요. 사마의는 그 전략을 파악하려 애쓰면서 막아냈습니다. 싸우기보다는 지키고 기다리는 쪽이었지요. 그러다 보니 시간이 지날수록 제갈량이 불리해졌어요. 원래 홈팀보다 원정팀이 힘들거든요.

제갈량과 사마의의 마지막 승부는 234년에 제갈량이 감행한

제5차 북벌에서 이뤄졌습니다. 이번에도 제갈량은 30만 대군을 이끌고 출정했고, 사마의는 40만 대군을 이끌고 나왔습니다. 이때 제갈량은 사마의를 거의 죽음 직전까지 몰아넣었어요. 전투가 벌어진 곳은 호로곡이라는 협곡이었습니다. 입구가 호리병처럼 생겼다고 해서 붙여진 이름이었지요.

제갈량은 군중의 목공들을 동원해서 큰 나무로 소 모양의 '목우木牛'와 말 모양의 '유마流馬'를 만들라고 지시했습니다. 그걸로 군량을 옮겼다니까 일종의 짐수레라고 생각하시면 되겠습니다. 옛날 싸움에서 군량 운송은 정말 큰 문제였어요. 게다가 북벌의 무대인 한중 북쪽 지역은 높고 험한 산맥이 가로지르기 때문에 교통로도 비좁고 거칠어 운송하기가 더욱 어려웠지요. 그러니 여기에 승패가 달려 있다고 해도 지나치지 않습니다. 제갈량이 혁신적인 운송 기법을 발명했다는 정보를 입수한 사마의도 가만히 있을 수 없었겠죠? 군사들을 시켜 목우와 유마를 몇 대 훔쳐 내 위나라 군대에 도입하려고 했지만, 이를 알아챈 제갈량의 함정에 빠져 크게 패하고 말았습니다.

사마의는 성안으로 도망쳐 굳게 문을 잠갔습니다. 한동안 지키기만 했어요. 하지만 호로곡이 촉군의 군량 창고라는 보고가 들어오자 성 밖으로 나갔습니다. 장수들은 모두 기산에 있던 촉나라 군대를 공격하러 보내고, 두 아들 사마사, 사마소와 함께 호로곡을 습격해 촉군의 군량을 모조리 불태울 작정이었지요.

물론 이 역시 사마의를 꾀어내기 위한 제갈량의 함정이었습니다. 호로곡에 쌓여 있다는 군량미는 사실 마른 풀과 장작 그리고 기름이었습니다. 사마의와 아들들이 호로곡에 들어선 순간, 여기저기에서 불화살이 날아왔습니다. 호로곡 안은 삽시간에 불바다가 됐어요. 촉군이 바위를 굴려 입구를 막은 터라 빠져나갈 수도 없었지요. 세 사람은 꼼짝없이 죽을 위기에 처했습니다.

그런데 이때, 갑자기 굵은 빗방울이 떨어지더니 곧이어 세찬 소나기가 내리기 시작했어요. 덕분에 무섭게 타오르던 불이 꺼지고 사마의는 목숨을 건질 수 있었습니다. 소나기를 바라보던 제갈량은 이렇게 말합니다. "일을 꾸미는 것은 사람이지만 일을 이루는 것은 하늘이구나!" 사람의 운명은 인간의 손이 아니라 하늘의 뜻에 달렸다는 생각에 깊이 탄식한 것입니다.

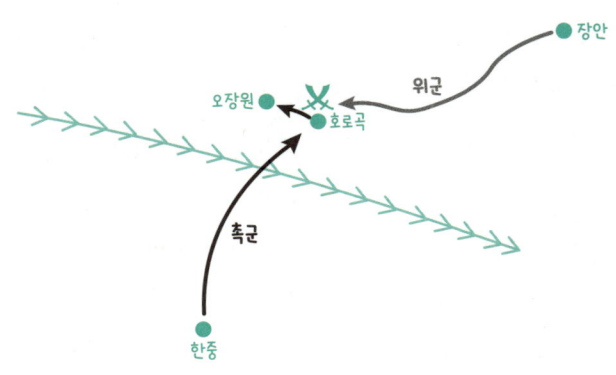

제갈량의 5차 북벌

◆ 제갈량의 죽음

제갈량은 오장원이라는 곳으로 진격해 영채를 설치하고 사마의에게 싸움을 걸었습니다. 이번에도 사마의는 지키기만 하고 대응하지 않았지요. 그사이 촉나라와 함께 위나라를 공격하던 오나라가 전투에서 패배했다는 소식이 들려왔어요. 제갈량에게 실망감을 안겨주는 소식이었지요. 상심한 제갈량은 쓰러지고야 맙니다.

그날 밤, 기력은 회복해 깨어났으나 병이 왔음을 직감한 제갈량은 밖으로 나가 별을 유심히 살펴보았습니다. 늘 그랬듯 천문을 읽어 앞으로의 일을 점쳐보려 한 것이지요. 하지만 뜻밖의 일을 깨달아요. 천문에 따르면 제갈량 자신의 목숨이 얼마 남지 않았거든요. 마음이 급해진 제갈량은 이때부터 자기가 평생 배운 것을 강유에게 알려주기 시작합니다. 그러는 와중에도 몸은 나날이 쇠약해졌어요. 북벌을 강행하는 동안 너무 과로한 거예요. 결국 황제에게 올리는 표문을 쓴 제갈량은 북벌을 완수해 달라는 유언을 남기고 오장원의 영채에서 세상을 떠났습니다.

곁에 있던 이들은 터져 나오는 울음을 참으며 흐느꼈습니다. 곡을 하지 말라는 제갈량의 당부가 있었기 때문입니다. 제갈량은 이순신 장군처럼 자기의 죽음이 알려지지 않기를 바랐어요. 지금 촉군은 싸우러 나온 상황이잖아요. 제갈량이 죽었다는 사실을 알면 다들 얼마나 사기가 꺾이겠어요. 제갈량의 목표는 희생을 최소화하는 안전한 철수였어요. 죽음을 앞두고서도 그걸 걱정한 거예요. 진정한 충신이지요.

제갈량의 목숨이 다한 순간, 하늘에서 큰 별이 떨어졌습니다. 그걸 본 사마의는 제갈량의 죽음을 짐작했어요. 드디어 기회가 왔다고 기뻐했지요. 그러나 촉군은 이미 한중으로 출발한 뒤였습니다. 마음이 급해진 사마의는 그 뒤를 빠르게 추격했어요. 그런데 거의 다 따라잡은 순간, 저 멀리 수레 위에 앉아 있는 제갈량의 모습이 보였습니다. 제갈량이 죽었다고 생각했던 사마의는 너무 놀라 뒤로 자빠질 뻔했어요. 깜짝 놀라서는 아직 제갈량이 살아 있는데 자신이 짐작만으로 성급하게 움직여 함정에 빠졌다고 생각했어요. 황급히 전군에 퇴각을 명령하고 돌아가려 했습니다. 이를 놓치지 않고 숨어 있던 강유가 나타나 공격을 퍼부었고요. 어찌나 속수무책으로 당했는지 겨우 도망친 사마의가 장수들을 만나자마자 던진 질문은 이거였어요. "내 머리가 아직 붙어 있느냐?"

이게 대체 어떻게 된 일일까요? 죽기 직전 제갈량이 정교한 나무 인형을 만들라고 지시했던 거예요. 그걸 수레에 얹고 가면 사마의의 추격을 피할 수 있을 거라고 예상한 거지요. 덕분에 촉군은 안전하게 철수할 수 있는 시간을 법니다. 사마의는 며칠이 지난 뒤에야 자기가 속은 걸 알고 제갈량의 능력에 또 한 번 감탄합니다. 이때 "죽은 제갈량이 산 사마의를 물리쳤다"라는 말이 생겼지요. 요즘도 '죽은 자가 산 자를 이긴다'라는 뜻을 따서 칼럼이나 기사에서 자주 인용하거나 패러디하곤 합니다.

삼국지에서 제갈량의 존재는 단순히 천재적인 책사라던가 유능한 신하라는 말만으로 설명할 수 없습니다. 지혜와 충심 그리고 끊임없는 도전을 상징하는 인물이거든요. 그런 그도 자신의 운명을 거부하지는 못했습니다. 하지만 제갈량이 보여준 불굴의 정신은 여전히 회자되고 있어요. 시대를 초월하는 가치라는 게 있으니까요. 앞으로도 제갈량이라는 캐릭터는 많은 이들의 사랑을 받을 것 같습니다.

◆ 삼국의 통일

제갈량이 죽고 난 이후, 삼국은 제각기 혼란에 빠집니다. 우선 위나라는 황제 조예가 일찍 세상을 떠나고 일곱 살의 태자가 황위에 오르면서 신하들이 권력을 쥐게 됐어요. 사마의는 무려 10년간 몸을 사리다가 다른 사람들이 방심한 사이에 정권을 잡았습니다. 조조의 평가대로 대단한 야심가였던 거예요. 사마의는 일흔이 넘어 죽습니다. 현실에서는 최후의 승자가 되지요. 강한 자가 살아남는 게 아니라 살아남는 자가 강한 것이라는 말이 있습니다. 이게 바로 사마의를 가장 잘 설명할 수 있는 말이 아닌가 합니다. 사마의가 죽자, 장남에 이어 둘째 사마소가 실권을 장악합니다. 황제가 있어도 위나라는 사마씨의 손안에 있는 것이나 마찬가지였어요.

촉나라도 점점 쇠락했습니다. 유비가 남긴 천하통일의 대업은 제갈량의 후계자 강유가 이어갔어요. 제갈량과 사마의의 대결은 강유와 등애의 대결로 바뀌었지요. 등애는 변변치 않은 신분에 말을 더듬는 버릇이 있어서 자라는 동안 무시를 당했지만, 사마의의 눈에 띄며 두각을 드러낸 인물입니다. 강유의 북벌을 막아내고, 훗날 성도를 공격해 유선의 항복도 받아냈어요. 촉한은 이때 멸망했습니다. 263년의 일이었지요.

이렇게 삼국은 하나씩 무너지기 시작합니다. 제일 먼저 촉나라가 무너졌고 그다음은 위나라였습니다. 265년 사마소의 아들 사마염이 위나라의 황제에게서 황위를 넘겨받습니다. 이렇게 위가 멸망하고 사마씨의 새로운 나라 '진'이 들어서게 됩니다. 조조와 그의 아들이 한나라를 무너뜨렸듯이, 조조가 세운 위나라도 똑같은 방식으로 무너진 겁니다.

마지막은 오나라였습니다. 오나라는 손권 말년에 후계 문제로 시끄러워졌어요. 결국 손권의 손자가 황위를 물려받았는데, 이후 30년도 채 되지 않는 기간에 황제가 두 번이나 더 바뀌었어요. 그러니 나라가 어지러울 수밖에 없지요. 게다가 촉한이 멸망하고 난 뒤로는 손잡을 곳도 없으니 사마염의 진나라와 홀로 맞서게 되었어요. 밖으로도 위기가 계속되는데 내부에서는 권력다툼이 끊이지 않습니다. 280년 진나라가 공격해 왔을 때 오나라는 막을 힘이 없었어요. 그렇게 오나라가 멸망하면서 진나라가 삼국을 통일합니다. 이렇게 삼국 시대는 끝이 나지요.

　어떤 관점에서 보면 허무하면서도 애달픈 결말이라 할 수 있겠습니다. 천하통일이라는 업적을 이룬 사람은 유비도, 조조도,

진나라의 삼국통일

손권도 아닌 사마염이었으니까요. 통일국가는 위, 촉, 오가 아닌 진나라가 이루게 되었습니다. 그래서일까요? 《삼국지연의》의 마지막 문장은 이렇습니다.

> 삼분천하 다투던 일은 이미 꿈이 되었거늘, 후세 사람들은 회상하며 공연히 슬퍼하네.

이야기가 끝난 지금, 후세 사람인 여러분은 어떤 감정을 느끼시나요? 위의 글처럼 우리가 숨 가쁘게 달려온 100년의 이야기를 다시 돌아보며 인생무상이라는 슬픔에 잠기셨나요? 저는 여러분이 이 책을 덮으며 슬픔보다는, 비록 2,000년 전 이야기지만 그 속에서 고군분투하는 우리와 다를 것 없는 인물들의 선택에서 여전히 오늘날 우리 삶을 관통하는 지혜와 교훈을 얻어가시길 바랍니다. 이것으로 《최소한의 삼국지》를 마치겠습니다.

최태성의 삼국지 고전 특강
최소한의 삼국지

초판 1쇄 발행 2025년 11월 18일
초판 39쇄 발행 2025년 12월 24일

지은이 최태성
감수 이성원
연구·검수 곽승연, 이상선, 김혜진, 권혜성 (별별한국사연구소)

펴낸이 임경진, 권영선
편집 여인영, 배성원   **마케팅** 최지은, 배희주

펴낸곳 ㈜프런트페이지
출판등록 2022년 2월 3일 제2022-000020호.
주소 경기도 파주시 회동길 37-20, 204호
전화 070-8666-7031(편집), 031-942-0203(영업)
팩스 070-7966-3022
메일 book@frontpage.co.kr
인스타그램 instagram.com/frontpage_books

ⓒ 최태성, 2025

ISBN 979-11-93401-58-3 (03150)

- 책값은 뒤표지에 있습니다.
- 잘못된 책은 구입하신 곳에서 교환해드립니다.
- 이 책은 저작권법에 따라 보호받는 저작물이므로 무단 전재와 복제를 금지합니다. 이 책 내용의 전부 또는 일부를 이용하려면 반드시 저작권자와 프런트페이지의 서면 동의를 받아야 합니다.

만든 사람들
편집 배성원   **구성** 서주희   **디자인** THISCOVER
제작 357제작소   **마케팅** 최지은, 배희주